Kreuz und quer den Hellweg

Herbert Knorr (Hg.)

Kreuz und quer den Hellweg

Literarische Ansichten einer Region

Herausgegeben im Auftrag
des Kulturamtes der Stadt Unna und des
Westfälischen Literaturbüros in Unna e.V.
für die Veranstaltergemeinschaft
»Stimmengewirr – LiteraturStopHellweg«
der Region Hellweg

Klartext

Das Buch »Kreuz und quer den Hellweg. Literarische Ansichten einer Region« erscheint im Rahmen des Literaturprojekts *Stimmengewirr – LiteraturStopHellweg 1999* und wird aus Mitteln des Landes Nordrhein-Westfalen »Regionale Kulturpolitik« gefördert.

Idee: Levent Aktoprak

Die Beiträge dieses Bandes sind unterschiedlich, sowohl in der alten und als auch neuen Rechtschreibung, die Schreibweisen der Autorinnen und Autoren respektierend, gesetzt.

Die Deutsche Bibliothek – CIP-Einheitsaufnahme

Kreuz und quer den Hellweg : Literarische Ansichten einer Region / Herbert Knorr (Hg.). Hrsg. im Auftr. des Kulturamtes der Stadt Unna und des Westfälischen Literaturbüros in Unna e.V. für die Veranstaltergemeinschaft "Stimmengewirr – LiteraturStopHellweg" der Region Hellweg – 1. Aufl. – Essen, Klartext-Verl., 1999
ISBN 3-88474-791-6

1. Auflage August 1999
Satz und Gestaltung: Klartext Verlag
Druckerei: Runge, Cloppenburg

ISBN 3-88474-791-6

Inhalt

Burkhard Spinnen

Drei Kreuze

Um es gleich vorweg zu sagen: Die freundliche Einladung, ich solle als in Münster lebender und damit quasi anrainender Autor zu einer literarischen Anthologie über die Region Hellweg beitragen, bringt mich in eine gewisse Verlegenheit. Denn einerseits weiß ich, offen gesagt, rein gar nichts über die Region Hellweg, nichts über ihre Geschichte, nichts über ihre Gegenwart, außerdem kenne ich die Landschaft nicht und nicht die Städte, ich habe sie nicht einmal je betreten.

Doch andererseits stimmt das nicht. Jedenfalls nicht ganz. Oder um es genau zu sagen: ich bin zwar tatsächlich so gut wie nie in der Region Hellweg *gewesen,* aber seit über 22 Jahren fahre ich beinahe unablässig *hindurch.* Und als ich nun daran gehen wollte, die freundliche Einladung ebenso freundlich mit dem Hinweis auf meine Unkenntnis und Sachfremdheit auszuschlagen, da sprang mich dieses Mißverhältnis von Anwesenheit und Unkenntnis so sehr an, daß ich, wenn ich schon nicht wirklich etwas zu dem Projekt beitragen kann, doch zumindest schildern möchte, wie sich mein Miß- oder Unverhältnis zur Region des Hellwegs darstellt, wie und warum sie mir, sozusagen, ein zweifacher Unort geworden ist.

Der erste Unort. Am 28. August 1976 brechen morgens mein Freund Rainer und ich in unserer Heimatstadt Mönchengladbach auf, um nach Münster zu fahren und uns dort an der Universität einzuschreiben. Wir sind beide nie zuvor in Münster gewesen. Doch für den Weg dorthin braucht es keinen Blick auf die Karte; immerhin fahre ich ja seit über einem Jahr mehrmals in der Woche zur Kaserne in Wuppertal-Freudenberg, und daß irgendwo nordöstlich von Barmen die A 46 auf die A 1 stößt und die dann nach einer Linkskurve schnurgerade hoch und knapp an Münster vorbei fährt, das weiß ich auch ohne Karte.

Es ist jetzt also soweit. Ein neues – na ja, aber immerhin ein ziemlich anderes Leben soll demnächst beginnen. Eines, um nur ein Beispiel zu nennen, in dem es eine eigene Wohnung und so etwas wie einen weitgehend selbstbestimmten Tagesablauf geben soll. Da kann man also nervös sein. Und wir sind es auch. Meine Nervosität, daran erinnere ich mich sehr gut, eskaliert ziemlich genau in dem Moment, da unser vormals eierschalweißer 1200er Käfer von der A 46 auf die A 1 wechselt. Bis hierhin kannte ich jede Kurve. Sonntagsabends war mir auf dieser Strecke die Bundeswehr drohend entgegengekommen, Freitagsnachmittags auf dem Rückweg lachend die Freiheit, die nie so ganz hielt, was sie versprach. Aber jetzt geht es voran und ins Offene hinein, in die sogenannte Zukunft – und nicht ganz ohne Sorge frage ich mich, als wir mit Tempo 120 hinunter nach Schwelm und wieder hinauf nach Gevelsberg fahren: wo genau und wie weit von zu Hause wird denn diese Zukunft liegen?

Etwas später kenne ich die erste Antwort. Meine Zukunft liegt hinter drei Kreuzen. Die heißen Westhofen, Dortmund-Unna, Kamen. Und während wir uns an diesem Freitagmorgen durch den immer zäher fließenden Verkehr auf der A 1 Richtung Münster arbeiten und während in dem sehr provisorisch unters Armaturenbrett geschraubten Cassettenrecorder immer wieder Supertramps »Crisis? What Crisis?« läuft, steigt mit meiner Nervosität – ja, ich kann es kaum anders sagen: meine Abneigung gegen das, was sich so quälend lang zwischen dem Bekannten und dem Unbekannten zieht, gegen das Land, das mir Meter für Meter den Blick auf meine Zukunft hinauszögert, gegen das Land, das aus nichts, aber auch gar nichts anderem zu bestehen scheint als aus Kolonnen von Lastwagen, zwischen denen unser Käfer eingeklemmt wird oder an denen er sich unter Vollgas heulend vorbei quält. Schließlich, zwischen Dortmund-Unna und Kamen, stehen wir im Stau.

Autobahnland. Hinter den mit tiefwurzelnden Bodenbedeckern bepflanzten Erdwällen und den im Zeitgeschmack bemalten Lärmschutzwänden leben, hier wie überall, Menschen. Sie arbeiten und lieben und essen und haben in aller Regel ein Schicksal. Von ihren Schlafzimmerfenstern aus gesehen liegt die Autobahn hinter dichten Büschen, aber bei Westwind hören sie dennoch, besonders nachts, den Lärm. Manche von ihnen sind vielleicht Mitglied in Vereinen, wo man versucht, das Wort »Heimat« auszusprechen, als wäre das die natürlichste Sache der Welt. Und dort heißt, was für mich an diesem 28. August 1976 ein ungeliebter Aufenthalt zwischen A und B ist, eine Verzögerung zwischen Heute und Morgen: der Hellweg.

Ich bin die Strecke Münster-Mönchengladbach mittlerweile Hunderte Male gefahren, ohne anzuhalten. Anfangs, als das eigentliche Leben sich noch weiter um mein Elternhaus herum abspielte, wöchentlich; heute, da ich selbst seit langem Familie habe, etwas seltener. Statt nach Mönchengladbach geht es jetzt oft nach Köln, nach Frankfurt, immer über die drei Kreuze und nie ohne vorher den Verkehrsfunk danach zu fragen, was mich diesmal erwartet: Zähflüssigkeiten, einspurige Verkehrsführung, im Schrittempo zu passierende Unfallstellen - Vorsicht! nichts Brennendes aus dem Wagen werfen. Ich kenne Köln ganz gut, Düsseldorf vielleicht etwas besser, in Frankfurt finde ich notfalls blind von der Messe zum Verlag - aber vom Hellweg, der immer zwischen hier und dort liegt, habe ich keine Ahnung. Vor ein paar Jahren wurde die A 1 im Bereich des Kreuzes Dortmund-Unna verbreitert; dabei wurden einige Wälle abgetragen - und bevor sie wieder hinter den Lärmschutzwänden verschwanden, erschienen dort tatsächlich die Straßen und Häuser, in denen die Menschen leben, von deren Vorhandensein ich ja theoretische Gewißheit hatte. Ich war dennoch erschüttert, sie so deutlich zu sehen.

Der zweite Unort. Vom Gleis 4 des Hauptbahnhofs in Münster fährt alle zwei Stunden, immer um 11 nach, ein Zug in Richtung Ruhrgebiet ab. Er heißt »Regionalexpreß«; und wer sich mit der zeitgenössischen Kultur der werblichen Übertreibungen auskennt, der ahnt, daß sich hinter diesem Wort nicht viel Gutes verbirgt. Tatsächlich steht am Zugende eine E-lok älterer Bauart, in der Mitte ist eine Sammlung von Personenwagen zwischen sehr-verkommen und unlängst-preiswert-restauriert eingestellt, die Spitze macht ein knall-rotweißer Steuerwagen neuerer Bauart, in dem man Fahrräder mitführen kann. Wenn ich frühmorgens losfahre, ist der Zug mäßig besetzt, wenn ich mittags fahre, ist es manchmal schwer, einen Platz zu finden; außerdem steigt zwischendurch viel lustiges Schülervolk geräuschvoll ein und wieder aus. In den Kurven und beim Halten quietscht der Zug ganz erbärmlich, und das Personal wirkt oft, als sei es strafversetzt.

Warum also fahre ich dann mit dem Regionalexpreß? Weil, wenn ich das recht verstanden habe, die preußische Regierung vor vielen vielen Jahren nicht das erzkatholisch-großkaufmännisch-gutsherrliche Münster, sondern das fleißig-kohlenstaubige Hamm mit einem Eisenbahnknotenpunkt ausgezeichnet hat. Und weil daher, wer von Münster aus in Richtung Osten will, das nicht in einem Rutsch und hochbequem per IC oder ICE tun kann, sondern vielmehr mit einem Regionalexpreß nach Hamm fahren und dort in einen Zug Richtung Bielefeld, Hannover etc. umsteigen muß. In Richtung Osten eben.

Und den Osten gibt es jetzt wieder. Nach Berlin wollten wir damals, um 1972, nicht einmal eine Klassenfahrt machen, obwohl es doch einen satten Zuschuß gegeben hätte. Ich selbst war 1984 zum ersten Mal in Berlin. Ich habe die Mauer in echt gesehen, war auch darüber sehr erschüttert und prompt überzeugt, keinen Grund für einen weiteren Besuch zu haben. Heute aber bin ich, aus Gründen, die in unserer Gegenwart liegen, häufiger (und lieber!) in Berlin als in jeder anderen deutschen Stadt; außerdem arbeite ich seit zwei Jahren an einem Institut in Leipzig.

Und der Weg dorthin, der Weg in den Osten, er führt über Hamm. Ausgerechnet! So wie man vor dem Sprung nach vorne einen Schritt zurück macht, um Schwung zu nehmen. Der Weg nach Osten führt durch den Regionalexpreß und über Drensteinfurt, Mersch und Bockum-Hövel zum Gleis 9 in Hamm, von wo man weit, sehr weit über nichts als Schienen und wieder Schienen schaut, hinüber zu der alten Ausbesserungshalle, hinter der dann, und in letzter Zeit wieder so verstörend pünktlich, der weiße ICE hervorkommen wird. Nie fahre ich wirklich in Münster ab, immer in Hamm. Und nie komme ich wirklich in Münster an, sondern immer in Hamm, spätabends und sehr müde oder frühmorgens und sehr müde. Der Bahnhof ist groß und leer. Seit ein paar Monaten wird er umgebaut, und wenn jetzt ein Anschluß verpaßt ist – was vorkommt! – so gibt es keinen Kaffee, kein belegtes Brot, dafür aber einen Supermarkt, der in jeder Vorstadtstraße liegen könnte.

Soviel also zum Hellweg. Sicher hat jeder eine Schublade im Haus, die er täglich sieht und in die er nie hineinsieht, eine Straße in der Nachbarschaft, durch die er nie gegangen ist, einen Platz sogar ganz hinten im Garten, von dem aus er sein Haus noch nie gesehen hat. Im Zeitalter des allgemeinen Transits kommt zu der Menge des Bekannten immer notwendig ein Vielfaches an Geläufig-Unbekannten. Orte gibt es da, Unorte, an denen man viel Zeit und sonst gar nichts verbringt. Zwei meiner Unorte liegen in der Region, die sich Hellweg nennt; und vielleicht, ich sage das ganz vorsichtig, ist das nicht nur ein Zufall. Ich wünsche jedenfalls denen, für die mein Unort Heimat und meine Heimat ein Unort ist, alles erdenklich Gute.

Klaus Rudolf Schell

Der Blick zur Seite

Verschieden dicht am Hellweg

Für Rollins, Jaccottet und Kirk
(letzterer bekannt aus Eric Burdons »Tobacco Road«)

Spätspätherbst. Nach Werl? Zu weit.

Die Hand des Himmels ruhte sichtlich auf mir, da ich vor dem Losrasseln des Weckers erwachte. Ja, sie ruhte derart auf mir, daß ich nach dem Abschalten seines Rasselwerks geruhsam weiterschlief. Sollte dies eine Vorahnung dessen sein, was der Hellweg (östlich von Unna) mit mir anstellen könnte? Schließlich wollte ich doch heute genau dorthin.

molto vivace... Stramme Pappelhälse vor mir, Quincy Jones hinter mir. Ein wenig Serpentine hoch aus dem Schwerter Ruhrtal nach Hengsen, untertourig, weil die Hand nicht frei ist, um zu schalten. Schließlich hab ich bei mir das kleine Diktiergerät von Tchibo, das wie ein Handy aussieht, das wie ein Walkie-Talkie aussieht, das wieder gar nicht wie ein Walkman aussieht, aber es geht doch alles irgendwie ans Ohr.

Nun zum Auge. Es ist geschärft im Vorgeschmack, im Vorgesicht vielmehr, das Vertraute neu zu sehen – oder gar überhaupt Neues.

Ob dieser Motorradfahrer mit dem grün-weißen Outfit schon typisch für die Hellweg-Gegend ist? Polizisten-Mimikry – das kann ja heiter werden. All mein Schnellfahren hat ein Ende. Hier werde ich langsam, und sei es falscher Alarm. Als er mich überholt hat, kann er mir nichts mehr vormachen.

Der neue Blick – ich kenne ja vom zahllosen Hinsehen die Kreisstadt. Dennoch werde ich jetzt schon bei grünen Motorradfahrern hellwach.

Eine junge Frau in Schwarz – ob modisch oder Trauer, weiß ich nicht – kommt geschlendert, mir entgegen, auf dem mit Herbstlaub bedeckten Fußgängerstreifen. Sie hat vielleicht das Erinnerungskreuz dort vor der Kuppe besucht, das hier einen Verkehrsunfall mit tödlichem Ausgang nicht vergessen läßt. Kurz vor Unna. Und ich nun?

prestissimo... Diese Ampel ist eigentlich immer rot, wenn ich auf sie stoße. Obwohl kein Ordnungsamt dahinter stecken kann, denn auf meinem Weg von zu Hause her ist mir keine Ampel begegnet. Diese hier hat eine direkten Sensor zu mir. Sie ist so geschaltet: Klaus, halt inne! Wie schon Parry zu Jack sagte (im »König der Fischer« von Terry Gilliam, einem der wilden Monty Pytons), und er hatte recht damit, halt inne! Du mußt noch den Gral holen. Welchen Gral werde ich in Unna und östlich davon holen? Welcher Schatz liegt unter oder neben dem Hellweg immer noch für mich verborgen? Vielleicht ist es nur die Arbeit mit dem Spaten, die meinen ererbten Hof gedeihen läßt und sich im nachhinein als Schatz erweisen wird, so sagt doch das Märchen – das über den Fleiß.

Mit Fleiße mehrere Besuche in Unnas Osten, wo der Hellweg noch spürbar, ja sichtbar, begehbar, gangbar ist. Gehen und gehen, allerdings mit dem Auto herangefahren, für mehr hat die Zeit nicht gereicht – und für eine Radtour war das Wetter nicht einladend genug. Und vermummelt radelnd, ist man so schrecklich zu.

Ausreden, Ausreden. Lassen wir es dabei.

Unna revisited, nur kurz. Dann weiter. Hemmerde

In der Nicolaistraße blickt mich ein Haus an, vorgeschobenes Schmalgesicht, seitlich Fachwerk, direkt unterhalb der Kirche. Es wird gerade prächtig restauriert. Eine Nase, die unten breit ausläuft, pyramidal, und vor dem Hauptgebäude mit dem Eingangsbogen stehen Rigipswände, verdecken den Umbau. Aber dieser Blick des Hauses! Nicolai soll in ihm gewohnt haben, erfahre ich später. Zur Pestzeit ein Lied auf den Morgenstern gedichtet und komponiert, in diesem Haus. »Wie schön leucht' uns der Morgenstern.«

»Wann wird das ein Ende haben?« – Aufschrift auf einem Elektroverspannungskasten quer zur Fußgängerzone. Einige grüne Bäume sind abgebildet, und ein Baum, in liegender Position rot mit gezacktem Körper und schreiendem Gesicht.

Und nun schon mitten im Herzen von Hemmerde. Eben hatte ich mir noch Gedanken gemacht, ob in Hemmerde wohl eine Telefonzelle sei, – hier ist eine. Wir befinden uns schließlich am Ende der neunziger Jahre, und die Telefonzellen sterben aus. Noch nicht in Hemmerde, zu meinem Glück.

Vorhin bin ich an der Abzweigung der Straße nach Lünern (Richtung Norden) vorbeigekommen, über welche die Kinder in den fünfziger Jahren mit Rollschuhen fahren konnten, allerdings schon mit Aufmerksamkeit für die mitunter fahrenden Autos.

Nun stelle ich endlich die Uhr im Armaturenbrett auf Winterzeit. Bisher hat sie mich tagelang immer wieder in Schrecken versetzt mit der fälschlichen Information, es sei schon eine Stunde später. Nach Aufklärung dieses Mißverständnisses gelingt das Innehalten unmittelbar und auf Dauer, scheint mir. Natürlich, in Hemmerde. Ein Ort, der auch die Erde, auf der er ruht, zu hemmen versteht. Oder hängen die Hämmer woanders?

Hier, wo die Kühlstraße auch »Bäckerei Stricker« heißt, weil eben die nämliche zu eben dem nämlichen hinführt, gibt es mancherlei. Das Schild, das zur Bäckerei führt, ist wesentlich länger als das Straßenschild, knallgelb und mit einem Pfeil nach dem Namen versehen. Der Bäcker Stricker hat Familientradition seit 1898, also in diesem Jahr Jubiläum.

Hier grüßt man den Fremden sofort, auch wenn man emsig mit dem Umgraben des Gärtchens vorm Hause beschäftigt ist und kaum zur Seite geblickt hat.

Zum Hellweg wollen Sie? Ja, Sie sind ja schlank, Sie brauchen sich ja gar nicht so viel zu bewegen – aber es tut eben gut.

Nun habe ich einen der Bäche rechts neben mir, deren Quellen dem Hellweg die Richtung nördlich längs des Haarstranggebirges gewiesen hatten. Ich gehe links an ihm entlang nach Norden. Die Kühlstraße ist zu einem festgepflasterten Weglein geworden.

Diese Scheunentüren der Bauernhöfe: gewaltige Scheunendrescher, teils weit offen, teils schüchtern versperrt. Ausgehöhlte Vogelbeerbäume, von Efeu bedoppellaubt. Der Bach füllt mit frischer Kraft zwei Becken, die uns alle zu Kneipiers machen könnten; auf dem Grund einige Münzen und weggeworfene Batterien.

Die Mühle von Mühlhausen. Der Steg ihres Wasserrades führt so weit durch die Luft, daß mancher Sturz herunterführen mag. Aber wer geht schon solchen Steg! Ein verkleinertes Bild dessen, was bei Stifter eine Holzriese heißt, »eine aus Bäumen gezimmerte Rinne, in der man das geschlagene Holz oft mit Wasser, oft trocken fortleitet. Diese Rinnen gehen zuweilen an der Erde befestigt über die Berge ab, zuweilen sind sie wie Brücken über Täler und Spalten gespannt, und das Holz fährt in ihnen meist in runden Blöcken dahin.« Wer das darin sieht, sieht wohl auch den Sturz, der zu dem Bild gehört.

Umweltmahnmal 1992: ein kahler Baum, ein metallener Mast miteinander verkoppelt, ein Telefondraht zum kleinen Telefonmast hinüber – dies alles soll kommuniziert werden. To whom it may concern.

»Unbedingt noch den Mehler Steenpad gehen, der an einen Geschichtsschreiber aus Werl erinnert«. – Ja, daraus wurde noch nichts.

Mühlhausen, endlich der Hellweg

Mühlhausener Hellweg: Beginn Richtung Westen, die Sonne zur Linken. Eindringliches Getüpfel im Schlamm neben mir: eine riesige Schafherde muß hier entlanggeschritten sein. Und die Kleinen werfen den Kopf zur Seite, immer wieder, um zu sehen, ob sie das Tempo halten. Wie ihnen die Wegbreite nicht gereicht hat! Sie wollten *neben*einander ziehen. Sie brauchten den Blick zur Seite.

Und hier dieser kraftvolle Bach, ob er wohl auch einfrieren wird im Winter und der bunte Vogel sich den Kopf blutig stößt, wenn er immer noch an die Nahrung unter Wasser glaubt?

Die Vielfalt der Hecken. Die kunstvollste, die den Hügel mit eigener Wölbung krönt und in gewölbter Toreinfahrt den Garten schmückt, und auch die wirre Hecke, die alles enthält, was nur Fangärmchen und Anlehnungsbedürfnis hat. Windflüchtig gestellt um einige kräftige Strauchtriebe den ganzen Hügel hinauf.

Gleich daneben, unterhalb, eine bauchige, bauschige Hecke. Die wilde besteht aus Rotdorn und Holunder als Trägern des Ganzen. Und noch so gesehen: die von getrockneten Kräutern durchzogene Hecke, schräg gegen den Abhang geneigt, schräg gegen die Erhebung des Hügels geneigt.

Die kleine Allee strotzt von trockenen Blättern, die sind alle leicht elektrisiert, aber eins besonders, eins der Buchenblätter am Weg. Die obere, okulierte Hälfte des Bäumchens ist nicht Buche, sondern etwas anderes. Hunderte von Blättern hängen da, doch dieses eine inmitten zeigt, wie die Kraft manchmal nur an e i n e m Punkt, und das langanhaltend, die volle Entfaltung findet. Da hat sich etwas hochgeschaukelt und bleibt in Gang, obwohl ringsum alles recht ungerührt und unbewegt - zusieht. Oben sind die Blätter feingliedriger, mehrteilig. Esche? Und es sind nur wenige, dennoch steckt die zitternde Energie nicht hier, sondern unten.

Dieses von allen Seiten betastete Land, dieser Kreuzpunkt von Völkerscharen, geschändet von einer Soldateska nach der anderen, schafft sich seine verwunschenen Bezirke. Die Naturschützer arbeiten wohl gezielt daran.

Im Heimatbuch (jährlich) bemerke ich deren Verschwiegenheit, wenn sie vom Eisvogel (dem Kingfisher Eugenio Montales, also ein weiterer König der Fischer) und anderen seltenen Tieren sprechen. Keine Ortsangabe, kein name-dropping. Den Hellweg betasten, nach seiner Weite suchen, heißt sie in der Enge finden, zwischen allzu bekannten und benutzten Stellen. Seine Intimsphäre ist verletzlich, wie denn auch nicht.

So bleibt mir nur, verschwommen zu schwärmen. Und wenn einmal genau, dann immer namenlos. Quelle, gläserne, wabernde Mütze oder auch Qualle, oder auch Kuppel in der Wiese, aus dem kleinen Gewässer lärmend, rauschend, geschäftig emporsteigend. Als liefe sie gleich umher, ein UFO der unterirdischen Art. Wohl ist sie durch den Herbst so kräftig. Such sie selbst, Leser.

Wie die Kopfweiden durch vielfaches Abhacken Markantheit gewinnen, so auch dieses Land durch vielfache Begehung von Soldaten. Im Mittelalter ging immer alles in Köln los. Dann bis zur Ostsee. Da kommt man genau hier vorbei, heißt es. Und ich möchte graben, Spuren entdecken wie Löns, der nur am Fuchsbau im frisch Aufgewühlten forschen mußte. Da fand er eine Auswahl quer durch die Jahrhunderte, sagt er.

»Wohin denn ich?«-Stimmung, mitten im heimischen Kreis Unna, und schon längst kein Quincy Jones mehr, wenn ich mir eine Zitronenbuttermilch im Edeka kaufe und sie, schon beim Bezahlen, Schluck für Schluck trinke. Vor dem Geschäft, und um mich herum, die Combi-Kultur des Freitagnachmittags, zeitweise Zombie-Kultur, die ernst und schauspielerisch zugleich ihre Geschäfte verrichtet, also ins Geschäft fährt und nicht etwa geht (woher denn ich? Selbst bis fast hierher Gefahrener): alle gesammelt, für sich, der tiefe Blick einer Frau, bis hin zu mir gelangt er höchstens aus der Tiefe des Combi vor dem Aussteigen, wenns keiner sieht.

Vor 35 Jahren hergezogen ist der Mann, der gegenüber der katholischen Kirche wohnt, der sein Laub nicht mehr in den Garten der Kirche schütten darf, obwohl dasselbe von dort drüben herübergeweht ist. In der evangelischen Kirche wirkt eine jüngere Pastorin, die lebendiges Kirchengeschehen entfalten möchte, so wie man es im katholischen Italien kennt. Dorthin geht dieser Herr um die sechzig. Seine Frau besucht die katholische Kirche. Dort ist allerdings die Dachrinne schon gefüllt mit Eschenblättern, die verhaken sich auch schrecklich (Erlen?), und wenn es jetzt noch friert, Schnee darüber, und wenn es d a n n taut, kommt das Wasser zuerst herunter, denn das Rohr bleibt ja noch gefroren.

Die evangelische Kirche in Lünern stammt aus dem 12. Jahrhundert. Die Schule in Mühlhausen von 1755. Die Kirche also hat mehr gesehen.

Wohin sind die Soldaten ausgeschwärmt, wenn sie einmal frei hatten, mehr nach Süden oder mehr nach Norden? Oder: wo haben sie überhaupt gezeltet? Den Berg hinauf oder ins Tal hinunter? Zum Haarstrang oder in die Lippe-Ebene hinein?

Auch auf dem Rückweg ist die Ampel äußerst widrig eingestellt. Vom Möbelzentrum am Ortsausgang Unna bis nach Schwerte muß unabdingbar, zwingend und unausweichlich angehalten werden. Das gehört sich so.

Ins Ruhrtal hinunter, mein Zuhause seit Jahrzehnten. Abendröte als Pinselstreifen über dem Ruhrgebiet im Westen.

Das Dreihausen-Jenseits

Ob der Hemmerder Landwehr gehts nach Dreihausen. Ob sich das so altertümlich sagen läßt? Jedenfalls gehts bergauf, und das will ich jetzt mal. Ob oder nicht, ob nun ja oder nein. Ob nun ob oder was.

Das Geheimnis einer Weißdorn- oder Rotdornhecke, die so dicht wie zu einer Mauer gewachsen ist, daß sie Blätter eigentlich kaum noch braucht, um dem Wind und allem übrigen Widerstand zu leisten. Sie ist wohl über Jahrzehnte sehr liebevoll beschnitten worden. Der Bauer hat die Zweige in ihrem Wachstum zu Ästen hin immer wieder zurückgebogen, so daß sie dicht aneinander vorbei- und umeinander herum gewachsen sind und ein Flechtwerk darstellen. Das gibt es auch sonstwo und daneben. Aber wohl dem, der so umhegt ist! Umheckt ist. Umhext ist. Um Hexenkünste nicht verlegen ist.

(Sollte ich einmal ausnahmsweise unzutreffende Pflanzennamen benutzen, so zeugt das nur von meiner mangelnden Einfühlung in alles, was ist.)

Hier sehen die Brennesseln fast wie Minigrünkohl aus, so sehr haben Wind und Frost sie bearbeitet. Da stehen sie schaukelnd, offenbar genüßlich, diese Pflanzen, die immer mit als erste der Natur das Terrain zurückerobern, kaum läßt der Mensch nach.

Dreihausen liegt ja jenseits der Autobahn und jenseits der Karte! In welcher Reihenfolge ist es witziger? Jenseits der Karte und jenseits der Autobahn. Kurz gesagt, Dreihausen liegt fast schon im Jenseits. Ich will einmal hin. Wenn ich zurück bin, melde ich mich wieder – – –

Anscheinend ist hier alles vernetzt und ich kann sogar direkt vor Ort von dem winzigen dreieckigen Birkenwäldchen berichten, das den Ort einleitet. Zweiundzwanzig junge Birken und anschließend eine Rotdornhecke, die auch schon recht kompakt geworden ist. Ich war so begeistert, bis ich die Inschrift der Bushaltestelle las: Dreihausen Autobahn, – da fiel es mir wieder ein.

Hier starb jemand im Februar 45 in Kurland, als treuer Soldat. Hier putzt die Frau im Bäuerinnen-Look mit Kopftuch liebevoll das Auto des Sohns oder Enkelsohns, mitten in der Woche. Warum fällt mir zu solchen Verhältnissen immer nur das häßliche Fremdwort »intakt« ein? Jetzt hab ichs: ist hier irgend etwas »heil«? Kam ein treuer Soldat darum herum, »Heil« zu rufen? Und war dennoch in einer heilen Heimat, gerade deswegen. Das Heil stammt vor allem von den Römern – salu! – salve! Und auch wieder dies: eine Salve…

Jetzt merke ich es, die kleinen Wäldchen sind schiffsförmig! Hier ein wunderbarer gegenüber einem Kapellchen gelegener Buchen (Erlen-)Wald. Kundiger, hilf.

Ein Trupp der Kampfmittelräumung macht auf dem Abzweig zum Erholungsheim Rast. Alle sitzen am Dezembernachmittag in ihrem Bauwagen und lassen Kampfmittel Kampfmittel sein.

Derweil bin ich schon bis zum Ortsschild Schlückingen geraten, oben auf dem Haarstrang, immer dichter an einem alleinstehenden Rotor. Haus Schafhausen verkauft Antiquitäten. Hier ist ja schon Wickede-Schafhausen, merke ich jetzt. Vierhausen? Zu weit.

Wickede-Schlückingen-Haar, Schlückingen-Kapelle, Schlückingen-Abzweig Haar, Schlückingen-Abzweig, Scharnhausen, Schlückingen-Schumacher, Schlückingen-Grünenbaum, Wickede-Bendrop-Bruch, Wickede-Wiehagen-Meinerke, Wickede-Wiehagen, Wickede-Wiehagen-Schule, Wiehagen Fröndenberger Straße, Lichtenstraße, Antoniusstraße, Kapellenstraße, Engelhard-Schule, Gertrudschule Waldschenke, Melanchton-Schule, Wickede-Echthausen Siedlung, Echthausen Weststraße, Echthausen Schule, Wickede Wimbern, Schützenhaus.

Litanei der Ziele, ob ob oder was. Liste der versäumten Gelegenheiten.

Hier weht es herüber nach Buchsbaum und offenem Feuer, hier ruft das kleine Mädchen »Maria!«

Was mir die Bäuerin sagte

Die alte Bäuerin habe ich wegen ihres Huhnes trotz ihres wild kläffenden Hundes aus dem Haus zu locken vermocht (da sie ihre am Zaun hockende Henne vielleicht verarzten könnte, die nicht aufzuscheuchen gewesen war. Kaum aber kam der Hund gerast, da sollt ihr mal sehen, wie schnell sie davongeeilt ist! Also war der Verdacht, sie sei vom Habicht halbwegs getötet, unangebracht. Diese Naturschützer, Habichtsfreunde, sind der Bäuerin gar nicht recht. Nun kommt sie zu Wort, ich trete in die Klammern zurück…)

Da soll vom dreißigjährigen Krieg da, wann war der, achtzehnhundert und…? Wieviel war das? (18-48) Nee, 1878 war der! (30 Jahre lang) Ja, 48 bis 78. Und da sollen da dreißig Franzosen, sollen da unter liegen. (Unter der Platane?) Ja, haben sie immer erzählt. Ich weiß es weiter nicht.

Da sind se, die manchmal die Hühner hacken, die Habichte. Die setzen die aus. Die ziehen die Habichte ja auf, und dann setzen sie die überall hier aus. Die sollen nicht aussterben. (Die Naturschützer?) Ja, die sind das. (Und da haben die Bauern was dagegen, nicht?) Ja, wenn sie einen kriegen können, machen sie ihn …(lacht) Einmal sind die hier oben beim Nachbar in den Hühnerstall gekommen, rein in den Hühnerstall durchs Loch, da rein, bei die Hühner. Der ist auch nicht wieder rausgekommen. (Stand denn schon mal was in dem Heimatbuch Unna?) Ja, da steht schon mal im Bauernblatt was.

(Ich hatte den Kampfmittelräumdienst gesehen. Gibt es vom Krieg her Reste, die die wegräumen?) Das kann ich Ihnen sagen, da oben im Schälk, da haben sie Bomben hingebracht damals, die sie unten gefunden haben. Weil sie die unten nicht sprengen konnten, da haben sie die da alle im Schälk, sagen wir mal einen Blindgänger und sowas, die haben sie im Schälk (ganz vorsichtig hingetragen, nicht?) Nee, weiß ich nicht, wie sie die hingekriegt haben, aber es war ne ganze Masse. Und dann haben sie die da oben gesprengt. Und dann kam hier, mittags ging dann die Sirene, oder ein Horn bliesen sie. Dann aber wacker, da gabs noch gar keine Trecker, nur mit Pferde war das damals, dann wacker nach Haus, dann mußt de wacker nach

Hause. Dann kamen die Splitter rüber. Dies Haus, das war Fachwerkhaus, ne? Da fielen die ganzen Felder raus (von dem Fachwerk), da standen nur noch die Balken da. Das Sprengkommando jetzt, das kommt vom Staat her. Das sind die Müßiggänger, die uns das Geld kosten – könnense alles aufnehmen! Hab ich gesagt! (Lacht) (Was macht denn jetzt dieser Räumdienst da?) Die suchen die Splitter, die haben son Suchdings und alles Metall. Und dann haben die da oben im Schälk son großen Container, und da suchen sie, haben sie ein bißchen Eisen drin. Ich glaub, die bringen immer noch was mit, daß sie was haben. Weil sie nichts mehr finden! Die haben hier unten ihr Klo, und wenn sie im Schälk da oben arbeiten, ja dann gehen sie nach dem Klo hin (dann haben sie Pause. Eben als ich vorbeikam, hatten sie auch gerade wieder Pause). Die haben mehr Pause wie alle andern (Das hab ich mir doch gleich gedacht, wollt es aber nicht sagen...) Die haben immer Pause, die kosten uns das Geld. Und die sehen das doch nie ein. Die laufen doch über die Felder, gehen spazieren...

Gut Schafhausen – das war ein Rittergut. Da soll ein Gang sein unter dem Gut, da geht es bis nach Scheda. Und da sollen ja früher, Scheda waren Mönche, und die hätten sich getroffen, ja, Nonnen und Mönche, im unterirdischen Gang (also hier war ein Nonnenkloster?) Ja, muß wohl mal irgendwas gewesen sein. Aber das ist ja hunderte Jahre her. (Und hat man auch nicht gefunden, den Gang?) Ja, der soll zugemauert sein. Solls noch geben. Wenn wir ausreißen wollen, müssen wir da hin. Geht bis Scheda.

Sie sind doch auch schon weiter rumgekommen? Sicher in Amerika auch schon? (Nein, aber in Rußland) Im Krieg? (Nein, die Sprache studiert) Dann kann man sich ja gut unterhalten ... Ich sag immer: Wenn der Wind von da unten weg kommt, der Russe bringt nichts Gutes (auch die Franzosen, Deutschen) die haben auch nicht immer getaugt. Ich weiß noch, wie der letzte Krieg, wie die Flieger, da hat einer den andern abgeschossen, einer ging da hinten runter und einer kam da hinten runter. Und der Pilot von dem einen, der kam in Dreihausen hoch, war ein Amerikaner, wolltense totschlagen, die Bauern mit Mistforken und alles. Wo der geblieben ist, der arme Mann, weiß ich nicht. – Aber Krieg ist Krieg, woll?

Die »Fliege« (eine Fernsehsendung mit Pastor Fliege, die sie durch das Gespräch mit mir versäumt hat) ist schon vorbei, die ist schon weggeflogen.

St.Vincenz Haus – es wird später und später, und ich bin immer noch im Jenseits. Vierhausen mußte ich streichen, das war jetzt zu weit. Das ist der Leichtsinn, wenn man meint, man könnte auch einen anderen Rückweg wählen als den auf dem Hinweg beschrittenen.

Über Vinnig geht es zurück, dort, wo das märchenhaft geschmückte Bauernhaus stand, das meine Tochter und ich fotografiert haben.

Sagenhaft, oberhalb Dreihausen, ob Dreihausen sollen dreißig Franzosen unter der Platane beerdigt liegen, aus dem dreißigjährigen Krieg.

Aber von Mittelmeerischem in den Adern ihrer Nachbarschaft weiß die alte Bäuerin nichts. Offensichtlich wurde hier nur gefallen, aber nicht gefallen. Da gibt es doch aus dem Rheinland andere Geschichten, wie Hüsch sie erzählt, mit Fisematenten: Visite ma tente, besuche mein Zelt... sagte der Söldner.

Wanderführer-Entzückung

Sonnenschein über Ostbühren nach Kessebühren und Bausenhagen, mit dem Auto, um einmal zu sehen. Kurz vor Hemmerde angehalten.

Andantino... Nun begebe ich mich bergauf, um in die Sonne zu blicken und »aus der Karte hinauszugehen«. Die Karte 14 ist gleich zuende. So weit nach Osten vorgestoßen! Gleichsam zum Ende aller Karten. Werl wäre schon zu weit. Da zählt nur noch der Mann und sein Rucksack.

Wer sich mit solchen Kleinstabenteuern beschäftigt und in ihnen verfängt, der muß sich nicht wundern, wenn ihm große nicht passieren.

Oder ist es nicht so: das Eigentliche geschieht überall. Auf Karte 14 und in Hellwegland – und irgendwo daneben.

Ich wende mich nach links. Verschmutzte Fahrbahn. Und werde für einen Moment ein Wanderwegentdecker, beschreibe dies für meine Nachfolger (Verlag an der Hand? Bonmots in der Kiepe?). Wir sehen unmittelbar vor uns, geradeaus, in direkter Linie einen sich nach rechts drehenden Rotor, ein Windrad. Und links in der Ferne, im Lippetal, vier derartige Rotoren. Alle drehen sich im Uhrzeigersinne. Warum nur? Warum auch nicht. Ich unterschreite eine Hochspannungsleitung, immer den einzeln stehenden Rotor im Blick. Ich gehe parallel zur alten B 1 auf halber Höhe Richtung Osten. Bis es auf einmal nicht mehr weitergeht, ich vor einer sogenannten T-Kreuzung stehe. Rechts schallt zu viel Kasseler Autobahn. Obwohl sich dort ein Raubvogel sacht erhebt, gehe ich doch lieber einmal nach links. Miles Davis trägt »Bitches Brew« bei. (Tatsächlich bringt dies erst WDR 5 beim Überarbeiten.) Schon hat sich ein Grasstreifen gefunden, der nach Osten führt. Die Zuversicht ist getäuscht worden: Äcker umrundeten mich, es gab kein Weiterschreiten. Der Wanderführer in mir mußte unauffälligst den Rückweg einleiten. Wahrscheinlich hätte ich mit einer Gruppe eine Besonderheit der Blätter an den vier Rotoren herausheben und dabei die Gehrichtung ändern müssen. Ein Wanderführer verriet es mir im Stillen. Doch der gegebene Fall ist nur von mir – ganz mein eigen.

In wachsenden Ringen den Hauch dieser Landschaft erspüren, telefonrosettenartig, telefonatsrosettenartig.

Neue Besuche, sonntags und öfter

Oben auf dem Haarstrang bekommen meine Tochter und ich einmal Findlinge gezeigt, während ganz oben die Kraniche ziehen. Der einfache gebrauchte Briefumschlag, auf den ich sonst Notizen schreibe, in den ich den Findling mit Erde gewickelt hatte, ist gefettetes »Butterbrotpapier« geworden. So viel hatte die Erde an das Papier abzugeben.

Ein weiterer Gang, der vom Bimbergshof ausgehen soll, am Hang des Haarstrangs, diesmal wieder allein, und der Geschwindigkeitsrausch hat mich zurück: Alle Ampeln um Unna herum zwingen mich zu sinnwidrigem Halten. Aber das hat nichts mit ihnen zu tun, sondern mit mir. Und letztlich machen sie mich langsam, holen mich von meiner Eile herunter. Dank sei dir, geheimnisvolles Ordnungsamt. Das kleine Sprinten zwischendurch, das mich noch schnell zum nächsten Grün bringt, lohnt hier nicht.

Gnadenlos wirst du ausgebremst, zum Naturfreund gemacht, und schon erhebt sich aus einer Hecke der breitflüglige, ruhig durch die Luft schreitende Milan. Alle Qual des Herunterpegelns hat sich bezahlt gemacht. Beim Bimbergshof, an einem frühen Nachmittag Anfang Dezember wohnt in der Hecke der gewaltige Milan. Als ich den Hof durchquert habe, auf listige Art, durch das Hintertörchen einer Reitauslauffläche, und so an einer Naturwand von Schiefer vorbeigekommen bin, die Geheimnisse vorwies, indem sie mich zurückwies – denn wer will da ergründen, wenn es derart in die Tiefe geht! – lese ich zum Schluß, herauskommend aus dem Gelände: »Freilaufende Hunde. Durchgang verboten«. Weiß auf rot. Ich hatte nichts gemerkt davon, aber auch nichts gelesen, als ich über den Hof ging. Eine kleine Fotoserie gönne ich mir; über ein Haus: in den Steinbruch hineingebaut aus frei angelehnten und gelegten Ästen.

Jetzt, da gerade der Milan durch das Gehölz streift, wirklich eine Stimmung wie *Nur der Adler sprach zu mir.* Doch auch immer wieder eine Menschenspur, Bienenkästen, Parkbank mitten in der Wildnis.

Aber wozu bin ich da, wozu bin ich hier? Um irgendeinem Zufallsleser von dieser Parkbank zu berichten? Sie gar zu beschreiben und ihre Nähe zur Autobahn sarkastisch festzustellen? Das kann es doch wohl nicht sein. Oder genau das ist es. Bleiben wir bei diesem Widerspruch. Jedenfalls lösen wir ihn nicht gewaltsam.

Ein Hörbild würde jetzt die Kasseler Autobahn einblenden, zumindest 4 Sekunden lang, – und das kann eine verdammt lange Zeit sein.

Dies Wäldchen ist so dünn gesät, daß jedes Pinkeln als eine Unzüchtigkeit erschiene. So verkneif ich es mir… Die Stämmchen wendeten sich scheu zur Seite, als ich es dennoch tat. Jetzt weiß ich, warum ich zögerte. Die Jugend muß noch nicht alles sehen.

Dies ist der Platz, wo sich im Umkreis die Bäume kräuseln und in der Mitte feste Stämme stehn. Die Vögel hegen ihn im Durchflug und in Kleinarbeit.

Sie schmücken ihn durch Zwitschern hier und da und dort, ein vorsichtiges Dezemberzwitschern, wohl eher noch ein leichtes Klirren.

Es ist ein Buchenhain oberhalb des Steinbruchs. Hier gräbt auch ein Fuchs, doch bietet er mir keine Ausgrabung in Lönsens Sinne.

Die Nähe zum Autobahnparkplatz treibt mich zurück. Wer mag sich hier alles entledigt haben, was also mag hier Erledigtes liegen, meinen Schuhen und auch meiner Nase zur Unbill. Selbst Bill spräche zu sich: Nein, das ist dir zu un, Bill, gell? Ich kehre also über den unteren Weg zurück zu den Bienenkästen und dem Wanderparkplatz. Ein leuchtendroter Ford Combi steht einsam da, unverwechselbar, unvergeßlich. Doch zum Wiederfinden hab ich anderes, zum Glück.

Nana, sagt der Schildbürger in mir.

Die Betonreste im Steinbruch sind schwer zu deuten, eine Art Eingangsbau, eine Art überbrückter Vertiefungsweg, der in einen unterirdischen Gang oder Bunker führen könnte. Ich mache ein Foto von der Schieferwand an dieser Stelle, weil da ein kreisrund eingeschnittener Eingang zu sein scheint.

Die Steinbruchwand wie eine Klagemauer, wie ein Papyrus unbekannter Zeichen; und Deutung, glaubst du, käme aus den Tiefen, aus den Rissen und Gruben, die mitunter entstanden sind. Du liest und liest und reißt dich dann los, denn du liest es nicht zu Ende.

Du siehst die frischen Spuren derer, die davor gestanden. Hat sich ihnen vielleicht einer der Blöcke beiseite bewegt und den Weg geöffnet nach innen? Ist der, der hier stand und den Ast mit seinem Fuß beiseite schob, vielleicht noch immer zu Gast hinter dieser Wand, im Inneren? Wußte er das Zauberwort, wie Hinzelmaiers Eltern bei Storm?

Die Wälder hier haben die Tendenz, schiffsförmig geschnitten zu sein, Mandorla, mandelförmig. So jedenfalls erscheint es dem, der um sie herumgehen will: dem linksgebogenen Oval entspräche ein rechtsgebogenes auf der anderen Seite, das Mutterzeichen in diesem Mutterland (Leonov sah in Rußland diese strotzende Erdfruchtbarkeit).

Zwei flache kreisrunde Haufen nebeneinander. Eine Art Weizenschrot, breit abgelagert, der außen herum schon einen sanften grünen Keimlingsteppich treibt. Daneben schwarz-weiße Fäulnis, außen schwarz, innen weiß, von Rüben, Runkelrüben.

Diese Mandelwälder eigener Art sind Ruhezentren, sie liegen abseits. Hier wo sich alles ballt, liegen sie dennoch abseits.

Meine unbedarfte Perspektive meint zu ahnen, daß dieser Landstrich überzogen ist mit einem Netz von Mandelwäldern, die ständige Wiedergeburt gewähren, dem Landstrich und dem, der darüber streicht. Aus den Mandelwäldern quillt unmerklich, unablässig die Stille, nach der dies Land wie jedes dürstet. Nicht wie jedes, sondern ganz besonders, mehr als die meisten.

Hier ballen sich die Menschen, hier ballen sie sich maschinell, hier durchfurchen sie das Land seit Jahrhunderten. Ich unterliege hier nur dem üblichen Impuls, der unterlegenen Seite beistehen zu wollen.

Doch Dichter wie Günter Eich ahnen, welche Macht selbst im Huflattich stecken mag, daß wir auch ihn nicht als unterlegen wähnen dürfen. Was sich hier wirklich abspielt, ahnt gewiß nur der, der über Jahre demütig die Wege geht und seinen Blick von allem lenken läßt, das hier sich tut. Zum Fragen blieb mir nicht die Zeit, ich werde weitergehn und weiter gehen, bis ich auf den treff, den ich fragen kann.

Und nochmals Schiffs- oder Mandelwald ob des Steinbruchs im Gebrüll der Autobahn, wo das leichte Klirren der Vogelstimmen den Zauber angezeigt hatte, spiralig gewirbelte Bäume am Rand, die mir sagen: nun halt entschieden inne. All diese Wälder, all diese Wege sind benutzt von Joggern und Pilgern.

Nah an der Mitte eine Schneeglöckchengruppe, gegen Ende Januar, und eine zweite, und eine ganze Inselgruppe, Archipelag.

Diese Wälder sind nicht aufgeräumt, sie sind naturbelassen. Käfer dürfen fressen, was herumliegt.

Das Land der Jogger und Pilger (nicht der Dichter und Denker) – und allenfalls noch der Imker. Die aber sind alles zugleich.

Der Weg endet an der alten B1 gegenüber der Einmündung des Hohlwegs von Mühlhausen, die Hohlwegsiedlung beginnt hier. Dahinter liegt Mühlhausen.

Durch diese hohle Gasse muß er kommen, unter der Dortmund-Soester Eisenbahn her, der Wanderer, und darf dabei nicht auf das Funktionieren der Ampel hoffen. Auf diesen Knopf für

Fußgänger kann er lange drücken. Zieh dich leuchtend, zieh dich strahlend an, Wanderer, dann gelangst du von der Siedlung an der B 1 nach Mühlhausen.

Optimistische Architektur inmitten der Behäbigkeit und Solidität, schiffsbugartig steil, oder wie ein gelüpfter Hut, keck zum Himmel des Hellwegs gestreckt. In diesem Landstrich wirklich ein kesser Tupfer.

Landstrich und Menschenschlag, Strich und Schlag, nach Strich und Faden, ein Menschenfaden, ein Landfaden, ein Menschenstrich, ein Menschenschlag, ein Landschlag, ein Menschenstrich…

Von der Hammer Straße nach Osten

Wie doch jeder Weg mit konkreter Ortsangabe beginnt und – bis er wieder dort endet, oder woanders – verschwimmt alles, kommst du in irgendeinen Winkel deiner selbst. Ich wollte nach Uelzen, 3 Kilometer, fand aber wiederum allenfalls mich oder nicht einmal das. Die Durchpflügtheit des Himmels und der Erde an dieser Stelle läßt auch gar nichts anderes übrig. Hier bist du, nun gut.

Wohlgemerkt, alles was ich hier durchlaufe, läuft unter NEG, Naherholungsgebiet. Das ist dem Menschen alles vom Körper nicht weit Entfernte oder dieser selbst, soweit er sich mit sich selbst erholt.

Als nördliche Entsprechung zum Haarstrang bewegt sich nach Osten ein Damm, auf dem sich zwischen den Feldern entlang gehen läßt, als sollte von links oder rechts Wasser gestaut werden, vielleicht eher von links, denn dort hat die Lippe womöglich Hochwasser und die Äcker rechts bis zum Haarstrang wären dann gesichert. Ach, es ist ein Bahndamm, er kommt geraden Wegs vom Bahnhof Königsborn. Die Salzquellen als Wegweiser des Hellwegs haben auch den König gelockt.

Mitunter mäandert ein Bach unter dem Damm einher. Er möchte zur Lippe, mehr oder weniger eilig; fast ein Flüßchen auch schon. Und das Naturschutzgebiet zur Linken wird undurchdringlicher, tiefer. Hier oben und rechts unten traben Menschen, unten auf Pferden und oben zu Fuß, an mir vorbei. Ernsthafter nicht als sie durchquere ich das Gelände.

Hier hört sich doch alles auf. Der Weg jenseits der Straße versperrt. Du steigst hinauf über erträgliches Weglein, das ins Gebüsch führt, und hörst einen Ruf vom Haus, der dich offensichtlich zurückhalten soll. Auf der Straße bist du ebenfalls nicht gern gesehen, als Fußgänger nicht vorgesehen. Unter dem zarten zunehmenden Mond ein Himmel: wie von Baumeister gemalt, auch bei ihm spuren Düsenjäger einher, liegen Teile wie auf einer Baustelle, klingt es wie ein unbekümmertes Solo von Sonny Rollins, *Now's the Time*, doch das meiste ist immer noch göttlicher Abkunft.

Der Bach hier, den ich auf dem Hinweg Flüßchen nannte, zeigt eine Stetigkeit und Kraft, mitten im Dezember, als wollte er mit seinem Dorthineilen den Erdball *hierhin* drehen. Hier könnt ich, hätte ich Not, einen dunklen Stein von der Schmiegung an die Stirn beherzt in das strömende Wasser werfen. Stein und Bach nähmen mir die Not.

Einige Schritte unterhalb seines Verlaufs hat das Flüßchen schon in seinem Strömen die Unmerklichkeit der uns umgebenden Zeit angenommen. Als stünde es still, nur ein leichtes Flimmern zeugt vom Vorbeigang. Sollte auch dieser Weg in die eigene Tiefe geführt haben?

Rückwege, mehrmals

Welche Empörung erfaßt mich doch immer wieder ob der gewaltigen Unrast der Menschen, etwa um ein Möbelzentrum herum angesichts der Stille, die sein könnte; doch nie erfaßt mich in der Stille eine Empörung, die ein Möbelzentrum vermißt.

So bin ich also wieder, wieder einmal, auf dem Heimweg ins Ruhrtal. Lessings »Lob auf die Faulheit« verlief bekanntlich so, daß dieselbe auf den Lobsingenden sacht herniederkam, so daß mit dem Loblied letztlich nicht viel anzufangen war. Es versickerte würdevoll im Sande. So auch ich.

Beschleunigt, gelangte ich zum Hellweg, und der brachte mich wieder auf den Boden. Da bin ich.

Adagio, lento oder sonstwas.

Wieder auf Schwerter Gebiet

Von den vertrauten, bebellten Schroffheiten des Kellerkopfs, den ich noch heimsuche, unseres traditionsbefrachteten Gipfels bei Geisecke, zu den sanften Flächen, wo der Blick über die ewigen Polsterlandschaften des Sauerlands schweift, aus einer scheinbaren Überlegenheitsposition heraus, Ausschweifungen im Sinn … in welchem Sinne? Aus-Schreitungen.

Am Gehrenbach in Schwerte, dem Bach meines Begehrens, ach – ich gehe an dem Stau vorbei, auf meinem Felix-Hügel, der schon lange nicht mehr nach gerösteten Erdnüssen geduftet hat, und träume mir die alten und die künftigen Tage. Nach Köln ist Stau, nach Bremen läufts, die Automatenlampe der einsamen Gärtnerei springt an und kein freilaufender Schäferhund springt mich an. Die Zeit ist friedlich, Autos stehn und fahren. So war es dereinst mit den Kutschen und den Menschenmassen. Irgendwo kommt Krieg auf. Und man vergißt ein Niewieder.

Ein halb gegessener Schokoladen-Nikolaus liegt wie eine Colaflasche mit roter Kappe im nassen Spätherbstlaub.

Wie gelingt mir die Überwindung des Raumes, wenigstens bis zum Hellweg hinter Unna, um nicht immer dort sein zu müssen, wenn ich dort gehen will? Virtuelle Realität gibt es auch am Gehrenbach. Eine hinreichende Anzahl von Schritten, und ich bin – innerlich – dort.

Michael Klaus

Apropos B1

oder Je ne t'aime pas in Erwitte

Glauben Sie nur nicht,
dass ich unseres Westfalens
so bald vergessen hätte.
(Heinrich Heine, Reisebilder)

Zum Beispiel Hamm. Über Hamm kann ich nur sagen, daß ich da mal nach einer Schriftstellertagung mit dem Dichter Peter Maiwald in einer Kneipe gesessen habe. Wir haben uns gegenseitig so lange gelobt, daß der Wirt, der Feierabend machen wollte, die Musik immer weiter aufgedreht hat. So mußten wir auch immer lauter werden, was wohl den Eindruck gemacht hat, Maiwald und ich ständen kurz davor, aufeinander einzuprügeln.

Hamm ist: Meine Liebe zu Peter Maiwald.

»Die Mädchen haben Tauben unterm Hemd / die sich beim Gehen leicht bewegen.«

Und dann auch noch ein Taxifahrer, den ich mit einem Buch bezahlen konnte. Ist mir weder vorher noch nachher jemals wieder passiert.

Oder Unna. Die Stadt kann noch so viele Verführungsversuche starten, das Wichtigste für mich in Unna ist der Blick eines Boxers.

Du fährst von der Autobahn ab. Im weit ausholenden Bogen der Abfahrt steht ein neu erbauter Hotelkomplex, mitten auf freiem Feld. Aber den meine ich nicht, der steht auch noch in Kamen. Du fährst daran vorbei auf einer schnurgeraden ländlichen Straße, an Gemüsefeldern mit ruckartig herumschleudernden Regnern und an hochroten Backsteinhäusern entlang.

In einem Vorort, gegenüber einer Tankstelle, steht das zweistöckige Hotel, lang gestreckt und nichts sagend als eine braun verputzte Ideenlosigkeit.

Innen sind alle Materialien verbaut, die einmal preiswert waren, zweitklassige Ziersteine, Sperrholz, billige Inneneinrichtung. Der Frühstücksraum erstickt an den bis zur Decke geklebten Korkplatten. Würde ich zu Hause vom Frühstücksraum berichten, hätte ich also nicht viel zu erzählen. Wäre da nicht die beleuchtete Vitrine, die eine schmale Kopfseite des Raums einnimmt an einer sonst dunklen Wand. In ihr sind Fotos von einem Boxer ausgestellt, seine Medaillen und sein Europameisterschaftsgürtel. Es könnte der junge Wirt sein, wenn nicht die Frisur des Boxers eine zurückgekämmte Schmalztolle der sechziger Jahre wäre. Es ist der Vater des Wirts, der da auf einem beschrifteten Foto mit seiner auch nach dem Schlag immer noch vorgestreckten Rechten einen Italiener von den Beinen geholt hat, vor Jahrzehnten.

Auf einem anderen Foto steht der Boxer in New York. Und da ist dieser Blick, der lässig wirken soll. Der junge Boxer hat wohl vom Fotografen gesagt bekommen, er solle traditionsgemäß Richtung Wolkenkratzer in die Höhe sehen. Und dabei sieht er so aus, als wolle er sich sein Erstaunen über die riesige Umgebung nicht anmerken lassen, als sei er mit solch gigantischen Dimensionen vertraut.

Und nachts in einem Schwindeltraum, da bin ich sicher, wird er sich ans Bettgestell gekrallt haben.

Erwartet also, wenn ihr von mir etwas über eine Stadt, eine Landschaft erfahren wollt, kein Meßtischblatt einer Gegend. Selbst Straßenkarten versagen, wenn am Dortmunder Westring noch eine A430 ausgeschildert ist, die überall sonst A40 heißt und in unseren Köpfen die B1 bleibt.

Apropos B1.

Paul aus Essen, ich aus Gelsenkirchen, Arno aus Hamm, Astrid aus Mülheim, Fee aus Unna, Wilhelm aus Soest, alle fuhren wir jeden zweiten Sonntagabend auf die B1. Und aus der anderen Richtung Lim aus Paderborn, sofort vor seiner Haustür auf die B1, und Hubsi aus Beckum mit seinem Ford Mustang. Alle fuhren auf der B1, kürzer oder länger, die einen mit eigenem Wagen, die anderen von den Eltern gebracht, 1969.

Da hieß es noch Obersekunda. Im Internat gab es in unserer Klasse eine ziemliche Altersspanne, die jüngsten waren Sechzehn, die älteste Neunzehneinhalb (zweimal hängengeblieben in der gleichen Klasse, dem Kultusminister eine traurige irische Geschichte erzählt, eine dritte Chance gekriegt). Und alle in Erwitte runter, noch ein paar Kurven, ein bißchen Wald, ein breites Grinsen über den Wald, denn wir wußten alle, wer hier mit wem, wo und was, und dann kam das Schloß. Wir waren da. Begrüßten uns immer mit dem neuesten Entsetzen der Welt: »Warum haben die Schweine Sharon Tate gekillt!«

Ich erzähle besser erst einmal von den Hinfahrten. Nach den trostlosen Tagen zu Hause, wo wir sowieso nur vom Internat redeten und aufschnitten. Wir sahen bezaubernd aus. Wir sahen blendend aus. Ich wollte, daß die alten Kumpels staunten, und verlor sie. Wir sahen atemberaubend aus. Wir waren einmalig.

Zu der Zeit speckte Handke die deutsche Bühne ab: »Es gibt keine Gegenstände hier, über die wir stolpern könnten. Die Tücke des Objekts ist nicht eingeplant.« Aber wir waren Amerikaner, alte Hoppers und Fondas. Alles weit und breit war Kulisse, extra für uns. Die ganze Welt sah unsere Gesten. Nichts war absichtslos.

Oder noch besser, ich erzähle nur von der einen Hinfahrt. Fee wollte sich an diesem Abend entschieden haben. Wahrscheinlich für mich. Ziemlich sicher sogar. Meine Mutter saß am Steuer, und ich daneben malte mir aus, wie ich mit Fee zusammentreffen würde. Ich lehnte mich zurück: Bin auf der Bahn nach wer weiß wohin.

Mit der eigenen Mutter, oh Gott! Die nur mit beiden Händen am Steuer die 36 PS beherrschte. Die mir vererben wollte, ich solle, wenn überhaupt, verkrampfte Affären haben.

Und dann die beleidigenden Namen der Abfahrten, an denen wir vorbeikrochen: Wattenscheid shit, Bochum-Hamme, Lütgen-shit-dortmund. Die Namen machten mich wahnsinnig. Ich weiß nicht mehr warum. Alles sollte anders sein.

Ich hätte für Fee ein Geschenk haben müssen, hatte aber keins. Kein Geld.

Das wär ein Ding. Die Mutter in den Wandschrank sperren, und die schreit: Nicht schon wieder den Fernseher! (Idee von Hubert Selby.) Aber sie sitzt fest, was soll sie tun. Also versetze ich den Fernseher doch! Und schrei zurück: Sei still! Willst du mich zum Killer machen? Deinen eigenen Sohn? Nur weil er liebt?

Aplerbeck – ich sprach es laut, eine Kackmelodie.

Aber Unna war heilig. Da wohnte Fee.

Und wenn sie doch nicht wollte?

Ich war schlecht zusammengezimmert, ganz schief, ein sentimentaler Hund. Daß die Straße mich trug, wollte ich nicht glauben.

Verlaß dich auf den Herrn von ganzem Herzen und verlaß dich nicht auf deinen Verstand. (Gebet von Salomon.)

Fee würde wollen. Dafür würde der Herr sorgen. Auf ein paar Kilometern ging es mir besser. Ganz edel war mir zu Mute. Ich war empfindsames Herz und hatte lyrische Lippen. Ich hatte vornehm schwache Nerven und ein zartes Hirn. Ich war ganz verzückt. Ich wollte kein Amerikaner mehr sein. Und die Gegend machte es mit, sie veränderte sich.

Sie wurde süßlich. Gerade eben bei der Einfahrt in Dortmund, die B1-Brücke über den Gleisen, war eine Zugbrücke. Ich war ganz rückwärtsgewandt. Hohe Minne in Dortmund. So ideal, als sei der Kuß auf den Mund der Herzdame nicht auch deshalb in Mode gekommen, weil der Ritter überprüfen wollte, ob sie in seiner Abwesenheit gesoffen hatte oder nicht.

Fee würde nicht wollen. Da stieg die Straße steil an. Sie wollte umschlagen. Alles verbogen und ohne rechten Winkel. Die Hausfassaden hingen über mir mit ihren messerscharfen Schatten. Ich würde sie alle fertigmachen. Den Cheferzieher, daß er aus dem Haupthaus getragen würde. Auf eine Bahre geschnallt mit vorgetäuschtem oder echtem Herzinfarkt, erwischt dabei, wie er nachts in die Betten der Kleinen geschlüpft war.

Aber genau das hatte die Internatsleitung schon veranlaßt, einen Monat zuvor. Ich kam zu spät.

Wie ich mir Unfälle erträumte, bei denen ich umkommen wollte. Die Wagen ineinander verkeilt. Mit dem Schneidbrenner rücken sie an. Vergießen Tränen, wenn sie mich sehen.

Fee würde wollen. Gott war wieder im Spiel. Aus den Pinkelbuden am Rande der Bahn wurden verschwiegene Plätze. Tanzende Rokoko-Bauern in Höhe Soest führten alte Schäferspiele auf. Bei jeder Pfütze sah ich Dianas Nymphen beim Fischfang.

Wie die Mädchen mit einem Nein fertig wurden, hab ich nie

gewußt. Die Jungen wollten sich fast immer kastrieren. Wir wollten uns immer die Eier abschneiden. Taten es dann doch nicht. Vielleicht, weil wir uns eine Reihung vorstellen konnten. Zehntausend im Land wollen gerade alle das Gleiche tun, das wirkt lächerlich. Und wohin damit?

In Erwitte von der Bahn runter. Ein bißchen Wald, aber diesmal kein Grinsen. Wir kamen an. Ich stieg aus. Nickte zu den Ermahnungen meiner Mutter und versprach ihr nichts. Die machte kehrt.

Da war aber alles so verschoben in meinem Kopf, daß ich mich selbst beobachten konnte. Ich sah mich selber gehen. Durchs Haupttor, das mit abgeschnittenen Rehläufen benagelt war. Die Schulter kam gar nicht weg vom Rauhputz der Schloßmauer. Über den mit Kies bestreuten Innenhof. Ich wollte nicht mehr vorhanden sein. Und saß plötzlich in der Kantine, vor mir ein Bier. Der enge Raum war knallvoll. Jeder berührte fünf andere. Wir bewegten uns wie unter Wasser mit Stimmen von einem zu langsam eingestellten Plattenspieler: »Warum haben die Schweine Sharon Tate gekillt!«

Dann stand Jenny im Türrahmen, Fees beste Freundin. Mit drei Fingern der einen Hand fächelte sie sich Luft zu und übergab mir ein blaßblaues Kuvert.

Diese Rattenkönigin will gefüttert werden, dachte ich noch. Na ja, über beste Freundinnen der Geliebten gibt es ganze Bibliotheken. Aber das waren ein Haufen gruseliger Nebengeschichten, die ich gehortet hatte. Wichtig war allein das Kuvert. Das war bei uns ganz üblich, einen Boten zu schicken mit einem Ja, einen Liebesboten, die beste Freundin oder einen auserwählten jüngeren Schüler, der sich dabei ganz wichtig vorkam. Tausend Augen sahen mich an.

Ich riß das Kuvert auf: Je ne t'aime pas. Ich liebe dich nicht.

Bärbel Beutner

Der Ring von Unna

Ein Rundgang durch die Jahrzehnte

Für die Autofahrer ist er ein Verhängnis, wenn sie irgendwo in die Stadt eindringen wollen. Hält neben einem Fußgänger auf dem Ring ein Auto und kommt durch das heruntergekurbelte Fenster die Frage: »Wie komme ich von hier aus in die Klosterstraße/Schäferstraße/Flügelstraße?«, so steht der Gefragte vor einer schier unlösbaren Aufgabe. Selbst ein Autofahrer muss erst nachdenken und die verschlungenen Verkehrspfade vor seinem inneren Auge vorbeiziehen lassen, bevor er eine Auskunft geben kann.

Eine Fahrt auf dem Ring, angefangen am Käthe-Kollwitz-Ring über den Südring, den Ostring, die Kantstraße und den Beethovenring dauert bei Grüner Welle an einem stillen, verkehrsarmen Sonntagmorgen gut drei Minuten. Die markanten Punkte fliegen vorbei: an der Kreuzung Hertinger Straße links der Neumarkt, rechts die heutige Katharinenschule, das frühere Kreiswehrersatzamt, links die Stadtmauer, der Turm der evangelischen Stadtkirche, rechts wieder das Hellweg-Center, links der Stadtpark, dann der Busbahnhof, der Tunnel, die Polizei, der Westfriedhof – große Schilder über der Straße: TG Bahnhof, Bremme/Post, Busbahnhof, AOK/Lindenbrauerei.

Der Verkehrsring nützt nichts, wenn man etwas von Unna erfassen will. Der Ring will zu Fuß, in Muße durchgangen sein. Erst dann führt er zu Unnas altem Stadtkern, zu bedeutsamen Stellen, zu vielen Erinnerungen und zu besinnlichen Plätzen.

Ich mache mich zu Fuß auf den Weg, an einem frühen Sonntagnachmittag zur klassischen Zeit des Sonntagsspazierganges. Es ist ein strahlender Wintertag mit klarer Luft, die Sonne wärmt schon, im Schatten aber werden die Finger steif, vor allem, wenn man etwas aufschreiben will. Ein ideales Spaziergangswetter, das Familien mit Kinderwagen und Paare mit Hunden ausnutzen.

Ich starte von meiner Wohnung am Käthe-Kollwitz-Ring. In meiner Kindheit war hier Ackerland. Noch als wir vor über eineinhalb Jahrzehnten in das Haus einzogen, blickten wir auf ein Feld, das noch bestellt wurde. Besonders schön war es im Herbst, wenn man in der Dämmerung auf ein Stoppelfeld schaute, aus dem leichter Nebel stieg. Inzwischen ist der Wohnpark Vinckestraße entstanden, die Raiffeisenbank baute einen großen Komplex, in dem ein ambulantes Rehazentrum untergebracht ist. Für Garagen und Stellplätze wurde immer mehr Erde zubetoniert.

Auf einem freien Stück neben der Raiffeisenbank säte sich ein kleines Wäldchen aus, das erstaunlich wuchs und bei einem russischen Besucher, der über den Mangel an Natur in ganz Westdeutschland klagte, wahre Begeisterung hervorrief. 1996 sah er die zarten, wilden Bäumchen zum letzten Mal, und seither fragt er mich immer, was aus dem Stück Natur geworden sei, und ich muss ihm nun antworten, dass es verschwunden ist, weil immer weiter gebaut wird.

Ich gehe den Ring entlang in Fahrtrichtung; der Einbahnverkehr und der Ringverkehr sind identisch. Schon an der Kreuzung Hertinger Straße mache ich einen kleinen Abstecher auf den Neumarkt. Tiefgaragen gibt es dort, und der Platz wird genutzt als Biergarten für das »Meisterhaus«. Dieses Schmuckstück, als restauriertes Fachwerkhaus weit über Unna hinaus bekannt, so wie das italienische Restaurant darin, kannte ich als unscheinbares, verputztes Gebäude, das uns Kindern auf dem Schulweg keinen besonderen Blick wert war. Wenn wir durch die Hertinger Straße oder durch den Kletterpoth zum Mädchenlyzeum wanderten, zur Annette-von-Droste-Hülshoff-Schule an der Bornekampstraße, so beschäftigten wir uns mit anderen Dingen als mit dem Stadtbild und den Gebäuden. Auf den Neumarkt aber richteten wir oft unsere Aufmerksamkeit.

Der Platz macht mich traurig in der Wintersonne. Er sieht öde und stillgelegt aus. Gewiss, im Sommer ist es hier schön; unter bunten Lichterketten wird getrunken und gegessen, man genießt die Sommerabende mit südlichem Flair, und auch ich zeige mit Stolz den auswärtigen Gästen, dass Unna an Gastronomie vieles zu bieten hat, aber was sind solche Genüsse verglichen mit dem

Zauber, den dieser Platz vormals besaß. Auf dem Neumarkt gastierten dereinst Zirkus und Kirmes.

Zirkus war ein Ereignis sondergleichen in unserer fernsehlosen Kindheit. Der Besuch wurde zumeist von der Schule organisiert. Die Lehrer gingen mit in die Nachmittags-Vorstellung. Da trat ein Mann auf, der wie eine Bronzefigur aussah und eine Statue in verschiedenen Stellungen darstellte, wenn jeweils ein rundes schwarzes Zelt sich um ihn erhob. Fachmännisch kommentierten die Jungen, womit sein Körper wohl bedeckt sei, ob das Farbe oder eine Gummihaut sei, und die Diskussion darüber ging am nächsten Tag in der Schule weiter, wo dann erörtert wurde, ob der Mann, was immer es auf seinem Körper gewesen sein mochte, nicht mörderisch geschwitzt haben müsse. Seiltänzer und Trapezkünstler brachten die Mädchen durchaus zu einem Aufschrei, während die Jungen geringschätzig erklärten, das wäre doch keine Kunst. Eine Fahrrad-Akrobatin, die schließlich auf dem Vorderrad saß, die Beine um den Sattel geschlungen hatte und mit den Händen die Pedalen drehte, brachte ein älteres Mädchen hinter mir zum Kichern. »So fahr ich morgen durch Afferde!«, höhnte sie, was mich angesichts der Kunst empörte. Bären auf Motorrädern, ein Elefant, der sich in einen Korbsessel setzte, Affen in Kleidern, die Puppenwagen schoben und doof zeigten – Wunder gab es viele.

Ein Gang nach der Schule über den Platz ermöglichte einen Blick in die Tierzelte außerhalb der offiziellen Tierschau. Einmal war Duschtag bei den Elefanten. Ein Wärter stand mit einem Schrubber auf dem Rücken eines Dickhäuters, der seinerseits die Eimer mit dem Rüssel hinauf- und hinunterreichte. Und einmal stieß ein Nilpferd in einem fahrbaren Bassin das Gitter vor seiner Nase auf und sperrte sein Riesenmaul nach draußen auf. Wir Kinder jubelten, aber ein Mann kam und erklärte, da könne etwas passieren. Er schloss das Gitter, was das Nilpferd übelnahm, denn es versank in dem trüben Wasser, so dass nichts mehr von ihm zu sehen war.

Wahrhaft verzaubert wurde der Neumarkt durch die Kirmes. Einmal konnten wir aus unserem Klassenraum im Annette-von-Droste-Hülshoff-Gymnasium den Aufbau beobachten. Eine blaue Wand leuchtete verheißungsvoll herüber – sie gehörte zur »Fahrt zum Mond« –, die oberen Gondeln des Riesenrades grüßten aus der Luft. Der Schulvormittag wollte kein Ende nehmen.

Wir hatten Deutschunterricht bei der mir unvergeßlichen Amanda Papke (sie hieß Johanna mit Vornamen; den Spitznamen Amanda gaben die Mädchen ihr, ohne wohl zu bemerken, dass sie sie damit als liebenswert bezeichneten), und Haupt- und Nebensätze standen auf dem Plan. Es war schwierig, sich zu konzentrieren angesichts der Wunderwelt aus Pappe und Farbe, die draussen entstand, noch dazu bei strahlendem Sonnenschein. Man wusste noch nicht genau, was alles da sein würde, außer Raupe, Kettenkarussell und Schiffschaukel natürlich, die ja zum Standard gehörten. Aber mit der Erkundung musste man warten bis nach der Schule, und bis zum Kirmesbesuch dauerte es noch endlose Stunden.

Das Kirmesgeld musste wohlüberlegt eingeteilt werden. Es gab Leute, die sage und schreibe über drei Mark ausgaben, aber das waren Ausnahmen. Die Karussells kosteten schon lange zwanzig, auch schon dreißig Pfennig. Schaubuden, in denen Liliputaner, Pistolenschützen und Frauen mit dem Unterleib oder dem Kopf einer Wölfin auftraten, waren indiskutabel wegen des horrenden Eintrittspreises. Mit Losbuden hatte ich schlechte Erfahrungen gemacht, weil ich nie etwas gewann. Aber das Erlebnis bestand ja aus Lichtern und Gerüchen, aus bunten Bildern und durcheinandergewirbelten Schlagern und Märschen, aus den unvorstellbaren Sensationen, die überall versprochen wurden. Jedes Los gewann, Personen mit schwachen Nerven wurden vor der Geisterbahn gewarnt, die Krake, bei der sich die Gondeln im großen Kreis und zusätzlich im kleinen Viererkreis drehten, konnte den Leuten den Sinn verwirren, und es stellte sich die Frage, ob Zuckerwatte oder Lakritzstangen, ob ein Plastik-Armreifen oder vielleicht doch ein Los…

Wenn ich überall so lange verweile wie an diesem langweilig eingeteilten Platz, wird der Gang auf dem Ring Stunden dauern. Es sind nur ein paar Schritte bis zum früheren Mädchengymnasium, in das zu Beginn des Schuljahres 1998/99 die Katharinenschule eingezogen ist, die bisher an der Oberen Husemann-

Straße ihr Domizil hatte. Das rote Backsteingebäude, das wir Ostern 1955 mit Ehrfurcht als Sextanerinnen betraten, wurde vier Jahre später durch den Neubau erweitert, der der Schule Schichtunterricht bescherte und ein ganz großer Fortschritt war. Mir fallen triviale Dinge ein, die man besser verschweigen sollte. Aber es gab fortan einen großen Toilettentrakt mit allem Luxus, dem die Plumpsklos gewichen waren. Man konnte sich an großen Waschbecken die Hände waschen, und an den gekachelten Wänden hingen Heißlufttrockner und Verbrennungsapparate für Binden.

Die Fenster von einigen neuen Klassenräumen gingen nun unmittelbar auf das Freibad im Bornekamp hinaus. Im Sommer drangen die Rufe der Badenden, das Klatschen des Wassers, wenn einer vom Dreier sprang, oder Gekreische beim Wasserspritzen durch die geöffneten Fenster. Das störte den Unterricht und erweckte vor allem den Wunsch, auch endlich ins Wasser zu können. Das Freibad an der Bornekampstraße ist ein Unnaer Denkmal. Als die Stadt es in den siebziger Jahren stilllegen wollte, weil das Freizeitbad Massen gebaut wurde, gab es Widerstand in der Bevölkerung. »Unser Kinderbad, in dem wir für einen Groschen schwimmen gegangen sind?«, empörte sich eine ehemalige Schulkameradin von mir.

Es gab genügend stichhaltige Argumente für die Fortführung des Badebetriebes in Unna-Mitte, aber dass sich ein Verein gründete, dem zahlreiche Prominente angehören, dass das »Anbaden« und »Abbaden« jeweils ein Volksfest ist, bei dem sich Unna im Freibad trifft und bei dem Fraktionsvorsitzende Würstchen grillen und Ratsdamen Waffeln verkaufen, das entspringt wohl eher der tiefen Bindung an diesen Ort.

Die technischen Neuerungen wie etwa eine Umwälzanlage gab es in der Jugend der heutigen ehrenamtlichen Betreiber noch nicht. In regelmäßigen Abständen war das Bad wegen »Wasserwechsels« einen halben oder ganzen Tag geschlossen. In heissen Sommern mit regem Badebetrieb war das Wasser zu diesem Zeitpunkt flaschengrün und undurchsichtig. Es wurde abgelassen, das Becken wurde geschrubbt, und frisches Wasser wurde eingelassen. Das Bad in dem nunmehr klaren und durch die grün, später blau gestrichenen Wände farbig schimmernden Wasser war empfindlich kühl und daher besonders erfrischend. Eine Beheizung des Beckens lag jenseits aller Vorstellungen. Und hier wurde geschwommen und getaucht, gesprungen und gedöppt, man lernte Köpper und Kraulen, konnte Reifen ausleihen und im Nichtschwimmer üben ...

Ich stehe immer noch unter der neuen Fußgängerbrücke, die jetzt von der Stadt auf die Schillerstraße führt, betrachte noch einmal das Schulgebäude, das nach dem Auszug des Mädchengymnasiums zur Herderschule wurde und jetzt, nach dieser Zeit als Hauptschule, zur katholischen Grundschule geworden ist. Pavillons haben die Kapazität erweitert, die Wände sind bunt bemalt und der Schulhof ist schön gestaltet.

Ich drehe mich noch einmal um und werfe einen Blick auf das »Alte Badehaus«, das nun »Kurbad am Ring« heißt: Krankengymnastik, Massage, Sauna, Fitness, Kosmetik« wird angeboten. Ob ich will oder nicht: mir fällt eine längst vergessene Anekdote von einem mir bekannten Ehepaar ein, das kein Badezimmer besaß, jenes »Badehaus« benutzte und mir einmal frank und frei erzählte, wie sich das Wochenbad auf das Eheleben auswirkte. Es ist Jahrzehnte her, erst jetzt merke ich, wie komisch das war. Spaziergänger schauen verwundert in mein grinsendes Gesicht.

Der Südring führt mich am früheren Kreiswehrersatzamt vorbei. Es soll zu einem neuen Freizeit- und Restaurationscenter ausgebaut werden. Im Moment liest man nur »Sonnenstudio« an einigen Fenstern. Ach, ich habe ja nicht nur ein halbes Jahrhundert in Unna verbracht; seit fast drei Jahrzehnten unterrichte ich an einer Schule in Schwerte, deren Schüler über Jahre hin dieses Gebäude zur Musterung aufsuchten. Und nicht nur das: einer unserer Mitarbeiter war im Musterungsausschuss. Seine Erzählungen, die mit dem Satz: »Ich war gestern wieder bei der Musterung!« begannen, waren von derselben Beschaffenheit wie seine Kriegserlebnisse. Nur wurde jetzt nicht mehr gesiegt, sondern die Nato gerettet, falls sich ein chaotischer Schüler für zwölf Jahre verpflichten wollte.

Links vom Südring aus erhebt sich die Stadtmauer, auf der vor über zwanzig Jahren Neubauten sehr gut eingepasst wurden, als man die alten Straßen an der Mauer sanierte. Grabengasse und

Kletterpoth werden einen Unnaer, der seine Heimatstadt in den sechziger Jahren verlassen hat, heute vielleicht befremden, aber das gelungene Viertel wird er anerkennen. Und schon erhebt sich hinter der Wasserstraße der Turm der Stadtkirche, jene Ansicht, die das beliebteste Motiv für Gemälde und Ansichtskarten ist.

Geschäftsstelle und Anzeigenstelle des »Hellweger Anzeigers« sind in einem immer noch imposanten Gebäude links untergebracht. Klopfenden Herzens haben wir dort als Kinder unsere Beiträge für die »Kinderseite« abgegeben und waren stolz, wenn sie angenommen wurden. Das Honorar war ein Jugendbuch. Später wurden eher Anzeigen aufgegeben: Todesanzeigen, Geburtsanzeigen... Nun gibt es schon seit einigen Jahren ein weiteres Redaktionsgebäude auf dem Ostring, denn dort befindet man sich nun.

Der Ring wird ein wenig eintönig: links die Stadtmauer, rechts schöne Häuser, die Versicherungen, Arzt- und Anwaltspraxen beherbergen, eine Tankstelle, das Hellweg-Center auf der rechten Seite, die Stadtmauer links. Hier muss man abbiegen, hier führt der Weg zu den Kleinodien von Unnas Innenstadt.

Wo in unserer Kindheit Enge und Verfall herrschten, hat man ein Künstlerviertel geschaffen, in dem sich beim Stadtfest die Menschen drängen und in dem auch der Unnaer sich ein wenig auf dem Montmartre fühlen kann. Da geht es in die Morgenstraße mit dem »Morgentor«, einer gemütlichen Kneipe im Fachwerkhaus, vorher biegt man in den »Güldenen Trog« ein und kommt am »Waffelstübchen« und am »English Shop« vorbei. Hier ist das Mekka der Stadtführer, die die Geschichte eines jeden Fachwerkhauses kennen, die das Nicolaiviertel mit dem Nicolaihaus, mit dem Komponistinnenhaus, der Galerie und dem Atelier zeigen. Und dem Gast wird erklärt, dass der wohlklingende Name »Güldener Trog« nichts mit Gold zu tun hat, sondern eher mit »Gülle«, sprich Straßenkot, der in vorkanalisatorischen Zeiten hier hindurchfloss ...

Unnas Stadtkern lädt ein, wenn man sich zu Fuß auf den Ring begibt. Da müsste man eigentlich das Burgviertel erkunden, in die Burgstraße am Gebäude des früheren Landratsamtes einbiegen und einen kleinen Rundgang durch die Gassen machen, der in die Morgenstraße führt. Der Fotograf findet hier zahlreiche

Motive, Fachwerkfassaden und alte restaurierte Haustüren, im Sommer Blumenkästen vor den kleinen Fenstern und in der Morgenstraße Häuser im Jugendstil.

Die Burg wirkt beeindruckend vom Ring aus. Hinter der Stadtmauer schaut der Betrachter auf das obere Stockwerk des alten Gebäudes, das dem Fremden vielleicht bescheiden vorkommen mag als »Burganlage«, für Unnas Geschichte und für sein kulturelles Leben aber ein wichtiger Mittelpunkt ist. Das Hellweg-Museum in der Burg bietet Ausstellungen und Vorträge, und auch da haben sich die Bürger längst engagiert und in Zeiten leerer öffentlicher Kassen einen Förderverein gegründet.

Wenn es wärmer wäre, könnte man beim Anblick des sonnenbeschienenen gelbgestrichenen Burggebäudes mit dem runden Turm hinter dem Stadtpark ins Träumen geraten. Doch die anderen von hier sichtbaren Objekte wollen auch beachtet werden. Der ortsunkundige Autofahrer würde nur flüchtig die Türme der katholischen Kirche St. Katharina wahrnehmen, einen großen modernen Bau zwischen Burg und Kirche und schließlich das Hotel »Katharinenhof«, nicht wissend, was sich hinter dieser Silhouette verbirgt. Der Einheimische sieht durch die Stadtmauer hindurch und hinter die Gegenwart. Ein Spaziergang durch das Heute wird ausgespart, ich will ja auf dem Ring bleiben, aber die Burg und die Katharinenkirche reichen schon aus, um mich an Vergangenes, Versunkenes zu erinnern.

Ich war schon Studentin, als ich in der Stadtbücherei arbeitete, die damals in der Burg untergebracht war. Und in einem Sommer half ich im Einwohnermeldeamt, das im Alten Rathaus einen mit drei Schreibplätzen und Karteischränken vollgestopften Raum hatte, in dem drei Personen arbeiteten und einen regen Publikumsverkehr abwickelten. Die Dienstzeiten bei der Stadtverwaltung waren damals, Mitte der sechziger Jahre, von morgens halb acht bis mittags eins und von halb drei bis sechs. Allerdings war der Mittwochnachmittag frei. Doch dafür war alle vierzehn Tage am Samstagvormittag von acht bis zwölf Dienst. Als der freie Samstag eingeführt wurde, wurde der Mittwoch auf halb vier verlängert. Das bedurfte einer Umgewöhnung bei manchen Mitarbeitern. ‚Morgen haben wir wieder den langen Tag!«, hieß es manchmal am Dienstag.

Trat man nach Feierabend aus dem Rathaus auf die Bahnhofstraße, so umtönte einen der Verkehr. Autos fuhren im Gegenverkehr, und die Straßenbahn nach Dortmund gehörte zum Stadtbild. Ich will mich nur kurz erinnern. Das Alte Rathaus brannte man ab, um Platz für die Sparkasse und die neue Ladenzeile zu schaffen, und der Autofahrer, der heute dieses moderne hohe Gebäude vom Ostring aus sieht, weiß nichts von jenem Abend, als das Rathaus abbrannte und sich Unnaer Bürger eingefunden hatten, die stumm und ernst zusahen, wie hier ein Stück Unna davonging. Und wenn es ein ortskundiger Autofahrer ist, ein richtiger Unnaer, so wird er kaum daran denken in dem Bruchteil einer Fahrtminute.

Niemand von uns achtet auf seinen alltäglichen Gängen durch die Stadt auf die Historie oder hat gar Zeit für wehmütige Erinnerungen. Das bleibt einem Spaziergang vorbehalten, der mich nun zum Busbahnhof führt. Der Tunnel ist für die Autofahrer reserviert, der Fußgänger muss einen kleinen Umweg machen, um wieder auf den Ring zu gelangen.

Doch der Umweg lohnt sich. Auf das Hotel »Katharinenhof« zur linken Seite sind die Unnaer inzwischen stolz. Anfangs konnte man sich die ganze Anlage nicht recht vorstellen, für die auch wieder Blumenbeete und Grünanlagen geopfert werden mussten. Der Busbahnhof rechts ist großzügig angelegt. Die Bussteige A bis D sind übersichtlich ausgeschildert, und von hier aus geht es bequem nach Massen, Kamen, Bergkamen, Billmerich, Opherdicke und Langschede. »Hakan-Grill« ist zu lesen, und dass es dort Döner und Kebap gibt, sowie Kaffee und Kakao zu zwei Mark.

Ein Blick auf das gläserne Gebäude der AOK, und dann geht der Weg links herum zum Bahnhofsvorplatz. Kritiker halten den Unnaer Bahnhof immer noch nicht für modern, aber sie kannten ihn ja auch früher nicht, als man in der Bahnhofs*halle* an einem Fenster, sprich Schalter, die Fahrkarten kaufte und durch die hölzerne Sperre auf die Bahnsteige ging, und auch das nur mit einer Bahnsteigkarte zu zwanzig Pfennig. Die Bahnsteige sind geblieben, das ist richtig; Fotos aus den Fünfzigern beweisen das. Aber das Reisezentrum kann sich sehen lassen, wenn es nur nicht in dem Vorraum so bestialisch nach Rauch stinken würde. Aber dafür ist im Reisezentrum Rauchen verboten. Man bekommt die ausgedruckten Fahrkarten, jedwede Auskunft per Computer, und alles ist bequem und schnell und fortschrittlich. Aber kein Computer, der alle Anschlüsse perfekt mitteilt, könnte jenen Rat erteilen, mit dem einer der Bahnbeamten für alle Zeiten meinem Magen half.

Als Fahrschülerin kennt man alle im Laufe der Zeit, und eines Morgens liess ich verlauten, dass ich immer solche Magenschmerzen hätte. »Das kenne ich! Das ist nervös!«, erklärte der Beamte und hob bekräftigend den Fahrkartenknipser. »Ich hatte das auch. Ich ärgere mich immer so über meinen Schwiegersohn!« Von dem Schwiegersohn wusste ich. Mehrere Berichte über diesen Schurken hatte ich schon bei der Fahrkartenausgabe oder -kontrolle mitbekommen. »Dagegen hilft echtes Lakritz. Einfach zwei bis drei von den kleinen Scheiben lutschen!«, hieß es nun. Und es half. Es hilft bis heute.

Etwas gibt es, was den Bahnhof von Unna einmalig erscheinen lässt, und das sind nicht die funktionierenden Fahrkartenautomaten und nicht der Aufzug, die neueste Errungenschaft, schon gar nicht die Bahnhofsbuchhandlung und oder der Laden für Reiseproviant. Das ist das Gefühl, wieder da zu sein, wenn man ankommt, wieder zu Hause zu sein, wenn man aus irgendeinem Teil der Welt zurückkehrt. Und wenn es der schönste Urlaub war – sobald der Zug von Osten an der Holzhandlung Beese und an der AOK vorbeirollt oder von Westen an der Polizei, der Mühle Bremme und dem italienischen Restaurant in der Friedrich-Ebert-Straße, dann wird es einem wohl ums Herz…

Dem Bahnhof gegenüber liegt nun das Hotel »Katharinenhof« und verdeckt die katholische Kirche. Neue Treppen führen in die Innenstadt. Das neue Rathaus dominiert den Platz. Helligkeit und Großzügigkeit haben die alte Katharinenstraße, die hier einmal von der Bahnhofstraße zum Bahnhof führte, schon vergessen lassen. Und der elegante Katharinenhof steht da, wo es früher einmal die »Tonhalle« gab, ein Kino, das zu den vier Kinos von Unna gehörte, die alle gut besucht wurden in den filmvergoldeten Fünfzigern. »Salomon und die Königin von Saba« haben wir hier gesehen, wobei ich vom Balkon herunter und mehr nach vorne gehen musste, weil meine Kurzsichtigkeit schon weit entwickelt war. Aber einmal war die Tonhalle für uns gesperrt. „Jugendverbot« stand auf „Kirschen aus Nachbars Garten« mit Peter Alexander. „Ab 18« hätte ja noch hingehen können, das hatten wir schon ab und an umgangen, aber Jugendverbot war denn doch eine zu hohe Schranke.

Nein, man kann es nicht vergessen, ebenso wenig wie das Marienheim, das links von der Kirche stand, ein langgestrecktes Gebäude, in dem sich der Elisabeth-Verein und der Caritas-Verein trafen und Jugendabende abgehalten wurden.

Ich gehe am neuen Rathaus vorbei, werfe rechts einen Blick auf das Königsborner Tor mit dem Obstgeschäft, der Bäckerei, den Brautmoden und dem Copy-Shop, denke an die Mühle Bremme und betrachte genauer das Postamt. Ja, »Postamt« steht auf unserer Post, was mir erst jetzt richtig auffällt. Das Postgebäude hat ebenfalls gewonnen bei der Neugestaltung des Rathausviertels seinerzeit, und sein lichtgelber Anstrich vermittelt auch an trüben Tagen die Illusion von ein wenig Sonne.

Nun gilt es, wieder auf den Ring zu kommen und parallel zur Fahrbahn weiterzuwandern. Es geht. Man muss rechts neben der Post in die Kantstraße einbiegen und kann nun von oben auf die Autos schauen, die aus dem Tunnel kommen. Ich halte mich auf der linken Seite, die rechte führt nach Königsborn, und ich will weiter Unna umkreisen. Eine breite Steintreppe führt zur Mozartstraße hinauf. Sie sieht recht verwunschen aus; ich bin lange nicht hier hergegangen. Nun steige ich die Steinstufen hinauf, die hier und da abbröckeln, und komme zu dem Gebäude, in dem heute Radio Unna sitzt und in dem sich auch ein China-Restaurant befindet. Welche Bank befand sich doch früher hier? Es fällt mir nicht mehr ein. Der Biergarten daneben wird offenbar noch betrieben.

Die Straßennamen in diesem Viertel – eigentlich ein Komponistenviertel – sind nicht homogen. Die Mozartstraße mündet in den Beethovenring, parallel zur Mozartstraße verläuft die Lortzingstraße, jenseits der Bahnlinie gibt es die Friedrich-Liszt-Straße, gewiss, aber mittendurch läuft Fritz Husemann, ein Sozialist; für die Sackgasse, die man rechts von der Husemannstraße anlegte und Ende der fünfziger Jahre bebaute, wählte man den Namen »Auf der Bredde«, als ob es keine Komponisten mehr gäbe; und die am wenigsten bewohnte, am wenigsten anmutige Straße, eigentlich nur eine Durchfahrtsstraße, trägt den Namen des großen Königsberger Philosophen.

Warum hat man ihn so versteckt? Haben die vertriebenen Ostpreußen, die vor einem halben Jahrhundert hier eine neue Heimat fanden, nicht aufgepasst oder waren sie zu ungeduldig, den Namen des Philosophen aus ihrer Hauptstadt auf einem Straßenschild zu lesen? Nun ist die Kantstraße nur ein kurzer Fahrweg und endet bei der Kreuzung Obere Husemann-Straße/Lortzingstraße, über der große Ampeln hängen.

Wieder müsste ich eigentlich abbiegen, den Ring verlassen und eigentlich doch nicht verlassen. Denn zu Fuß kommt man nun nach links in den Nordring, wo einst das Lutherhaus stand, ein roter Backsteinbau um 1900, der der evangelischen Kirche gehörte. Eine Gaststätte, ein großer Saal mit Bühne und ein kleinerer Saal machten nicht nur kirchliche Veranstaltungen möglich, und zudem war es ein Hospiz, eine Art Pension oder Hotel für Dauergäste. Als es abgerissen wurde, weil die Unterhaltungskosten unverhältnismäßig hoch geworden waren, gab es in Unna echte Trauer. Heute steht das »Haus der Kirche« an jener Stelle, und der große Verwaltungs- und Tagungskomplex wird den heutigen Anforderungen weitaus besser gerecht. Aber das alte Lutherhaus hätte man doch gerne weiter behalten.

Das alte Gebäude des Katholischen Krankenhauses ist dagegen stehengeblieben, auch ein roter Backsteinbau. Aber wie verschwindet es jetzt zwischen den eleganten Neubauten, und es war doch in unserer Kindheit so groß, und als es damals durch einen neuen Anbau erweitert wurde, war es geradezu überwältigend. Die Maßstäbe ändern sich. Ich gehe auch jetzt nicht hin, lasse den Nordring liegen und folge den Autos.

An der Kreuzung stehe ich vor der Katharinenschule. Ja, hier hatte die Katharinenschule über Jahrzehnte hin ihr Domizil. Hier wurden wir eingeschult, 1951, mit Schultüte, Schiefertafel, Griffelkasten und Schwammdose, und unser Lesebuch hieß »Leo und die anderen« und war eine Fibel. Später besuchten meine Nichten und Neffen die Katharinenschule, und Eltern und Verwandte wurden zu Schulfesten eingeladen und zum »Tag der offenen Tür«. Nun ist auch die Zeit der Katharinenschule in diesem Gebäude vorbei.

Die Lortzingstraße geht in den Beethovenring über. Schaut man nach rechts, so kann man hinter den Gärten der Häuser der Lortzingstraße die Polizeigebäude sehen. Fünf Gebäude stehen dort, wo früher ein Gärtnereigelände war. Mitte der sechziger Jahre wurde gebaut und weiter gebaut.

Auch hier ist man an der Grenze zu Königsborn. Die Unterführung von der Oberen zur Unteren Husemannstraße, früher eine dunkle und schmutzige Treppe, ist zu einem bequemen Fußgängertunnel geworden.

Der Beethovenring vollführt eine beachtliche Schwingung, sprich: Kurve, und der Autofahrer lässt schnell das Krankenhausgelände, das sich vom Nordring bis zum Beethovenring hinzieht, hinter sich. Schwesternwohnungen und Wirtschaftsgebäude sind immer weiter in die Felder und Gärtnereien hineingewachsen, die früher vom Krankenhaus intensiv genutzt wurden. Überhaupt war die Beethovenstraße in den Jahren nach dem Krieg eine richtige Kleingartenanlage, wo auch wir zeitweise einen Nutzgarten gepachtet hatten.

Links erstreckt sich der Westfriedhof, anheimelnder Ort meiner Kindheitswelt. Das Haus, in dem wir in den ersten Jahren nach dem Krieg und nach der Flucht gewohnt haben, steht gut erhalten und nur noch von seinem Besitzer bewohnt in der Massener Straße. Damals lebten zeitweise an die zwanzig Menschen in dem Haus, und der Ziergarten heute brachte in meiner Kindheit dringend benötigte Mohrrüben, Erbsen, Bohnen, Petersilie, Johannisbeeren und Stachelbeeren hervor. Über den Friedhof gingen wir in »unseren« Garten in die Beethovenstraße, wo durch ein hartes Stück Arbeit Kohlrabi, Salat, Wirsing und rote Beete geerntet werden konnten.

Der Friedhof hatte nichts Bedrohliches, im Gegenteil, man schaute von den Hoffenstern aus ins Grüne, man ging oft über den Friedhof, an den alten Bäumen und efeubewachsenen Gräbern vorbei. Im Sommer gab der ernste Platz gar einen Kinderspielplatz ab, im Herbst konnte man dort Bucheckern sammeln, und an Allerheiligen leuchteten rote und grüne Lichter auf den Gräbern, ein mystisch glänzendes Farbenmeer.

Auch dieser alte Friedhof ist den Unnaern inzwischen zum Kulturdenkmal geworden. Und auch hier hat sich ein »Arbeitskreis« gebildet, der den Westfriedhof pflegt, erhält und seine Nutzung beeinflusst. Mal kein Verein – es war die Leiterin des Kulturzentrums Lindenbrauerei, die vor einer weiteren Vereinsgründung in Unna abriet, als sich die Bürgerinitiative für den Westfriedhof zum ersten Mal traf, natürlich in der Lindenbrauerei, die ja unmittelbar neben dem Friedhof liegt. Das Gebäude der stillgelegten Brauerei, die dereinst »Linden-Adler« produzierte, ist erhalten geblieben und zu einem bedeutenden Kultur- und Kommunikationszentrum geworden, das weit über Unna hinaus bekannt ist.

Den Westfriedhof habe ich als Erwachsene oft betrachtet, die Erinnerungen an Beerdigungen, Spaziergänge, Stimmungen oft beleuchtet. Jetzt schaue ich vom Beethovenring aus in die winterliche Anlage. Das alte Leichenhaus, seit Jahrzehnten leer und unbenutzt, war schon einmal als Künstleratelier im Gespräch. Man rechnet nicht mehr mit Besuchern durch das Tor vom Beethovenring aus, denn ein Schild weist darauf hin, dass hier kein Winterdienst stattfinde und das Gelände auf eigene Gefahr betreten werde. Man kann durch die entlaubten Bäume ungehindert auf die Wege schauen, die alten Grabsteine sehen, die Familiengruften ausmachen. Ich kann erkennen, dass der Arbeitskreis schon gearbeitet hat. Steinerne Grabeinfassungen sind instandgesetzt, Grabplatten gesäubert, Grabsteine aufgerichtet oder geradegerückt.

Dem Westfriedhof gegenüber, an der Massener Straße, liegt der jüdische Friedhof. Ich überquere den Beethovenring und gehe zum Gedenkstein, den die Stadt Unna für die jüdische Gemeinde und für ihre ermordeten Mitglieder aufgestellt hat. Ein Kranz lehnt an dem mittleren der drei Steine, auf dem unter dem Davidsstern das »Gedenken an die jüdischen Mitbürger unserer Stadt, die in den Jahren 1933-1945 Opfer der national-sozialistischen Gewaltherrschaft wurden«, ausgedrückt wird. Auf den Steinen rechts und links stehen die Namen in alphabetischer Reihenfolge.

Ein paar Schritte zurück, gegen die Fahrtrichtung auf dem Ring, hat man eine Grünanlage mit Bänken angelegt. Ich trete an eine Stelle, wo ich in den jüdischen Friedhof hineinschauen und zugleich den Westfriedhof überblicken kann. Hinter dem jüdischen Friedhof erhebt sich das Haus, in dem in meiner Kindheit ein Lebensmittelgeschäft war; oft wurde ich zum Einkaufen geschickt und bekam einen Groschen für die Besorgung als Botenlohn. Es war das Geschäft, in dem man die schönsten Rama-Figürchen erhielt, die heute sicherlich einen erheblichen Sammlerwert haben. Ich meine mich zu erinnern, hier die Rama-Weihnachtskrippe bekommen zu haben …

Zur anderen Seite, Richtung Innenstadt, kann ich das Haus sehen, in dem ich meine Kinderjahre verbrachte, eigentlich nur sechs, diese aber prägend und unvergessen, am Alten Friedhof (so sagte man in Abgrenzung zum neuen, zum Südfriedhof) als es noch richtige Trauerzüge gab mit schwarzen Leichenwagen, die von Pferden unter schwarzen Decken gezogen wurden, als Knappen in Uniform ihren Kumpeln die Grubenlampen nachtrugen, als der Tod öffentlich und prunkvoll über eine verkehrsreiche Straße zog.

Es ist ein besinnlicher Platz, ein ernster Ort zwischen zwei Friedhöfen. Da stehen bedeutende Unnaer Namen auf den Familiengruften, aber neben den Beckmanns und Kipps, den Rahlenbecks und Herdieckerhoffs, die in Ehren in ihrer Heimatstadt zur letzten Ruhe gebettet wurden, stehen auch die Namen derer, die irgendwo in Russland, in Frankreich oder Serbien fielen und nur ihren Namen in ihrer Heimatstadt erhalten konnten. Und die Löwenthals und Nussbaums, die Salomons und Seligs, die Goldschmidts und Grünebergs, die Unna nicht vergessen will – sie mögen auf dem Friedhof liegen, aber die Spuren vieler von ihnen verlieren sich auch an unseligen Orten, die dieses unglückselige Jahrhundert reichlich geschaffen hat.

Ich überquere die Massener Straße, bin wieder auf dem Käthe-Kollwitz-Ring und schließe mit steifgefrorenen Fingern die Haustür auf. Der Name der Malerin und Bildhauerin schlägt einen Bogen in den Osten, in die alte Heimat. In Königsberg wurde sie geboren, und ihrem Onkel Julius Rupp ist ein Gedenkstein vor dem

Königsberger Dom im heutigen Kaliningrad gewidmet. Er steht in der Nachbarschaft des Grabes des Königsberger Philosophen Immanuel Kant, dem die Rettung des Domes zu verdanken ist. Die Domruine in der von den Russen eroberten Stadt sollte auf Breschnews Befehl hin gesprengt werden, aber Proteste gegen die Zerstörung des Grabes des Philosophen verhinderten es schließlich. Heute ist der Dom restauriert, und die Geschichte der verhinderten Sprengung wird den Touristen von den russischen Stadtführern und Dolmetscherinnen immer besonders dramatisch erzählt.

Alle Autowege führen über den Ring; er führt um Unna herum und aus Unna hinaus, er bringt die Autos auf die Autobahnen A 1 nach Bremen und Köln und A 44 nach Kassel, zum Kamener Kreuz und auf die B 1, die ja, wie mir als Kind immer wieder gesagt wurde, dereinst von Aachen nach Königsberg führte.

Ich verlasse Unna auch von Zeit zu Zeit, um Ostpreußen zu besuchen, vor allem Königsberg und unser Dorf, das bis 1991 Sperrgebiet war und von keinem Deutschen besucht werden durfte.

Aber dann kehre ich nach Unna zurück, und der Turm der gotischen Stadtkirche zeigt mir, dass ich wieder zuhause bin, dass ich auch hier zuhause bin.

Ilse Maas

An diesem Ort zu bleiben bis ans Ende

Das Kloster Paradiese

Bekanntlich führt der Hellweg östlich des Ruhrgebietes durch ein gesegnetes Fleckchen Erde. Doch wer hätte erwartet, hier inmitten einer unspektakulären ländlichen Szene den Ort himmlischer Seligkeit zu finden. Etwa drei Kilometer vor Soest gelangt man über einen Abzweig von der Fernstraße in wenigen Minuten dorthin, so daß deren Sog noch zu spüren ist, wenn man schon das ruhige Dörfchen erreicht hat, dessen leuchtend grünes Eingangsschild einen westfälischen Garten Eden ankündigt: »Paradiese«.

Der Grund für die biblische Verheißung läßt sich nicht übersehen. Bis heute bildet den Mittelpunkt der Siedlung ein ehemaliges Frauenkloster von Dominikanerinnen, das hier etwa 560 Jahre lang bestand. Kein Geringerer als der Theologe und Philosoph Albertus Magnus soll es nach der Stätte jenseits von Sünde und Mühsal benannt haben. Der Name war Programm: paradiesisch die friedliche Insellage des Grundstücks als »Zweistromland« zwischen zwei Bächen, »paradieswürdig« das Lebensziel der Nonnen, in gottgefälliger Frömmigkeit, Keuschheit und Gehorsam der Welt ein Beispiel zu geben.

Das anfängliche Glaubensfeuer wurde im Laufe der Jahrhunderte ein zaghaftes Flämmchen, und es verlöschte ganz, als während Napoleons Herrschaft die Klöster aufgelöst wurden. Stattdessen brannten hier zwischenzeitlich für 40 Jahre die Kamine einer großen Nagelschmiede. Später versank das Anwesen als landwirtschaftlicher Betrieb in einen tiefen Dornröschenschlaf, bis zwei junge Ärzte 1995 das Areal erwarben, um es zu einem Gesundheitszentrum auszubauen.

Ich halte an einer erst kürzlich erneuerten mannshohen Mauer, die mehrere hundert Meter weit der Straße folgt. Obwohl aus dem ringsum so häufig verwandten heimischen Grünsandstein errichtet, hebt sie sich doch brüsk und gebieterisch von der ländlichen Szene holzumzäunter Gehöfte ab. Kein Anzeichen von Verwitterung haftet den gebrochenen Platten an, weder Flechten noch kleine Pionierpflanzen. Erst weiter hinten wirft ein alter Efeustamm seine verschlungenen Ranken über die Mauerkrone und verspricht denen, die Symbolik mögen, ewiges Leben. Die Augen folgen dem Auf und Ab der tiefliegenden Mörtelfugen, dessen Netzmuster einer Natterhaut ähnelt, einem mineralischen Reptil, das mit hohem Rücken seitlich der Straße lagert, – ein Schlangenfossil aus jener Zeit, als Frauen sich so zahlreich vom Leben abwendeten, um nach dem Beispiel der Demut Marias die Sünde Evas zu tilgen.

»Ihr sollt euch durch Zäune und Mauern, durch Tore und Türen und Fenster abschließen gegen die Außenwelt. Ihr dürft niemals an verbotenen Orten oder zu verbotener Zeit sprechen, auch nicht durch die Zäune oder über die Zäune hinweg, auch nicht durch die Zimmerwände, und niemals dürft ihr eine Unterhaltung pflegen ohne Erlaubnis und ohne Begleitung.«

Wahrscheinlich war es im Jahre 1263, als Albertus Magnus die Kirche des Klosters Paradiese weihte und den Nonnen noch einmal ihre Ordensregel ans Herz legte, bevor er ihnen das Gelübde abnahm. Er war inzwischen Prior der deutschen Ordensprovinzen des Dominikanerordens und der einzige außer dem Frankenkaiser Karl, dem bereits das Mittelalter das Attribut »der Große« zuerkannte.

Zu dieser Zeit blickte er auf ein Leben in ganz Europa zurück. Im Schwäbischen geboren, hatte er in Bologna und Padua studiert, danach an der Pariser Universität den Titel des Magisters der Theologie und den ersten Lehrauftrag eines Deutschen erworben. Die besten Schüler der Zeit, allen voran Thomas von Aquin, kamen zu seinen Vorlesungen über die Schriften des Aristoteles, von denen die meisten erst gerade durch Übersetzungen aus dem Arabischen wieder bekannt geworden waren. Später rief man ihn an die Hauptniederlassung der deutschen Ordensprovinz nach Köln, bevor Aufgaben in Straßburg und anderswo, so auch das Bischofsamt in Regensburg, auf ihn warteten. Jahrzehntelang lebte er deshalb ständig auf Reisen. Es war wahrscheinlich die Fahrt auf dem Hellweg von Köln nach Hildesheim, die ihm Gelegenheit zu seinem Zwischenstop in Paradiese gab, wo er als Kosmopolit die Predigt an die Novizinnen mit den Worten schloß:

»Seht, ihr seid in Demut und Andacht an diesen Ort gekommen, nicht auf Wagen, nicht zu Pferd, nicht in feierlichem Aufzug und in weltlichem Schmuck. Ihr seid gekommen barfuß und in Bußgewändern, ... um euch und euer Alles Jesus Christus zu weihen und zu geloben, an diesem Ort zu bleiben bis ans Ende.«

An diesem Ort zu bleiben bis ans Ende, – für die Glaubensgemeinschaft der vom Schöpfer stiefväterlich behandelten Frauen kein leichtes Unterfangen, mißt man es an ihren natürlichen Voraussetzungen, wie sie aus Texten des Albertus Magnus zu dem »physiologischen Schwachsinn des Weibes« hervorgehen. »Sie werden zwar gefühlsmässig leicht angeregt, aber ihre feuchtkühle ›Komplexität‹ ist hinderlich beim Behalten, so daß die Frauen untreu und verlogen handeln. Ihr normalerweise weicheres Fleisch darf auch nicht zu dem Schluß verleiten, daß die Frauen den besseren Tastsinn und insofern das bessere Denkvermögen haben. Die Weichheit des Fleisches rührt aus mangelnder Kraft und überwiegender Feuchtigkeit her, bei den Männern hingegen aus der größeren Kraft ›auch der Wärme, welche die Teile ausbreitet‹, und diese Weichheit indiziert Intelligenz« (Craemer-Ruegenberg). »Deshalb muß man sich, um es kurz zu sagen, vor jeder Frau hüten wie vor einer giftigen Schlange oder einem gehörnten Teufel, und wenn mir erlaubt wäre zu sagen, was ich über die Frauen weiß, würde die ganze Welt staunen.« (Zitat aus den Quaestiones, das vielleicht nur auf eine studentische Mitschrift zurückgeht.) Martin Luther sollte später diejenigen »blinde Heiden« nennen, »die nicht wissen, daß Mann *und* Weib Gottes Schöpfung ist, und lästern ihm sein Werk«. Ob Albertus Magnus wohl Tadel von allerhöchster Stelle bezüglich lästerlicher Äußerungen zum Gelingen der Schöpfung bevorstand?

Wenn sich Frauen im 13. Jahrhundert in Scharen zu einem Leben hinter Klostermauern entschlossen, wollten viele vor allem der Unsicherheit ihrer Lebensumstände in geistliche Geborgenheit entfliehen, oder es fehlte eine größere Mitgift für eine standesgemäße Heirat. Einige wagten aber auch gegen den massiven Widerstand der Familien den Schritt in die Konvente, wo sie Lesen und Schreiben lernen konnten, eine damals gänzlich außergewöhnliche Fähigkeit, und unter Umständen verantwortungsvolle Aufgaben auf sie warteten. Doch die meisten waren von der allgemeinen Heilssehnsucht erfaßt, nach dem Vorbild Christi dem Heil der Welt zu dienen.

Dazu gehörte auch tätige Nächstenliebe. In einer Krankenstube mögen die Schwestern Leute der Umgebung gepflegt haben und Fremde, die als Pilger auf dem Jakobsweg nach Santiago de Compostella Hilfe brauchten. Unter Krankheit verstand man im Mittelalter, daß seit dem Sündenfall die menschliche »Integritas« aus dem Lot geraten konnte, die gottgefällige Ausgewogenheit des ganzen Menschen. Die Nonnen versuchten, den Schöpfer darin zu unterstützen, dieses Gleichgewicht des ganzen Organismus mit ihren natürlichen Heilmitteln wiederherzustellen.

Wollte man in den Konvent der Dominikanerinnen aufgenommen werden, konnte man nur als Mitglied des Hoch- oder Landadels oder einer patrizischen Familie mit geöffneten Türen rechnen. Das Kloster Paradiese entstand auf dem Gelände der Burganlage eines Adeligen, ein benachbarter Gutshof kam gleich hinzu, und mit weiteren Stiftungen und den Erbanteilen der Nonnen gelangte es sehr bald zu reichem Besitz, obwohl es dem Bettelorden angehörte; – Dominikanerinnen konnten ja ihres abgeschiedenen Lebens wegen im Gegensatz zu ihren Glaubensbrüdern nicht durch Betteln für ihren Lebensunterhalt sorgen. Die Gründung entwickelte sich zu einem komplexen Wirtschaftsbetrieb mit etlichen abhängigen Höfen, aber auch eigener Landwirtschaft, die zahlreiche Hilfskräfte verlangte. Getreide- und Ölmühle gab es im Kloster, Schlacht-, Back- und Brauhaus, Viehställe und Speicher. Als Besonderheit war im rückwärtigen Teil, dem Friedhof zugewandt, eine Buchmalerei- und Schreibwerkstatt eingerichtet.

In der nüchtern möblierten Handschriftenabteilung der Düsseldorfer Universitätsbibliothek hat man eine Kostbarkeit aus den

Beständen herbeigeholt, den Codex B 6. Ein Buchkoloß liegt vor mir, der es von Gewicht und Größe mit einem kleinen Koffer aufnehmen könnte. Es ist ein in Paradiese entstandenes Meßgesangbuch aus dem 14. Jahrhundert. Ich blättere es vorsichtig durch. Jede Seite eröffnet eine eigene Wunderszene der Buchkunst. Gold und Bildschmuck rivalisieren in ihrer Ausdruckskraft zum Ruhme Gottes. Schließlich bin ich ganz hinten bei der Seite 324 verso angelangt, so daß sich nun alle Blätter links zu einem breiten Fächer spreizen. Das leicht knisternde dicke Pergament ist an einigen Stellen bräunlich verfärbt und zeigt mehrere kleine Löcher. Dünne rote Notenlinien mit breitem Rand untergliedern den größten Innenteil der Blattfläche in ein exaktes Muster. Als wären kleine Hufnägel zu schwungvollen Zierleisten eingehämmert, laufen Noten darauf entlang, die für das Schlußwort des letzten Chorals in einer dreifachen Tonwelle enden: Alleluja.

Darunter folgen vier mit roter Tinte lateinisch geschriebene Zeilen in kerzengeraden gotischen Buchstaben, die mich an den Schmucksaum einer kunstvollen Stickarbeit erinnern: »Elisabeth van Luenen hat dieses Buch geschrieben, mit Noten versehen und unter Mühen für die Brüder in Dortmund fertiggestellt, um des immerwährenden Gedenkens willen.«

Verehrte, ferne Frau Elisabeth: Sie können meines bescheidenen Gedenkens gewiß sein, was Ihnen vielleicht nicht gerade viel bedeutet, da ich ja nicht von Stand bin. Aber heutzutage braucht man sich nicht mehr so einzugrenzen. In sprachloser Bewunderung sinne ich Ihrer Geduld beim Abschreiben nach. Wie oft mag die Gänsefeder stumpf geworden sein? Wieviel Tinte mußten Sie beschaffen? Sie durften bei dem teuren Material ja auch keinen Fehler machen! Zudem begann die Arbeit eigentlich auch erst, als die letzten Noten und Texte geschrieben waren! Wie sprunghaft erscheint mir unser Lifestyle, verglichen mit Ihrer Hingabe dabei, jeden Liedanfang zu einer künstlerischen Kostbarkeit auszugestalten. Es hätten doch auch schlichte Großbuchstaben an den Liedanfängen ausgereicht, um den Chorsängerinnen in der Messe ihren Einsatz anzukündigen! Stattdessen sind Ihnen Musterbeispiele dafür gelungen, jedem ersten Buchstaben gleichsam Leben einzuhauchen, ihn mit Gold und den herrlichsten Motiven auszuschmücken, um das Thema des Chorals in einem

Vor-Bild auszudrücken. Sie haben ein handgemaltes »Logo« dafür entworfen, wie wir heute sagen würden, was allerdings ein viel zu simpler Begriff wäre. Und dann haben Sie wahrscheinlich noch beim Herrgott um Nachsicht für ein allzu bescheidenes Werk gebeten!

Ich bin aber einigermaßen beruhigt, daß offenbar nicht nur Mühsal für Sie mit der Buchkunst verbunden war. Kann es sein, daß zwei Glaubensschwestern Sie freundschaftlich bei der Arbeit unterstützten? Wie geschickt Sie Ihre drei Porträts in den Rahmenranken versteckt haben! Sie haben sich ja ganz schön vollschlank dargestellt! Saß Ihnen der Schalk im Nacken, damit die Dortmunder Glaubensbrüder bei der Andacht über dem Buch neben der Glaubensstärkung auch einen kleinen irdischen Lohn durch einen Grund zum Schmunzeln bekämen? Mögen Sie für Ihre Kunst den schönsten *Gottes*lohn erhalten haben!

Der eigenhändig überlieferte Name der in der Schreibwerkstatt beschäftigten Paradieser Nonne Elisabeth van Luenen, mit ihr eine Elisabeth von Fürstenberg, Christina von Wickede, Eleonore von Essen bezeugen, daß die illustren Familien einiger Konventmitglieder mit Orten beiderseits des Hellwegs in Beziehung standen. Auch eine Tochter des mächtigen Grafen von Arnsberg findet sich darunter, jenes Geschlechtes, dessen kinderlos gebliebener Sproß Gottfried IV. als einziger weltlicher Würdenträger im Kölner Dom seine Grabstätte fand. Diese wurde mit einem schmiedeeisernen Gitter umgeben, angeblich, um sie vor dem Zorn seiner Familie zu schützen, denn er hatte 1368 seine begehrte Grafschaft Westfalen an den Kölner Kirchenmann Kuno von Falkenstein verkauft: ausgerechnet an Köln, den Erzfeind der Grafen von Westfalen, nur damit sein verhaßter Großneffe vom Niederrhein, Engelbert von der Mark, sie nicht erben sollte. Der Märker und der Kölner sollten im Hellwegraum bekanntlich noch öfter aneinandergeraten.

In dieser »Gründerzeit« des Glaubens, der die Ritter der Kreuzzüge ihre Banner vorantrugen, fertigte der Kölner Erzbischof Konrad von Hochstaden als Landesherr etliche klösterliche Gründungsurkunden aus, darunter 1252 auch die des Klosters Paradiese. Vier Jahre zuvor hatte Konrad in einer blendenden Feier den Grundstein für den gotischen Kölner Dom gelegt, für das größte Bauvorhaben der damaligen Christenheit, das den Reliquien der Heiligen Drei Könige noch stärkere Pilgerströme zuführen sollte.

Die aufgerüttelte Christenheit wendete sich einem gemeinsamen Ziel zu: dem Kampf um das Seelenheil im Jenseits. Gottfried Benn hat dem christlichen Grundkonsens des Mittelalters in einem Gedicht nachgespürt und ihm das »verlorene Ich« des 20. Jahrhunderts gegenübergestellt:

[...]
Ach, als sich alle einer Mitte neigten
und auch die Denker nur den Gott gedacht,
sie sich den Hirten und dem Lamm verzweigten,
wenn aus dem Kelch das Blut sie rein gemacht,
und alle rannen aus der einen Wunde,
brachen das Brot, das jeglicher genoß –
o ferne zwingende erfüllte Stunde,
die einst auch das verlorene Ich umschloß.

Arbeitshandschuhe mit rot-blau-gestreiften Rücken lagern auf dem trockenen Lehm oberhalb der Äbtissin im mühsam abgesteckten Ausdehnungsbereich des Chorraums. Sie entsprechen wie eine groteske Anspielung den weißen Fingerlingen von Sargträgern, die diese wie Blumen in die Tiefe gleiten lassen, bevor sie einen Leichnam der ewigen Ruhe überantworten.

Hier ist die Unruhe zurückgekehrt. Den Spaten des Totengräbers ersetzt die Kelle des Archäologen; die bleibende Statt wurde Schauplatz für das Gastspiel irdischer Betriebsamkeit; wo das Tonnendach eines weißen Arbeitszeltes anstelle der geweihten Gewölbe gespannt ist; wo Experten Schädeldecken freilegen und den Rest eines Holzsarges als Baum der Erkenntnis für dendrochronologische Untersuchungen nutzen.

Die ockerfarbenen Gebeine sind aus der dritten Dimension der Körperform entlassen und wirken seltsam unkonkret wie der Profilabdruck einer Sohle auf der Spur des »verlorenen Ich«.

Am Fußende der Grube fertigt ein Wissenschaftler mit Bart und schwarzen Haaren auf Millimeterpapier eine Schemazeichnung der Bestattung an, hält in sorgfältiger Arbeit die Knochenanordnung fest, gibt den hölzernen Fundstücken Blau, Rot denen aus Metall. Es ist, als ließe der Tod sich ein absurdes Bildnis zeichnen.

Das Grab ist selbstverständlich ostwärts ausgerichtet und liegt im heiligsten Bereich der ehemaligen Kirche, dort, wo das Paradies ganz nahe war. Ein vollständig erhaltenener Rosenkranz liegt in lockerer Verschlingung neben der Toten, und seine kleinen, gerundeten Perlen tüpfeln die schwungvolle Bahn schwarz in den Lehm. Ein goldschimmerndes Medaillon, die Äbtissin trug es im Sarg, wurde noch vor der Entnahme aus der Erde freigebürstet. Das Bildnis des Ordensgründers Dominikus ist eingeprägt.

Erst wenn sich der Blick geschärft hat, entdeckt man auch das vollständig erhaltene kleine Kruzifix, den Händen beigegeben, als sie dem Leichnam einst zum Gebet gefaltet wurden. Das kleine Holzkreuz ruht nun in dürren Krallen, noch immer ist der Korpus Christi dem Kopf der Bestatteten zugewandt wie zur ewigen Zwiesprache mit dem Gekreuzigten. Diese winzige Einzelheit löst die Grenzen der Gegenwart befremdlich auf, Wurzeln und Flügel werden zu einer Einheit. Ich blicke in alle Zeiten zurück und zugleich in meine eigene unendliche Zukunft.

Nachdem im 19. Jahrhundert Kirche und Kreuzgang des Klosters abgerissen waren, blieb nur der Ostteil der vierflügeligen Anlage übrig. Während es später als heruntergekommenes bäuerliches Wohnhaus herhalten mußte, hatte sich sein First bedenklich wellenförmig gebogen. Ausladende Kastanien flankierten ein Barockportal in der Mitte der Frontseite, das sich hinter dem Blattwerk verbarg, um sich der Schmuckformen aus besserer Vorzeit schuppig zu entledigen.

Das erste Mal konnte ich die reiche Ornamentik dieser Pforte denn auch nicht an Ort und Stelle, sondern als wandhohe Schwarzweißfotografie betrachten: die Säulen neben der Tür, die den Sturz tragenden Engel und das prunkvolle Kapitell, das die Jahreszahl 1710 mit dem Wahlspruch der Dominikaner verbindet: Loben, Segnen, Predigen. – Diese Leitgedanken konnten nicht die weltabgewandten Nonnen in die Lande hinaustragen, sondern sie stammen von ihren Glaubensbrüdern. Die Dominikaner in Soest waren berühmt für ihre Wortgewalt und Bildung. Bettelmönch zu werden, bedeutete in jener Zeit Protest und Bruch mit den Konventionen. Wer bei der Wahl der Bruderschaft »auf sich hielt«, wurde Benediktiner.

Der Türschmuck reicht noch einmal so hoch hinauf wie die Tür selbst und ist garniert von Ranken und Früchten des Glaubens im Übermaß. Über allem prangt das gekrönte Ordenswappen, das zwischen den sozusagen klassischen Frömmigkeitszeichen Stern, Lilie und Kreuz auch als Symboltier einen Hund zu Ehren kommen läßt. Die Mutter des Ordensgründers Dominikus hatte einst geträumt, sie werde ein Hündchen gebären, das mit einer Fackel die ganze Welt entflammen werde. Dieser Vision folgte der ganze Orden: Man wollte nicht nur Dominicani sein, »die dem Herrn Gehörenden«, sondern auch »Domini canes«, Wachhunde der Kirche gegen die Ketzerlehren, um das baufällig gewordene Glaubensgebäude der Kirche zu stützen, wobei man sich seit dem 13. Jahrhundert ganz entschieden auch des Werkzeugs der Inquisition bediente.

Die Fotografie dieser Barockpforte war früher ausgerechnet in einer Soester Sparkasse zu bewundern. So bot sie ein tiefsinniges Abbild der Erbfolge im menschlichen Streben nach Seligkeit. Nun ergossen sich die Füllhörner von Glaubensfrüchten eines besitzfeindlichen Bettelordens überbordend über die Pfade zum Kredit, und durch das Bankgebäude schien der ferne Klageruf der »Carmina burana« aus der Anfangszeit der Geldwirtschaft zu hallen: »Markum vincit – das Geld siegt über das Evangelium«, denn »mächtiger denn das Geld kann der mächtigste Herrscher nicht werden«.

Bibel hin – Bettelorden her, wie sich herausgestellt hat, konnten selbst Dominikanerinnen die Freude an blanken Talern nicht leugnen. Die sich einst als Gemeinschaft gegen die sich etablierende Geldwirtschaft gerichtet hatten, besaßen offenbar eine Münzsammlung, deren Lücken sie mit Bleiimitationen füllten. So kam es, daß im Jahre 1998 Archäologen mitten in Westfalen das Schwermetallkonterfei des römischen Kaisers Otho aus dem Paradieser Bördelehm wieder ans Licht beförderten. Kein Wunder, daß die Nonnen kein Original dieser Prägung besaßen. Otho regierte nur drei Monate lang, nachdem er vorher selbst mitgeholfen hatte, seinen Vorgänger, Kaiser Nero, zu beseitigen. So kurz wie die Dauer seiner Herrschaft war die Zeit, die ihn auf der Kehrseite von Medaillen verewigte…

Auch leibhaftige Würdenträger beherbergte das Kloster. Während der Reformationszeit reiste im September 1548 der spätere Kardinal Johannes Gropper von Xanten aus über den Hellweg hierher vor die Tore seiner Heimatstadt Soest. Sein Vater gleichen Vornamens war Bürgermeister der Stadt gewesen während der Zeit, als der neue Glauben umstrittenen Einzug hielt, hatte aber ihre Mauern verlassen müssen, weil er sich gegen die neue Lehre sperrte. Der Sohn selbst war zunächst für die Ideen des Erasmus von Rotterdam eingetreten, hatte für eine Karriere als Jurist in Köln Rechtswissenschaften studiert und den Doktorgrad erworben. Dann aber vollzog er eine radikale Wende und wurde Kanoniker in Köln, in Soest, dann am Niederrhein – und der größte Gegner der Reformation auf westfälischem Boden.

Als er nun in die Börde zurückkehrte, kamen etliche Priester in seinem Gefolge mit. Sie sollten eine kaiserliche Verordnung in die Tat umsetzen und in sämtlichen Soester Kirchen anstelle von Lutheranern die Kanzel besteigen. Gropper, der im Paradieser Klosterkonvent zwei seiner Schwestern begrüßen konnte, wollte hier abwarten, bis der letzte reformatorische Pastor Soest verlassen hatte. Doch trotz seiner Anfangserfolge als mitreißender Prediger mußte er die Stadt nach einem halben Jahr wieder verlassen. Es setzte sich wieder der neue Glauben durch, und selbst die Nonnen in Paradiese wurden bald in den konfessionellen Strudel hineingezogen.

Schließlich gab es 1606 siebzehn evangelische und nur fünf katholische Jungfrauen im Konvent. Der Bekenntnisstreit war mit schier endlosem Kleinkrieg verbunden, der im Jahre 1654 darin gipfelte, daß beim Soester Rat das erboste Werfen von »Kappsköpfen« aus dem evangelischen Gemüsegarten durch aufgebrachte katholische Schwestern im Herrn aktenkundig wurde, zudem der Tatbestand, die Priorissin habe sich einen »Kumpstkopf geschupfet«. Erst vier Jahre später zogen schließlich die Lutheranerinnen über den Bach in eigene Häuser und zur Kirche ins nächste Dorf. Nun schlugen sie als evangelische Stiftsdamen vielmals am Tag »Arndts Paradiesgärtlein« auf, ein »Paradiesgärtlein voller christlicher Tugenden, ... zur Übung des wahren Christentums durch andächtige, lehrhafte und trostreiche Gebete in dic Seele zu pflanzen«.

Im Gottesdienst thronten sie auf der von langen, gedrechselten Säulen getragenen »Jungfernbühne«. Die bis heute erhaltene hohe Empore der Kirche im Nachbardorf entsprach ihrer Nähe zu Gott genauso wie ihrer Ferne vom Volk. Sie ragt weit ins Kirchenschiff hinein und überdachte die Plätze der »Laienschwestern«, die für die grobe Arbeit im Kloster zuständig waren.

Am 12.12.1808 wurde das »Bürgerliche Nonnenkloster Paradies« von der bergisch-französischen Regierung aufgehoben, dreieinhalb Jahre später das evangelische Stift. Hier hatten noch sieben Damen gelebt. Die letzte Stiftsäbtissin zog nach Soest. Sie mußte sich fortan damit begnügen, auf der Sänfte über die Brüderstraße getragen zu werden, um ihren (Ab-) Stand zu dokumentieren.

Mit dem »Paradiesgärtlein« war das so eine Sache. Die Schwestern in Paradiese konnten zu allen Zeiten »trostreiche Gebete« brauchen, sobald der stets gut befestigte Handelsweg wieder einmal Truppen – welcher Kriegspartei auch immer – die willkommene Einfallschneise in die reiche Bördelandschaft bot und der Steinriegel am Klosterhof sie nicht abhielt.

Der berühmteste Söldner von allen, die ihre derben Stiefel über die gottgeweihte Schwelle setzten, wurde Simplicius Simplicissimus, Titelheld des Barockromans von Hans Jakob Christoph von Grimmelshausen, der als Soldat des Dreißigjährigen Krieges selbst in diese Gegend verschlagen worden war. Er schuf mit seinem berühmten »Schelmen« die heutzutage unverzichtbare Soester Symbolfigur des »Jägerkens von Soest«, das seit vielen Jahren auch das Plakat der traditionsreichen Soester Allerheiligenkirmes schmückt.

Der heimatlose Vagabund »Simplicius« erzählt in der Ich-Form von seinen Abenteuern, die er in wechselnden Heerhaufen und an unterschiedlichen Orten erlebte. Im 28. Kapitel des 2. Buches erreicht er die Soester Börde und gelangt 1636 als Gefangener eines Dragoners in die Stadt. Doch wen wundert's, daß er sich hier allsogleich fühlte »wie in einem Rosengarten«: Seine Wirtin machte den unzähligen Läusen den Garaus, deren übergroße Plage ihn überhaupt in Feindes Hand gebracht hatte. Sie brannte seine Lumpenkleidung im Backofen aus »wie eine alte Tabackpfeife«. Aber die Verpflegung! Seine Kehle war rauh von dem »treugen Pumpernickel«, sein Leib spindeldürr. Da kam er schließlich auf Befehl seines Hauptmannes auf Leibwache ins »Paradeis«, »ein so genanntes Frauenkloster«, »nicht zwar, als wäre er dazu viel nutz gewesen, sondern damit er sich wieder auffüttern und montieren sollte, vornehmlich aber auch, weil die Nonnen sich einen frommen, gewissenhaften und stillen Kerl gebeten hatten.«

Nun folgt die inzwischen legendäre Schilderung kraftstrotzender westfälischer Lebensart: »Das Paradies fanden wir, wie wir's begehrten und noch darüber. Anstatt der Engel gab es schöne Jungfern darin, welche uns mit Speise und Trank also traktierten, daß ich in Kürze wieder einen glatten Balg bekam. Denn da setzte es das fetteste Bier, den besten westfälischen Schinken und Knackwürste, wohlschmeckendes und sehr delikates Rindfleisch, das man aus dem Salzwasser kochte und kalt zu essen pflegte. Da lernte ich das schwarze Brot Fingers dick mit gesalzener Butter schmieren und mit Käs belegen, damit es umso besser rutschte; und wenn ich so über einen Hammelskolben kam, der mit Knoblauch gespickt war, so erquickte ich Leib und Seele und vergaß all meines ausgestandenen Leides.«

Im Dreißigjährigen Krieg als westfälischer Bacchus das Leben überborden lassen? – Die ganze Gegend war immer wieder gründlich ausgeplündert, und seit dem Tollen Christian hatten zwischen Paderborn und Dortmund genügend Brandbriefe an den Zäunen der Gehöfte gefackelt. Das galante Jägerken als Charmeur im fettlebigen Frauenkloster, umringt von schönen jungen Damen besten Adels? – Er hätte sich der Gesellschaft einer evangelischen und dreier katholischer Klosterfrauen im Blütenalter ihrer 46 bis 58 Jahre erfreuen können. Zudem hatte die Priorissin gerade die Klausur wieder eingeführt, die Männer im Kloster nicht duldete, was zuvor durchaus nicht immer so eng gesehen worden war.

Mit seinen Schelmenerlebnissen wollte sich Grimmelshausen im Nachhinein in sein klägliches Soldatendasein als hungernder, frierender, heruntergekommener Gesell Farbe bringen. Und das Kloster? Wenn seine Steine reden könnten, hätten sie geklagt, – der Vers des mittelhochdeutschen Dichters Herbort von Fritzlar aus dem 13. Jahrhundert traf auch hier weiterhin zu:

»Hetten die Steine / witze und sinne… / kunden sie sich verstan, / sie mochten wol geklaget han.«

Denn Laute ganz und gar nicht paradiesischer Lebensumstände versickerten in der Klostermauer: Da die Niederlande ihre Unabhängigkeit von Spanien auch am Hellweg erfochten, nahmen ihre Söldner unter englischer Führung im Kloster Quartier, und sie holten sich die Verpflegung mit Gewalt, die die Schwestern den Feinden im Glauben verweigerten, während die nahe Stadt mit Hilfe des Geldbeutels Plünderungen abgewendet hatte. Beim Abzug aus Paradiese gaben Stall und Remise, Gästehaus und Kirche her, was nicht niet- und nagelfest war. Gotische Choralbücher boten willkommenes Kriegsmaterial: Man schnitt die verzierten Pergamentseiten heraus, füllte sie nach Art selbstgedrehter Zigaretten mit Pulver und steckte die Munitionsrolle in den Gewehrlauf: Bücher zu Schußsalven!

Von einem reich ausgestatteten Konvent war fast nichts mehr zu spüren, als noch vor wenigen Jahren das alte Klostergelände als gottverlassene Hofstelle kaum beachtet der Legende verfallenen Ruhms nachzusinnen schien: Eine weite, stille Streuobstwiese, von hohen Rotdornhecken eingeschlossen, rahmte die schmutzige Kulisse eines seltsam ungegliedert bebauten Gräftenareals ein. Nahebei fixierten uns die greisenhaften Fensterhöhlungen einer windschiefen kleinen Kate, deren direkt am Bach errichtete Südwand noch den kläglichen Stumpf einer Radnabe hielt. Wir standen vor der einst viel größeren Klostermühle. Die zu einer tiefen Mulde abgesunkene Dachfläche wurde von einer buschigen Weide überkrönt. Sie sproß zu den Sparrenfugen heraus, als wollte sie Schiller Modell stehen für sein Gesetz, daß das Alte stürzt, die Zeit sich ändert »und neues Leben blüht aus den Ruinen«: Die Weide war dem traurigen Zeugen einer reichen klösterlichen Landwirtschaft buchstäblich über den Kopf gewachsen, – Symbol dafür, daß Napoleon sehr kräftig am (Mühl-) Rad der Geschichte drehte, als er die Klöster abschaffte. So wie seitdem diese Klostermühle immer baufälliger wurde und verfiel, sollte nun auch das ganze alte Gesellschaftssystem nach und nach verfallen.

Inzwischen steht der Mühlenbau mit neuem Dach und neuen Fenstern wie verwandelt da, mit rautenförmig eingepaßten Rahmen für die stark verzogenen Fenster. So hat die Zeit dem Mauerwerk die Pedanterie der rechten Winkel ausgetrieben. Ein privater Verein unterhält nun die Mühle und bietet einem Maler ihre Räume als Galerie. Auch wenn sie vorläufig noch ohne Rad auskommen muß, hat sie nun gewissermaßen schon ihre Rolle auf dem Weg vom Korn zum Brot zurückgewonnen, wenn das geneigte Publikum farbige Sinneseindrücke zu dem Nährmittel elementarer Einsichten verarbeitet, – so daß von »brotloser Kunst« zumindest hier nicht mehr die Rede sein kann.

Die »Klinik Kloster Paradiese« hat zur festlichen Eröffnung geladen. Wieder halte ich an der Klostermauer und freue mich darauf, die Neuzeit zu ihrem Einzug zu beglückwünschen. Diese empfängt ihre Gäste mit einem großen Hinweisschild:

»Sanierung und Umbau des ehemaligen Dominikanerinnenklosters Paradiese«. Ein stilisiertes Wappen verkündet in Lateinisch, der Sprache der Vergangenheit, die Devise der Zukunft: »Heilen, Trösten, Lindern«. Darunter klingt es in wetterleuchtender Sagrotansprache: «Hier entsteht ein interdisziplinäres medizinisches Diagnostik- , Lehr- und Therapiezentrum«, als wollten die beiden Teile dieser Aufschrift die Kluft zwischen Kräuter- und Klinikmedizin in Worte fassen.

Der Diagnostik dient gleich der Eingangsbereich, wo in zwei denkmalgeschützten langgestreckten Gebäuden moderne Labors zur Krebsanalyse von Gewebeproben eingerichtet sind. Die spiegelbildlich errichteten frühen Reihenhäuser entstanden in den dreißiger Jahren des vorigen Jahrhunderts, als man hier auf Bestellung Nägel verschiedener Stärke und Länge anfertigte. Je sechs winzige Viererzellen bildeten Wohn- und Arbeitsplatz der Handwerker und ihrer Familien und zur Zeit der Betriebsblüte den wahrlich spärlichen Lebensraum für über sechzig Menschen.

Wo früher Kaminfeuer und heißes Eisen ihre Hitze abstrahlten, bringen heute Solarzellen und Erdwärme Temperatur in die

Labors. Auf einer Landkarte im Flur der Arbeitsräume markieren bunte Nadeln die Orte, von wo Aufträge zur Zellprobenuntersuchung angeliefert werden. Am Hellweg konzentrieren sie sich zu einer Allee.

Auf hellen Arbeitstischen stehen Lichtmikroskope. Ich ahne die Bürde der Krebsdiagnostik, anhand der oft nicht eindeutigen winzigen Gewebeprobe »sehenden Auges« eine Diagnose zu stellen, die das ganze persönliche Universum eines Menschen aus den Angeln zu heben vermag. In Gedanken wandere ich Jahrhunderte zurück zu dem Fernrohr des Astronomen Galileo Galilei, der als erster Beweise zu Gesicht bekam, die das alte Weltbild von der Mittelpunktstellung der Erde zerstörten. Mikroskop und Fernrohr, – beide geeignet, dem Standort von Menschen den unverrückbar geglaubten Bezugspunkt zu nehmen.

Augen. Augen, die mit kleinen Lochpupillen starr geradeaus blicken. Ein Tablett voller kleiner weißer Kugeln, jede genau in der Mitte wie mit einer Stricknadel eingestochen. An den winzigen Löchern fängt sich mein Blick. Sie halten ihn fest. Augen. Ein Tablett voller Augen, die mich fixieren.

Diese renaissancezeitlichen Stuckreste wurden in der Nähe des klösterlichen Wohntraktes gefunden und warten nun auf dem Arbeitstisch archäologischer Hilfskräfte darauf, so weit es geht, zusammengesetzt zu werden. Es sind Bruchstücke einer volkreichen Szene, die eine Zimmerdecke schmückte. Auch zwei Arten von Mündern harren ihrer Gesichter: lächelnde Münder und traurige. Was für ein Motiv mag einst auf der Decke zu sehen gewesen sein? Eine biblisches Gleichnis? Eine Heiligenlegende? Die Darstellung des Jüngsten Gerichts, an dem der Herr die Seligen von den Verdammten scheidet? Ein memento mori über den Häuptern der Schwestern, das sie lehrte zu leben, um sterben zu lernen?

Die Decke im erstmals genutzten Festsaal unter dem weiten Dach des Hauptgebäudes ruht auf soliden Eichenträgern. Eine große grüne Feige schmückt die Stirnwand und ein Kruzifix. Am Rednerpult erläutert der leitende Arzt die schon vom Eingang her bekannte Devise der Klinik: »Heilen, Trösten, Lindern«, die vom Portal der Französischen Akademie für Medizin in Paris stammt.

Nach schwedischem Vorbild sollen die rivalisierenden Geschwister Schulmedizin und Naturheilverfahren wieder versöhnt werden. Die Behandlung beruhe auf einem integrierten Verfahren aus frühzeitiger Diagnose, medizintechnischer Bekämpfung des Tumors und Aktivierung der körpereigenen Abwehrkräfte. Dieses »integrative Heilverfahren« will den ganzen Menschen einbeziehen, seine Krankheit auch von innen bekämpfen, Zuwendung und Beistand geben. Im günstigen Falle vermöge ein Arzt zu heilen, oft zu trösten, zu lindern – nicht nur dieser Denkansatz der Selbstbescheidung beschwört die Tradition des Hauses.

Nun entbieten die mittelalterlichen Schwestern selbst ihren Gruß, denn auf einer Dialeinwand erscheinen Initialen der Paradieser Meßbücher. Unversehens begegnen wir dabei aber auch der anrührenden Ausdrucksstärke und Zartheit des spätgotischen Malers Conrad von Soest, des schon zu Lebzeiten renommierten Dortmunder Malers mit Soester Vorfahren. Glaubt man Stilvergleichen von Kunsthistorikern, hat er in einem der Folianten das erste Motiv des Kirchenjahres gestaltet. Gewöhnlich warteten größere Aufträge auf ihn. Seine kostbaren Altarbilder, vor allem in Dortmund und Bad Wildungen, spiegeln in überragender Meisterschaft das Lebensgefühl der patrizischen Stadtgesellschaft des 15. Jahrhunderts mit ihrer Sehnsucht nach der verklingenden Welt höfischen Glanzes. Auch Werke im Landesmuseum Münster bezeugen Conrad von Soest als einen der großen Namen der Hellweg-Kulturtradition.

Zurück zu seiner Miniatur für Paradiese. In der schmuckreichen Bühnenumrahmung des weit geschwungenen Buchstaben A ereignet sich ein biblisches Geschehen:

Ein bärtiger Mann in seidig schimmerndem Umhang kniet in tiefer Andacht zur Bildmitte gewandt und richtet seine Bitte um Erlösung himmelwärts: »Gott sei mir gnädig nach deiner Güte.« Er ist nicht allein mit der Angst um sein Seelenheil. Sein Gegenüber leistet ihm Beistand durch ein Fürbittegebet. Es ist der mit Brustpanzer und Schwert gerüstete Kriegsführer Gideon, ein alttestamentarischer Retter der Israeliten. Er lebte im 12. Jahrhundert v. Chr. und führte sein Volk zu einem siegreichen Kampf gegen ein agressives Nomadenvolk, das immer wieder die Äcker der Israeliten zerstörte. Da es mit seiner völlig neuen Kenntnis, Kamele zu zähmen und als »Schlachtrösser« einzusetzen, den Israeliten bisher lähmenden Schrecken eingeflößt hatte, wagte Gideon den Kampf erst, nachdem ihm Gott mithilfe eines Widderfells gezeigt hatte, daß scheinbar Unmögliches doch möglich werden kann. Dann aber fand er tatsächlich ein Mittel gegen die drückende Übermacht der Feinde. Er blies zu einem Nachtangriff, so daß weder die Israeliten die Kamele sehen und den Mut verlieren konnten, noch die Feinde in der Lage waren, die wahre Anzahl der israelitischen Kämpfer festzustellen. Das Widderfell als Zeichen Gottes liegt denn auch wie ein »Glaubensbündel« zwischen den beiden betenden Männern, zwischen dem Gnade erflehenden Gläubigen und dem tatkräftigen Glaubenskämpfer. Über ihnen ist Gottvater zu sehen. Er erteilt aus den Wolken heraus seinen Segen, er hat die Gebete erhört.

»Und als ich näher hinsah, begriff ich auf einmal«. – Wie es Umberto Eco im »Namen der Rose« schildert, erkenne ich plötzlich den Bezug zur Gegenwart in der entrückten Buchmalerei. ».. Ja, mein Auge verlor sich, den funkelnden Wegen auf der Buchseite folgend, ...und ich begriff, daß all diese Bücher mir meine eigene Geschichte erzählten. 'De te fabula narratur', murmelte ich...« Die Initiale des Paradieser Choralbuchs läßt sich auf den Therapieansatz der modernen Klinik übertragen: Der Erfolg medizinischer Maßnahmen setzt Zuversicht und Genesungswillen voraus. Arzt und Patient müssen eine Einheit bilden.

Die Dominikanerinnen des Mittelalters schirmten sich ab, um ein ganzheitliches Leben zu führen, versuchten durch »Integrität«, durch Freiheit von Sünden, die gestörte Weltordnung wiederherzustellen. Ein im Labyrinth aus Krankheit und Ratlosigkeit verirrter Mensch unserer Tage sucht die Geborgenheit einer integrierenden Gemeinschaft, die das medizinische Augenmerk nicht nur auf die erkrankten Körperteile richten will, sondern »integrativ« den ganzen Menschen betrachtet, um seinem verstörten Inneren wieder einen Halt zu geben.

Ist er leibhaftig zurückgekommen? Albertus Magnus, dort vorn im roten bischöflichen Gewand? Ist er seiner Gruft in der Kölner Kirche St. Andreas entstiegen, wieder über den Hellweg nach Paradiese geeilt, um heute noch einmal hier im Kloster die Hauptperson zu sein? Nein, ein Amtsbruder unserer Tage ist es, der nun die Weihe des Hauses vornimmt, und auch der evangelische Pfarrer der »Jungfernbühnenkirche« aus dem Nachbardorf segnet es seinerseits. Die konfessiolle Zwietracht vergangener Tage ist vergessen.

Aus dem Festprogramm blinzelt das Jägerken von Soest und berichtet schon mal von guten Erfahrungen: »So erquickte ich Leib und Seele und vergaß all mein ausgestandenes Leid.«

Michael Lamprecht

Rede des hohen Herrn Jägerken von Soest auf seinem Ritt zum Kamener Kreuz über den Hellweg ebendaselbst

Wie man sich alltunlichst erinnern wird mögen, lernt ich in früher Zeit ein vortrefflich Gedicht, das mein Meuder mir oftmals am Bette sang und von dem ich zuvörderst aus gutem Grund folgend Stroph möcht zum Besten geben:

DIE ERDE WÄR GANZ WILD DURCHAUS
WANN DU AUF IHR NICHT HIELTEST HAUS
GANZ TRAURIG AUF DER WELT ES STÜND
WENN MAN KEIN BAUERSMANN MEHR FÜND

Oh, Bauersmann, deuchte mich dankbar, und ich träumete daselbst versunkenst von sein schwerst Arbeit, wo auch noch schlecht entlohnet, so schlecht, daß es einen nicht Wunder nähm, wenn allhierzuhauf die Bauersleut sich wieder zusammen möcht rotten gegen ihr halsabschneiderisch Grundherrn und mit Sens und Hark dem feist Tunichtgut eins hinter die unnütz Löffel und mindestens zwei vor's dumme Maul schlügen, zu bessern ihr erbärmlich Dasein, das geschunden durch nicht enden wollen Fron und Arbeit, welch mein Meuder kömmt zu besingen an mein Bette mit manch gebenedeit Stroph, was besaget, daß all Bauersleut seien wahrlich kunstvoll Landschaftsgärtner, wie später ganz besonders sollt genießen können im Garten Eden auf Erden, der gelegen in Westfalen bei Soest.

Ei, was war die Welt hindorten noch schön, wann ich auf tunlichst gestriegelt Kleppergaul durch Feld und Au der Börde geschwärmet oder in saloppem Galoppe vom klösterlichst Paradeiso über den Hellweg auf prächtiglich Getürm meines geliebeten Soest zuhielt.

Ein Augenweid allenthalben und ein weidlichst Weiden für mein Ohren, ein Duftteppich dazu, ausgeleget vom satten Klee, ummantelt vom zärtlich Hauch der schier undurchdringlich Hecken vom weißen Dorn, über denen manch kräftig Linden ihr hold Odem gehauchet.

Umrahmet vom duftigst Fliederhain wogerte ein unnachahmlich Grün, wie nur der Buchweiz grünen kann, und dahinter tat sich, manch kühlen Schatten spendend, das anmutigst Ardeywäldchen auf, angekündigt durch das krächzend Gestimm des Eichhähers, dem alsobald die teichlings brütend Rohrdommel ihr Antwort nicht schuldig blieb.

Kam ich nächtlings zurück, trabete also kantapper, kantapper durchs Nöttentor meinem geliebeten Paradeiso zu, so begleiteten mich ganzstreckig die trefflichst ins Herze tönenden Gesänge der Nachtigallen. Mit spitzert Ohren lauscherte ich dem schleichenden Dachs und vernahm äuglings gegen den fahlerten Mond manch gehörig Uhu in die Felder tauchen, zu fassen das ein oder andere Haserl und freuete mich daselbst auf ein deftig Scheiberl Pumpernickel mit zwei, drei Striemen frisch geschlagenen Butterwerks beleget und dazu das zapfigst Bier, das die Klosterjungfrauen so vortrefflich zu brauen und noch viel vortrefflicher zu servieren gewußt.

Nicht umsonst sondern garderowegen sollt das ehrwürdigst Kloster Paradeiso heißen.

Was aber muß ich heuer vernehmen?

Womit quält ihr mein verlebt Augenlicht?

Was mutet ihr mein empfindsam Ohrlapp zu, daß itzo, so ich euer Einladung angenommen, zu reiten zum Kamener Kreuz, mir sich am liebsten mein Magen möcht umdrehen im Angesicht dessen, was einmal mein Heimstatt gewesen.

Bereuen tu ich´s schon am vörderlichsten Tag, daß ich gekommen, weil mich schon beim erst Hinsehen ein greulich Leiden überkömmt, was ihr gemacht aus mein lieblich Börden.

Mein Herzklapp tut mir weh, so überquellen will mein Pein, daß ich nicht weiß wo ansetzen mit Fluch und Rachsucht.

Von letztgenannter aber zuhauf wird spüren müssen dies beleibt Karikatur von ein Jägerken, das euer Maskottchen geworden, ein dümmlich Werbeclown mit schröcklich leiernd Sackpfeif, daß, wenn ihr noch hättet, ein jed Kröten tät sich am liebsten selbst vergiften als auch nur ein Ohrloch dem Lackaff schenken.

Wie dereinst dem falsch Jägerken von Werl, wie nachzulesen in mein löblichst Werk auf manch kurzweiliger Seit, will ich dieserart Tölpel gar kräftig eins drüberbraten, daß ihn möcht wahrlich erschauern und er um Gnad mag winseln, welch er wird finden darin, daß er gar öffentlich dem eitel Stadtoberhaupt möcht am Hintern lecken.

Kein Gnad aber wird erheischen jeglichst Bauersmann, den ich in mein grapschert Finger bekömm. Jaulen soll er wie ein tolldreister Hundskött, und dennoch will ich nicht nachlassern zu würgen sein wulstig Hals, daß sein glupschig Augen treten aus bräsig Visage und können um so besser beglotzen, was er angericht Jahr für Jahr mit schändlich Folgen für Wald und Flur und jeglich Geschöpf, was noch zu meiner Zeit so herzig gefleucht und gekreucht allhierzuweil.

Totgespritzt hat er alles, der tumbigst Bauer, mit ein neuartig Gift, das er Pflanzenschutzmittel will nennen, wo doch fast all Pflanz der Garaus überkömmt und gelb wird auf der Stell der Ackerschachtelhalm und vertrocknet zu schwarzert Pock, als sei zugleich kübelweis Pech und Schwefel geregnet wie weiland gesaget in Biblio, daß ein Weltend wird kummen mit groß Zahngeklapper für all Menschlein hienieden, welch haben kein Achtung vor Gott´s Natur sondern nur achtgeben auf groß Gewinn.

Was dunnemals ein arm, fleißig Bauersmann gewesen, wo im Märzen die Rösslein oder sein eigen Fru angespannt, ist heut ein feist und dreist auf groß kracheisern Maschin sitzend Gimpel, der geilgierigst schielt nach immer immenser Ernteertrag, der, wie er saget bei Gott und allen Teufeln, nur möglich mit Gift und Gülle und Hektotonage von Stickstoff, was er ausstreuet um sein ständig wachsend Butterberg heröm, damit sein Getürm noch viel mächtiger möcht werden als Patroklis Dom.

Ein solch unvorstellbar Meng stopfet der Bauerskerl in sein geschunden Acker, daß die arm Krumen ganz ersticket vor lauter Stoff und absondert vielmehro Nitrat, was wandert in dunnemals munter sprudelnd Quellgewäsch, wo heute nur noch bibo soll trinken, der des Lebens müd und ein schnell Garaus sich machen möcht.

Oh, ärmlichster Acker, der Qual noch nicht genug, als da kummen itzo sogleich Tonnen von Herbizid und Fungizid, was man auch könnt nennen, und was noch viel trefflichster für all das

Zeug: Pestizid, worin das ein Wort noch stecket, was ehedems ein einzig und groß Gefahr gewesen, weil man nicht genau gewußt, woher sie kömmt und wie man sie könnt widerlichst loswerden.

Heute aber, so macht mich hören, weiß selbo der dümmlichst Bauer, wem er sein dick Kartoffel verdanket, dem Stickstoff nämlich und der neuerten Pest, welch er versprühet, daß ein jeden, der noch möcht an wohlig Landluft schnuppern, ein röchelnd Stickhusten überkömmt und alsogleich dort, wo früher Fuchs und Has sich ein gute Nacht gewünschet, ins ewig Jagdgegründ eingeröchelt wird.

Kaum daß die Giftschwaderl sich freudigst in Luft und Lunge verzogen, quälet der eifrig Bauersmann gar abgefeimt die Restnatur mit ein ander Geheimwaff, welch ihm zusammengeschissen und gepißt ein greulich quiekend Haufen von endlos zählend Sauen, die allesamt eingepfercht in ein höllisch stinkend Stall von schier unvorstellbar Ausmaß.

Mit riesig Gerät fahret schüttend der Ackermann die ätzend Jauch in das reinlich Feld, daß manch einer ersäufet in dem See aus Gülle und ein anderer ersticket und ein jeder naseweis schnuppern kann, wieviel Sauen er wird noch propfen müssen in sein wampig Fettleibigkeit.

Dermaßen stinkert das Zeug zum Himmel, daß selbst Tod und Teufel möcht am liebsten Reißaus nehmen, welch aber müssen bleiben, weil viel zu viel zu tun dank der rührigst Bauersleut.

Die aber steigen ehrodaselbst, wenn es ihnen allzusehr zu stinkern dünkt, kaum selten in ein groß Gefährt, das sie Bus genannt, geschmücket mit mein Konterfei, das träget nicht nur mein Nam sondern auch die verbrecherisch Brut hinweg in fern Lande, wo noch zu atmen die Luft und zu trinken das fließend Wasser.

Zurück aber müssen bleiben die kränklich Schwein und von Seuch viel blöden Küh und all die Hühner und Hennen, die nicht mehr zieret ein einzig Feder, sondern die da hocken nackert dicht bei dicht, zu quetschen die Eier aus ihrem wundig Loch.

Ein erbärmlich Schauspiel, das der Landmann darbietet heutzutag, ein greulich Quälerei von scheußlich verzücht Getier und ein öd Landschaft, in der die Eich vor lauter Scham sich möcht ihres Blattkleides schon vor der Zeit entledigen und mit ihr kahl

Geäst ein warnend Zeichen bieten, was aber nicht gern gesehn. Und umbgehauen wird also der Baum mit sein üppig Wurzelwerk, über das noch ich dunnemals bin gestolpert nach manch wüst Zecherei oder manch Hauen und Stechen.

Wahrlich muß ich sagen, daß kaum geschonet wir haben uns selbst und andere, daß aber dennoch der dreißigjährig Krieg mit Pest und Cholera und dem Grafen Bastard von Götz ein einzig Gnad war für mein Börden im Vergleich zu der täglich Verheerung, die anrichten die tumben Landwirtsleut mit ihr Foltermethoden für Land und Luft und Leute und das wenig Getier, das sich noch trauet, allheroweil gegen die Schweinsbanden und Rinderhorden anzustinkern.

Bis zum Gewürg gemästert wird das arm Getier in ein busähnlich Gefährt gestopfert, das pickepackevoll jaget über den neuerten Hellweg zu verwursten in ferne Lande.

Oh vermaledeiter Hellweg, ein hell Weg dunnemals, führet durch grün Wiesen und Auen, schlängelnd an glitzernd Teich, wo quäkert manch Unken und zischelnd die Natter mit guts Wasser für mein durstig Pferd, da will mir heut schier der Kopf zerplatzen und weinet selbstlosigst mein Hühneraug. Ein wahrer Düsterpatt ist geworden der Hellweg, ein greulich vierspurig Grauen in Asphalt gewälzet, reingehauen in jedwedes Gehölz. Platt gemachet all schön Landschaft mit manch sanft Hügel, weil nur gerade möcht fahren der tölpigst Tölpel, gehetzet von sich selbst und von endlos zählend Getierwaggon, die quiekend rumperln über schwarzpockert Teer.

Das rasert bei Tag wie bei Nacht mit gleißend Gelicht und greulichst Gehupe, weil ein jeder möcht noch schneller verwurstet sein alsbald möglich mit sein verrenkt Gesicht und fieser Fiesage hinter sein gebogen Lenkgestell. Ein rasernd Meute, wie von zwölf Dutzend Taranteln gescheucht, dem sichern Tod gebenedeit und mit mordlustigster Gier, den andern ins Fahrgrab zu drängerln noch vor dem Kamener Kreuz, wo sich augenblicklichst die tollsten Toren des Nordens mit den von all gut Geistern schleunigst verlassen Tumbdusseln des Südens sich einkreiselnd vermengen und sich abbiegen und verbiegen und itzo einjeder sein Feind gefunden auch gleich losrasern wie Tod und Teufel und Herr Satan persönlichst.

In all Himmelsrichtung setzert ein einzigartig Verfolgungsjagern ein, daß es stinkert und quietscht und wohlendlich kracht mit ein Riesengetös, daß ein jeder müßt sein von 200 Rössern getrieben Gefährt in die Zügel fallen und dumm gucken auf sein durchgesessen Gesäß mit großkotzert Gehabe.

Stund um Stund und Tag für Tag stehert das Menschlein hinnieden in sein ödgroß Stauraum heröm und starret wie gottergeben, daß ich möcht lieber ewig in der Hölle schmoren als auch nur ein Stund länger im Stau am Kreuz von Kamen herumzuhängen.

So ich denn gleich hier mich allschleunigst von der Erd verschlucken will lassen und abtauchen, wo ich hergekumm und aufnimmerwiedersehen möcht verschwindeln in mein wohlig geheizt Refugium und Ade sag zu der Menscheit hinnieden, wo ich kein Pfifferling mehr möcht drauf wetten, daß man sich zum Guten kehrt. Und Jupiter wohl, wie ich ihm schon ehedemst empfohlen in mein hochlöblichst Werk, die ganze Welt mit Butz und Stil wird ausrotten müssen, so ja auch geschrieben stehet in Biblio beim Propheten Micha, der für ein ander Gott die Trommel rühret, gar vortrefflich in Vers sieben. Oder von ein jünger Mann, der genannt nach ein blühend Busch, noch viel vortrefflicher in ein Reim geschmiedet: Wehe, wehe, wehe, wehe, wenn ich auf das Ende sehe.

Alles frei dahergeredet nach Hans Jakob Christoph von Grimmelshausens »Der abenteuerliche Simplizissimus« und Luther Martins »Die Bibel«. Ähnlichkeiten mit wahrlich lebenden Exemplaren der Spezies Homo sapiens sind schon wegen des zuletzt genannten Adjektivums auszuschließen.

Ilse Bintig

Trümmer, Ruß und große Träume

Vom schwarzen Hamm zur Ökostadt

Wo heute in einer kleinen Grünanlage zwischen Wilhelmstraße und Victoriastraße die Werke des Hammer Künstlers Manfred Billinger die Blicke auf sich ziehen, stand das Haus, in dem ich meine erste Kindheit verlebte. Ein Haus mit rußgeschwärzter Fassade und einem Balkon, der an warmen Tagen nicht betreten werden konnte, weil die Schuhe im Teer hängen blieben. Wenige Schritte vom Haus entfernt donnerten die Züge über die lange dunkle Unterführung. Vom Fenster fiel der Blick auf die Westfälische Drahtindustrie und hinter dem Haus, abgeschlossen durch eine hohe Mauer, standen die alten Werkshallen der Westfälischen Union.

Meine Mutter, die aus einem Forsthaus in den hessischen Wäldern stammte, konnte sich schwer einleben in die vom Qualm der Schornsteine geschwärzte Industrielandschaft. Für sie blieb die Stadt das »schwarze Hamm«, obwohl Vater immer wieder versuchte, Mutter von den guten Seiten seiner Heimatstadt zu überzeugen. Dass Hamm einen wichtigen Umschlaghafen und den größten Verschiebebahnhof Europas hatte, lernte ich nicht erst in der Schule, sondern auf den Spaziergängen mit meinen Eltern. Vater zeigte uns die Schiffe auf dem Lippeseitenkanal, (heute Datteln-Hamm-Kanal) und die langen Güterzüge, hoch beladen mit Drahtrollen aus den Hammer Werken.

Da Vater auf der Westfälischen Union arbeitete, erzählte er voller Stolz von dem guten Hammer Draht, der bis ins ferne Sibirien gebracht wurde. Ich kann mich gut daran erinnern, dass Vater einmal auf dem Hauptbahnhof Bahnsteigkarten löste, nur um uns die vielen Personenzüge zu zeigen, die aus fremden Städten kommend, in Hamm hielten, um weiter in die Ferne zu fahren.

Während Vater mir die weltoffene Industriestadt nahe brachte, öffnete Mutter mir die Augen für die Schäden, die Ruß und

Qualm in der Stadt anrichteten. So manches kleine Erlebnis aus dem »schwarzen Hamm« ist mir in Erinnerung geblieben.

Wenn Mutter in der Waschküche auf dem dunklen Hinterhof ihren Waschtag hatte, schleppte sie die schweren Körbe mit Wäsche zum Trocknen auf den Dachboden. Draußen an der Luft hätten die umherfliegenden Rußteilchen die Wäscheteile so verschmutzt, dass sie gleich wieder in den Waschkessel gekommen wären. Unvergeßlich ist mir unser »Schokoladenpudding«, der in Wirklichkeit ein Vanillepudding war und am Familientisch bei meinen Eltern immer eine Diskussion über das »schwarze Hamm« hervorrief.

Weil wir keinen Eisschrank besaßen, in dem die Speisen mit mächtigen Eisblöcken gekühlt wurden, stellte Mutter, wie sie es aus ihrer Heimat gewohnt war, den gekochten Pudding zum Abkühlen auf die Fensterbank. Kurze Zeit später war der gelbe Pudding mit einer dünnen Schicht Ruß überzogen. Vor dem Essen zog Mutter die schwarze Haut vorsichtig ab, natürlich nicht, ohne dabei eine abwertende Bemerkung über Hamm zu machen.

Am schlimmsten aber war für Mutter die Erfahrung, dass selbst die kleinen Hammer Kinder voller Ruß steckten. Jedes Mal, wenn ich auf der Straße gespielt hatte – Spielplätze oder Grünflächen gab es nicht – musste ich eine gründliche Reinigung über mich ergehen lassen. Mutter fuhrwerkte mir mit Watte in den Ohren herum und ließ mich in ein weißes Taschentuch schneuzen. Die schwarze Watte und das rußgeschwärzte Taschentuch zeigte sie voller Abscheu meinem Vater. »Typisch Hamm!«

Während ich lachte, fand Vater tröstende Worte für Mutter. Er erzählte von den großen Verbesserungen in den Drahtwerken, die es in den vergangenen Jahren gegeben hatte. So stellte früher die Westfälische Union in mehr als 30 Öfen Puddeldraht her. Jeder Puddelofen hatte einen eigenen hohen Kamin. Vater schilderte immer wieder, wie die vielen Fabrikschlote den Himmel über Hamm verdüstert hatten. Aber durch die fortschreitende Entwicklung in der Stahlherstellung waren alle Puddelöfen verschwunden und mit ihnen die vielen Kamine.

Vater war von einer weiteren Aufwärtsentwicklung fest überzeugt, aber durch Mutters Einfluß auch von der Notwendigkeit, die Schäden durch Rauch und Ruß zu mindern. Aber davon war Hamm noch weit entfernt.

Nicht nur technische Möglichkeiten und fehlende Einsicht der Verantwortlichen waren Hindernisse auf dem Weg in ein schöneres und helleres Hamm, sondern auch die Nöte der Zeit.

*

Auszug aus dem Kinderbuch »Die Leierkastenfrau - Eine Uroma erzählt von früher«, Georg Bitter Verlag Recklinghausen 1995:

Ich freute mich jeden Tag auf die Mittagspause in der Westfälischen Union, denn ich durfte Vater das Essen bringen. Kurz vor 12 Uhr füllte Mutter das Essen in den Henkelmann. So nannte man die zwei zusammengesetzten Töpfe mit einem großen Henkel zum Tragen.

Ich lief mit meinem Henkelmann an der hohen, schwarzen Mauer entlang und ging durch das hohe Tor in die Fabrikhalle, in der schon viele Frauen und Kinder warteten. Alle trugen wie ich einen Henkelmann in der Hand.

Um Punkt zwölf Uhr heulte die Fabriksirene der Westfälischen Union so laut, dass alle zusammenzuckten. Jetzt begann für die Arbeiter die Mittagspause. Sie strömten in die Halle, um sich ihren Henkelmann zu holen.

Wenn Vater in seinem »Blaumann« endlich vor mir stand, begann für mich die schönste Zeit des Tages. Wir suchten uns einen Platz auf den langen Bänken und ich sah zu, wie Vater den Henkelmann auslöffelte.

Wenn nach dem Essen noch etwas Zeit übrigblieb, erzählte mir Vater von den großen Dampfmaschinen in der Maschinenhalle, von der Herstellung des Drahtes und von den langen Reisen der Drahtrollen in ferne Länder.

Von solchen Fabrik-Geschichten konnte ich nie genug hören.

Manchmal war Vater aber auch sehr schweigsam , dann bekam ich immer einen Schrecken. Ich wusste aus den Erzählungen meiner Eltern, dass es viele Millionen Arbeitslose gab. Auch Vater hatte Angst, entlassen zu werden.

Manchmal sagte er: »Morgen ist Feierschicht«. Zuerst wußte ich nicht, was das bedeutete. Wenn es etwas zu feiern gab, musste es etwas Lustiges sein.

Als Vater mir erklärte, dass er den ganzen Tag zu Hause sein würde, jubelte ich. Als ich aber erfuhr, dass es für Feierschichten keinen Lohn gab, war ich traurig, denn ich wusste, was das bedeutete.

Wenn das Heulen der Sirene das Ende der Mittagspause anzeigte, stand Vater sofort auf und gab mir den leeren Henkelmann. »Sag Mutter, es hätte gut geschmeckt«.

Die Worte »arbeitslos« und »Feierschicht« wurden für mich zu Gespenstern, vor denen ich mich fürchtete. Deshalb betete ich jeden Abend im Bett das gleiche Nachtgebet: »Lieber Gott, mach, dass Vater nicht arbeitslos wird und dass es an der Union keine Feierschichten gibt! Amen«.

Auf der Westfälischen Union wurde an drei Tagen im Monat Lohn ausgezahlt und darauf warteten wir immer sehnsüchtig. Am Lohntag rannte ich an das große Fabriktor, um Vater abzuholen. Er kam mir mit der gelben Lohntüte in der Hand entgegen. Vater zeigte auf die Zahlen, die auf der Rückseite der Tüte standen. Die unterstrichene Zahl gab den Lohn an, den Vater verdient hatte. Das Geld steckte abgezählt in der Lohntüte.

Dann kam der Augenblick, auf den ich mich immer freute. Vater holte aus der Lohntüte zwei Pfennig heraus. Das war mein »Henkelmann-Lohn«. Ich lief sofort in die Hirschapotheke unten im Haus und kaufte für zwei Pfennig Salmiakpastillen. Die kleinen schwarzen Pastillen klebte ich mir zu einem Stern auf die Hand und leckte sie langsam ab. Weil die Eltern für andere Süßigkeiten kein Geld hatten, war das für mich ein besonderes Vergnügen.

In meiner Erinnerung werden die Lohntage an der Westfälischen Union und die Salmiakpastillen aus der Hirschapotheke immer zusammengehören.

*

Im Jahre 1992 wurde Hamm neben den Städten Aachen und Herne im Rahmen eines Modellprojektes von der Landesregierung ausgewählt, Möglichkeiten einer ökologisch orientierten Stadtentwicklung umzusetzen. Seitdem sind eine Fülle von Einzelmaßnahmen erarbeitet und verwirklicht worden, so zum Beispiel in der Freiraumgestaltung, beim ökologisch orientierten Wohnungsbau oder in der Energieversorgung. Außerdem ist Hamm dem Klimabündnis »Alianca del clima«, beigetreten und hat sich verpflichtet, die CO_2 Emissionen in der Stadt bis zum Jahre 2010 um 50% zu vermindern.

Besonders viel wurde für die Kinder getan. Helle Schulen mit begrünten Schulhöfen, nach ökologischen Gesichtspunkten gebaute Kindergärten, Spielplätze und Natur-Spielräume sind für viele Hammer Kinder heute fast schon eine Selbstverständlichkeit.

Das Modellprojekt »Öko-Stadt der Zukunft« wird von zahlreichen Umweltverbänden in Hamm gefördert und von dem größten Teil der Bevölkerung unterstützt. Ein großer Erfolg aller Bemühungen war die Auszeichnung Hamms als Bundeshauptstadt für Natur- und Umweltschutz. Die Entwicklung meiner Heimatstadt erscheint mir wie ein Wunder, wenn die Gedanken in die Vergangenheit wandern und Bilder aus der Kindheit und Jugend vor mir auftauchen.

Alle Träume von einem besseren Leben in einem schöneren und helleren Hamm waren damals ausgeträumt, als der Zweite Weltkrieg neue Sorgen und Ängste mit sich brachte.

*

Auszüge aus dem Jugendbuch »Lieber Hanno« mit authentischen Briefen aus den Jahren 1943/44; Verlag Herder Freiburg 1986, Arena Verlag Würzburg 1988 (Taschenbuch litera -Reihe), Verlag Westfälischer Anzeiger Hamm 1999:

5.3.43

Du hast bestimmt im Rundfunk von dem großen Angriff auf Hamm gehört.

Damit Du Dir keine Sorgen machst, will ich sofort schreiben.

Ich war während des Angriffs in der Schule. Du weißt ja, daß unsere Klasse ein Dauerquartier im Luftschutzkeller hat. Da können wir auch bei Alarm ungestört weiterarbeiten.

Wir hatten gerade Geschichte und wiederholten wichtige Fragen für die Abiturprüfung. Es wurde über das Thema »Das Recht eines Volkes auf Lebensraum« gesprochen, da heulten die Sirenen. Weil wir schon daran gewöhnt sind, ging der Unterricht weiter. Plötzlich riß uns eine Druckwelle von den Stühlen. Dann hörten wir in der Ferne ein seltsames Rauschen, das immer näher kam und immer lauter wurde. Wir warfen uns auf den Boden und wagten kaum zu atmen.

Dann gab es ein ohrenbetäubendes Krachen und Bersten. Wir zitterten vor Angst.

Unser Lehrer öffnete vorsichtig die Kellertür und ging nach oben. Wir drängten alle hinterher, obwohl es noch keine Entwarnung gegeben hatte. Ein Blick aus dem Fenster sagte uns alles. Über dem westlichen Stadtteil lag eine riesige Staubwolke. Alle, die dort wohnten, schrien auf und weinten.

Nach der Entwarnung schickte uns der Direktor sofort nach Hause. Die Straßenbahn fuhr nicht, deshalb machte ich mich zu Fuß auf den Weg. Ich hatte eine wahnsinnige Angst um Mutter. Deshalb rannte ich im Dauerlauf weiter.

Dann sah ich die zerstörten Häuser. Ich kletterte über Trümmer und Balken. Überall waren Helfer dabei, Verletzte aus den Trümmern zu ziehen und Tote zu bergen. Dazwischen irrten Ausgebombte umher und suchten ihre Angehörigen. Andere suchten in den Trümmern ihre letzte Habe. Es war ein Bild des Grauens. Ich hetzte mit zitternden Knien weiter. Mit zerschundenen Knien und Händen – ich war ein paarmal hingefallen – kam ich völlig erschöpft zu Hause an. Unsere Häuser standen noch und von einer Nachbarin erfuhr ich, daß unsere Mütter schon im Einsatz waren.

»Gott sei Dank!« Das war alles, was ich noch denken konnte.

Wieviele Opfer dieser grauenhafte Angriff auf Hamm gekostet hat, ist bis jetzt noch nicht bekannt. Sobald ich Näheres weiß, schreibe ich Dir.

6.3.43

Du kannst Dir nicht vorstellen, wie trostlos es in Hamm aussieht.

In der Bahnhofsgegend sind die meisten Bomben gefallen. 150-200 Tote hat es gegeben. Und noch immer gibt es Vermißte.

Und unter diesen Eindrücken müssen wir unser Abitur machen!

Die Schule ging am Tage nach dem Angriff schon wieder weiter. Unser Direktor holte die Schülerinnen in die Aula und gedachte der Toten und Verletzten. Dann wurde weitergearbeitet. Es wird uns trotz der Kriegseinwirkungen auf Hamm nichts geschenkt. Unsere Klasse ist lediglich von allen Aufräumungsarbeiten befreit (...)

17.3.43

(...) Mitten in der Abiturprüfung gab es Fliegeralarm. Ein Bombergeschwader war gemeldet worden. Anflug auf Hamm. Alle hofften, dass der Verband unsere Stadt nur überfliegen würde.

Nach dem letzten Angriff haben die Menschen hier eine schreckliche Angst. Schülerinnen, Lehrer und die Mitglieder der Prüfungskommission rasten sofort in den Keller. Dort war schon alles vorbereitet, um weitere Prüfungen vornehmen zu können. (...)

Nachdem im Keller das Ergebnis unserer schriftlichen und mündlichen Prüfung bekanntgegeben war – es hatte unterdessen Entwarnung gegeben – stürmten wir in unsere Klasse.

Alle zwölf Schülerinnen hatten das Abitur bestanden. Das war ein Jubel!

Wir schoben Tische und Bänke an die Seite und tanzten übermütig durch die Klasse. Alle ahmten Marika Röck nach und steppten wie wild um das Pult herum. Als unser Direktor plötzlich in der Tür stand, nahm keiner Notiz von ihm. Wir steigerten uns in unserer Ausgelassenheit immer mehr. Eine regelrechte Tanzwut überfiel uns. In einer Pause konnte sich der Direktor endlich verständlich machen. Er sagte tadelnd: »Ich verstehe Ihre Freude durchaus, aber für eine solche Reaktion ist die Zeit doch wohl zu ernst.«

Er hatte ja recht. Aber kaum war er draußen, da ging es weiter. Und ich glaube, noch lauter und wilder als zuvor. Wir wollten vergessen, alles vergessen, alle Not, alle Angst, alles Grauen. Nur noch tanzen, leben, jung sein!

(...) Am letzten Unterrichtstag war uns mitgeteilt worden, dass wir schon in der nächsten Woche mit einer Einberufung in den Arbeitsdienst oder als Blitzmädel bei der Wehrmacht rechnen müssten. An ein Studium ist vorläufig nicht zu denken. Aber können wir in dieser Zeit überhaupt etwas planen? Müssen wir hier in Hamm nicht mit weiteren Angriffen rechnen?

*

Auszüge aus dem Jugendbuch »Trümmer und Träume«. Autobiographischer Bericht aus den Jahren 1945/46. Georg Bitter Verlag: Recklinghausen 1995:

Als ich nach langem Fußmarsch hundemüde in einer Scheune im Stroh liege, finde ich lange keinen Schlaf. In der Nacht weckt mich das Brummen der Bomber, die nach Osten fliegen. Ich schlage den Kragen meines Mantels hoch und krieche tiefer ins Stroh. Nicht mehr denken! Nur schlafen! Übermorgen bin ich zu Hause. (...)

Vor mir liegt Hamm, die Stadt, in der ich geboren bin, in der ich meine Kindheit und meine Schulzeit verbracht habe. Eine Industriestadt mit Fördertürmen und qualmenden Schornsteinen. Eine Stadt ohne Gesicht, sagen die Leute. Sie irren sich.

Bei dem langen Weg durch die Stadt sehe ich die Stätten meiner Kindheit: Die geheimnisvollen Ecken in den Einfahrten der Geschäftshäuser, die herrliche Verstecke waren. Die Schienenstränge des Güterbahnhofs und die Lastschiffe im Hafen, die Träume in die Ferne weckten. Der lange dunkle Eisenbahntunnel, in dem unsere Rufe wie Indianergeheul erschallten. Ein kleiner grauer Hinterhof, der sich in meiner Phantasie in einen bunten Zaubergarten verwandelte.

Wie im Traum gehe ich durch meine Stadt. Ich sehe die Straßenbahn, mit der ich Tag für Tag in die Schule fuhr, die Bank im Park, auf der ich mit meinem Freund saß, die Persiluhr, an der wir uns zum Stadtbummel trafen. Der Eissalon … Das kleine Café …

Doch meine Stadt ist tot. Gestorben im Bombenhagel (…)

Als ich von einer besseren Zukunft rede, guckt Vater mich skeptisch an.

»Du wirst bald den nächsten Krieg erleben. Die Spannungen zwischen den westlichen Alliierten und den Sowjets wachsen täglich. Da geht es um Weltanschauungen, die unüberbrückbar sind.«

»Weltanschauung! Wenn ich das Wort schon höre! Ich kenne nur noch eine Weltanschauung: dass wir alles tun müssen, um unsere Welt wieder aufzubauen und zu erhalten.«

»Nach diesem verlorenen Krieg gibt es für uns keinen Aufbau mehr. Die Trümmer unserer zerstörten Städte werden noch nach Jahrzehnten nicht verschwunden sein. Auch in Hamm nicht. Warte nur! An der Wirklichkeit zerplatzen deine Träume wie Seifenblasen.

Ich schweige. Vater auch.

Einige Schulen in Hamm nehmen nach einjährigen Pause wieder ihren Unterricht auf. Meine kleine Nachhilfeschülerin braucht mich nicht mehr. Bei einem Besuch in Susis Klasse lerne ich die Verhältnisse in der Schule kennen. Die Klassen haben mehr als 60 Schülerinnen und Schüler.

Es fehlt an Schulmöbeln, Büchern, Tafeln, Kreide und Papier. Auf Anordnung der Militärregierung müssen alle vorhandenen Schulbücher nach nationalsozialistischem Gedankengut durchforstet werden. Die entsprechenden Stellen werden geschwärzt (…)

Die Kinder sind an keine regelmäßige Arbeit gewöhnt. Viele haben seelische Schäden aus den Bombennächten zurückbehalten. Einige Kinder aus Susis Klasse waren verschüttet. Die gestörten Kinder laufen hin und her und verbreiten Unruhe in der Klasse. Viele haben im Krieg ihren Vater verloren oder warten auf seine Heimkehr aus der Kriegsgefangenschaft. Fast alle Kinder sind unterernährt, besitzen keine warme Kleidung, keine festen Schuhe.

In der Pause unterhalte ich mich mit einigen Kindern. Ihre Gedanken kreisen ums Hamstern, um Schwarzmarktgeschäfte, ums »Organisieren« von Lebensmitteln, Kohle und Holz.

Besonders schwer haben es die vielen Flüchtlingskinder. Die Angst von Einheimischen, immer mehr Flüchtlinge aufnehmen zu müssen, wirkt sich auf das Verhalten ihrer Kinder aus. Es gibt Hassausbrüche und Schlägereien auf dem Schulhof. Einheimische und Flüchtlinge müssen erst lernen, einander anzunehmen (...)

Ich liege mit einer schweren Angina in einem Lazarett in Hamm, das erst vor wenigen Tagen für die Bevölkerung freigegeben worden ist. Da andere Krankenhäuser zerstört oder beschädigt sind, ist das Lazarett mit Kranken vollgestopft bis oben hin. In meinem Zimmer liegen außer mir noch zwölf Patientinnen. Es gibt viele Kranke in Hamm, wohl eine Folge der schlechten Ernährung und der hygienischen Verhältnisse in den überfüllten Unterkünften. Viele Menschen leiden an Tuberkulose, andere unter Krätze, Mundfäule, Wassersucht und Geschlechtskrankheiten.

Meine Bettnachbarin, eine junge Frau in meinem Alter, bekommt oft Besuch von ihrer Freundin Christa. Aus den Gesprächen erfahre ich, dass sich das Leben in unserer Stadt normalisiert.

»Gestern war ich im Konzert«, erzählt Christa. »Das erste Konzert nach dem Krieg. Ihr könnt euch nicht vorstellen, wie lang die Schlange vor der Kasse war. Die letzten haben keine Karten mehr gekriegt. Ich habe übrigens meine Bluse aus Fallschirmseide angezogen. Den Stoff hat Mutter auf dem Schwarzmarkt organisiert. Eingetauscht gegen Schnaps.«

»Hast du in der dünnen Bluse nicht gefroren?«, fragt Sabine. »Der Saal muß doch eiskalt gewesen sein.«

»Überhaupt nicht. Auf der Anzeige stand dick gedruckt: Der Saal ist geheizt. Irgendeiner muss für das Konzert Kohlen organisiert haben.«

Die Kranken nehmen lebhaften Anteil, wenn von den ersten kulturellen Ereignissen in der Stadt erzählt wird. Der Hunger nach den schönen Dingen des Lebens ist groß, obwohl die Menschen noch in Trümmern hausen (...)

Am Heiligen Abend mache ich mich bei Anbruch der Dunkelheit auf den Weg zu den Flüchtlingen.

Aus dem Fensterloch des Stalles ragt ein schwarzes Ofenrohr wie das Kanonenrohr eines Schlachtschiffes. Aufsteigender Rauch zeigt an, dass der Stall bewohnt ist.

Ich klopfe an die windschiefe Brettertür. Die junge Frau Lehnert öffnet. Ich blicke in ein verhärmtes Gesicht mit traurigen Augen. Vier Kinder drängen sich neugierig hinter der Mutter.

»Kommen Sie herein!«

In dem einzigen Raum des Stalles verbreitet eine Birne an der Decke ein trübes Licht. An der Wand sind graue Decken über aufgeschüttetes Stroh gebreitet. Die Frau sieht meinen Blick. »Betten haben wir nicht.«

Auf der Futterkiste hocken die Großeltern. Die Beine der alten Frau sind dick verbunden.

»Offene Beine«, erklärt sie. »Der lange Weg… Die Kälte…«

»Setzen Sie sich doch!« Frau Lehnert zeigt auf eine kleine Holzkiste.

Neugierig schielen die Kinder auf den Beutel, der neben mir steht.

»Der Beutel mit Bausteinen gehört euch.«

Strahlende Gesichter beim Auspacken.

»Trinken Sie eine Tasse Tee?«, fragt die junge Frau. »Die Kräuter sind noch aus Schlesien.«

»Selbstgesammelt. Ist Odermennig drin«, erklärt der Großvater.

Ich lehne ab und sehe in enttäuschte Gesichter. Ich bin gekommen, um ein Geschenk zu bringen. Aber vielleicht genügt das nicht. Wir müssen lernen, von den anderen zu nehmen. Auch Tee mit Odermennig, diesem Kraut, das ich nicht kenne.

»Ich möchte Ihnen keine Mühe machen«, versuche ich meine Ablehnung zu erklären.

»Der Tee ist fertig«, sagt die junge Frau und zeigt auf den Topf, der auf dem Ofen steht.

Ich nicke. »Dann trinke ich gern eine Tasse«.

Die Frau gießt den dampfenden Tee in einen Emaillebecher. Die Kräuter duften nach dem Sommer eines fremden Landes. (…)

»Wenn wir wenigstens hier in Hamm alle zusammensein könnten!«, meint die alte Frau und wischt sich die Tränen aus dem Gesicht.

»Unser ältester Sohn ist gefallen, der zweite vermißt«, erklärt der Alte. »Schlimm, dass die vier Kinder ohne Vater aufwachsen müssen«.

Die Schwiegertochter nimmt das kleinste Kind auf den Arm. »Wir werden es schon schaffen, Vater«. (...)

Ich gehe den ausgetretenen Pfad über die Trümmer zurück nach Hause. Ich bleibe stehen und schaue mich noch einmal um. Unter dem sternlosen Himmel liegt dunkel der Stall der Flüchtlinge.

Ich sehe den Stall von Bethlehem vor mir, wie ihn viele Maler in warmen Farben malten. Idyllische Bilder der Vergangenheit. Wir müssen Bethlehem in unserer Zeit suchen. In unserem Land, in unserer Stadt ...

Ich habe Bethlehem gefunden. Heute. In einem grauen Stall in der Stadt Hamm. Inmitten einer Trümmerlandschaft (...)

Wir sind eine Jugend, die durch die Hölle gegangen ist und unsere Zukunft ist völlig unsicher. Aber – und das ist das Seltsame – keiner jammert und klagt, keiner sieht einen Ausweg in irgendeiner Flucht. Wir möchten zwar jeden Tag satt werden und ein Dach über dem Kopf haben, aber keiner erwartet, dass ihm etwas geschenkt wird. Wir wollen selbst etwas tun.

Wir sind voller Unternehmungsgeist und neu erwachender Lebensfreude.

»Carpe diem!« – Nutze den Tag!«, zitiert Johst und Bodo erklärt: »Ein Tag, das sind 1440 Minuten. Viel Zeit, um sich etwas einfallen zu lassen.«

*

54 Jahre sind seitdem vergangen. Nach der ersten Resignation wuchs aus den Trümmern die Hoffnung, die nach schweren Zeiten in unserer Geschichte schon immer die Zukunft gestaltet hat.

Trotz der Trauer um die Toten, trotz des Wartens auf die Kriegsgefangenen und trotz des Hungers erwachte der Wille, das zerstörte Hamm wieder aufzubauen. Aus gezimmerten Buden in den Trümmern wurden im Laufe der Jahre durch harte Arbeit feste Häuser, die Einheimischen und Flüchtlingen wieder Geborgenheit geben konnten.

Niemand ahnte aber damals, dass ein halbes Jahrhundert später Hamm eine Großstadt mit viel Natur und Kultur und hoher Lebensqualität sein würde.

Verschwunden sind die rußgeschwärzten Fassaden meiner Kindheit, die dunklen Schulen und Kindergärten, die trostlosen steinernen Schulhöfe. An die Schrecken des Krieges erinnern nur noch die Bunker in der Stadt.

Ich habe einen großen Abschnitt der Entwicklung Hamms in allen Höhen und Tiefen dieses Jahrhunderts miterlebt. Angefangen von den Erzählungen meines Großvaters vom »Verschönerungsverein«, der am Anfang des Jahrhunderts mit seinen großen Träumen an der Wirklichkeit scheiterte, bis zur Auszeichnung Hamms als Bundeshauptstadt für Natur- und Umweltschutz.

Wenn ich heute durch die vertrauten Straßen von Hamm wandere, sehe ich vor mir das »schwarze Hamm« meiner Kindheit, das zerstörte Hamm meiner Jugend und die »Ökologische Stadt der Zukunft« mit vielen Aufgaben für kommende Generationen.

Horst Hensel

Cappenberg

Eine Plauderei in zehn Kapiteln

1. Teures Bildnis

Der Kaiser ist der Kaiser, das versteht sich von selbst, aber zugleich ist er auch der schwäbische Fritz, was man seinem Gesicht ansieht, obwohl es vergoldet ist. Auf dem Kopf hat er sorgfältig frisierte Locken, die von einem breiten glatten Stirnband gehalten werden, wonach sich unterhalb des Bandes weiteres Haar in gelockten Strähnen auf seine Stirn legt, richtige Damenwinker, wie unsere Oma gesagt haben würde, aber die Stirn, die goldene, ist so ungefurcht, als hätte er nie denken müssen, doch etwas tiefer kommt es dann ja doch, und zwar knüppeldicke, wenn man dies in Bezug auf Falten sagen darf: Drei von ihnen kerben die Halbmonde zwischen den hochgerissenen Augenbrauen und den Oberlidern, dass es scheint, als habe sich sein Denken just dahinter und nicht hinter der Stirn vollzogen, auch hat er graue Augäpfel und dunkle Pupillen, hat eine Lachfalte in den Augenwinkeln, hat eine breite gerade Nase, die Andeutung von Tränensäcken, gewölbte Wangen und vom Lächeln zwei flache längliche Dellen in den Backen. Der Mund ist klein, überdacht von einem spitz auslaufenden Schnurrbart. Der Kinnbart reicht in einem schmalen Streifen von Schläfe zu Schläfe und zieht sich mundbreit zur vollen Unterlippe hoch; er ist gelockt und gestutzt, wie das andere Haar auch. Der Mann muß einen eifrigen Friseur gehabt haben. Eigentlich sieht er selber aus wie einer, mit dem netten Gesichtsausdruck dessen, der gerade gefragt hat, ob´s am Kopf für ein paar Mark kürzer sein darf. Sein eigener, nämlich kaiserlicher und möglicherweise erst vierunddreißigjähriger Kopf ruht auf einem langen konischen Hals, und Kopf und Hals werden von vier knieenden Engeln getragen, sie knieen hinter den Zinnen einer achteckigen Platte, die auf vier Füßen steht. Die Füße sind

Köpfe von Drachen. – So sieht sie also aus, die vergoldete Büste des Kaisers. Er ist der berühmteste Kaiser der deutschen Geschichte: Barbarossa.

Viele kennen ihn, dass heisst, wissen etwas anzufangen mit seinem Namen. Seine Büste wird gelegentlich in einem Lehrbuch für die Schulen abgebildet. In Deutschland ist sie das erste plastische Kopfbild eines Kaisers, und zugleich das erste, das nicht mehr nur allgemein einen Herrscher zeigt, sondern auch schon einen wirklichen Menschen. So ungefähr könnte Friedrich ausgesehen haben, der schwäbische Herzog, deutsche König und Kaiser des Reichs, von seinen italienischen Untertanen wegen seiner rotblonden Haare Barbarossa genannt, und er sah gar nicht mal unsympathisch aus. Welche Bewandtnis es mit der Büste des Kaisers auf sich hat, weiß kaum jemand, was aber nicht ehrenrührig ist, denn darum zu wissen, gehört wirklich nicht zur Allgemeinbildung. Also: Die Büste ist ein Geschenk, und damit wurde ein gewisser Otto von Cappenberg bedacht, dessen Name jedoch kaum je aus eigenem Rang genannt wird, sondern fast ausschließlich im Zusammenhang mit der Büste. Wie kommt aber so einer an so was?

2. Vitamin B

Cappenberg war eine westfälische Burg, Sitz eines einflussreichen Adelsgeschlechts, das mit Friedrichs Familie verwandt war, und dort lebte vor Zeiten ein Graf namens Gottfried, und mit ihm sein jüngerer Bruder, der Otto, und beide bekehrten sich zu frommen Werken, Gottfried leichter als Otto, aber als dann endlich die Lebensumstellung durchgeführt worden war, erkor der Vater des kleinen Friedrich die Cappenberger ob ihrer Verwandlung und Verwandtschaft und Stellung im Reich zu Taufpaten seines Sohnes, vielleicht auch Otto alleine, so genau weiß man das heute nicht mehr, ebensowenig, wie man damals wissen konnte, dass aus dem Täufling der Barbarossa werden würde. Zunächst wurde er gut erzogen, dann 1147 Herzog von Schwaben, anschließend 1152 deutscher König, endlich drei Jahre später Kaiser des Römischen Reiches, das er etwa ab 1157 heilig zu nennen ideologisch für zweckmäßig hielt. Nach dem Tod Gottfrieds war es der übriggebliebene Otto, dem kurz nach 1155 das frisch gekaiserte Patenkind seine Büste nach Cappenberg schickte. Neben der Büste schenkte Barbarossa dem Otto auch eine Schale aus vergoldetem Silber. Sie wird Taufschale genannt, ist aber keine. Auf ihrem Boden ist eine Taufhandlung eingraviert. In einem umlaufenden Text heißt es, dass Kaiser Friedrich die Schale seinem Paten Otto übergebe.

3. Frage Friedrich an Karl

Heute gehört die Taufschale zu den Ausstellungsstücken des Kunstgewerbemuseums in Berlin. Cappenberg muß mit der Kopie vorlieb nehmen. Die Plastik des Kaisers befindet sich aber nach wie vor in Cappenberg, und zwar in der Stiftskirche St. Johannes neben dem Schloss. Allerdings soll es auch noch eine Kopie des Kunstwerks geben, wie mir raunend mitgeteilt wurde, und nur zwei Personen wüssten, wo sich das Original und die Kopie jeweils befänden. Wenn die Plastik zur Schau gestellt wird, ist sie in einem Schrank in der Kirche zu sehen. Die Unsicherheit darüber, ob nächste Nacht die Kopie oder das Original zu holen wäre, soll Einbrecher abschrecken helfen, denn, natürlich, der Wert der Büste ist unermesslich. – Wenn er nun Lust dazu hätte, der teure Kaiser, könnte er in seiner Eigenschaft als Original in einer der langweiligen Nächte in seinem Versteck zum Schloss hinüberrufen und fragen, was sich denn tagsüber so in Cappenberg zugetragen habe, denn in einem der Räume dort steht eine Marmor-Büste des Reichsfreiherrn Karl vom und zum Stein, und der ist selbst für einen Barbarossa kein unverächtlicher Gesprächspartner!

4. Der Freiherr

Er trieb sein Verwaltungswesen im Westfälischen, hatte beispielsweise die Steinkohlenzechen unter sich, war Oberpräsident der westfälischen Kammern, dann preußischer Finanzminister, wurde entlassen, weil er die Regierung modernisieren wollte, wurde nach dem Zusammenbruch Preußens dann doch noch das, was ihm seinem Format nach zustand, nämlich Ministerpräsident, versuchte nun binnen des einen ihm gegönnten Jahres von Herbst 1807 bis Herbst 1808 Preußen zu reformieren, hatte durchaus vor, den das Land unterdrückenden fürstlichen Absolutismus vordemokratisch aufzuweichen, welcher andererseits als zentral organisierte und bürokratische Gewaltausübung während seiner achtunddreißig Regierungsjahre dem Barbarossa und dem Reich ganz gut getan hätte; Stein leitete die Bauernbefreiung ein und die Städtebefreiung, wirkte als Patriot gegen Napoleon und gegen eine sich diesem Eroberer anbiedernde Politik, wurde abermals entlassen, floh vor Freund und Feind, tat noch einiges, auch auf dem Wiener Kongress, gründete die *Gesellschaft für ältere deutsche Geschichtskunde* und brachte die monumentale Reihe der historischen Quellensammlung *Monumenta Germaniae Historica* auf den Weg, die natürlich auch barbarossische Akten enthielt, und summa summarum gilt er heute zu Recht neben Bismarck als bedeutendster deutscher Politiker des 19. Jahrhunderts und war, ach ja – deshalb auch seine Büste im Schloss und die laute Frage Barbarossas! –, war ab 1816 Besitzer von Cappenberg, Schlossherr daselbst bis zu seinem Tod im Jahre 1831.

5. Schlussfolgerung und Anreise des Reporters

Somit haben wir jetzt erstens mit Gottfried und Otto von Cappenberg und Herrn Barbarossa und zweitens mit dem Freiherrn von Stein die Portalfiguren derjenigen 680 Cappenberger Jahre genannt, die wichtig sind, zumindest interessant, und wovon das Anwesen heute noch zehrt – weshalb ich vorschlage, es aus diesem historischen und einem zweiten, noch zu nennenden aktuellen Grund zu besuchen.

Am besten, man kommt von Südosten. Dabei ergibt sich ein schöner Anblick. Ich nehme die kleine Straße von Wethmar her, passiere Gehöfte und sehe, wie sich zwischen Buchenwäldern und inmitten von Wiesen und Äckern ein Hügel im flachen Land erhebt. Er beherrscht es. Oben das Schloss. Einst war es eines der wichtigsten und bedeutendsten barocken Klöster in Westfalen; mit seinem Bau wurde nach dem Dreißigjährigen Krieg begonnen, 1708 war es fertig, ein ausgedehntes dreiflügeliges Gebäude, nach Norden offen. Stein hat es für seine Zwecke hergerichtet. Er hat auch den Englischen Garten angelegt, der dem Südhang des Hügels sein Gesicht gibt. Das rote Dach des Schlosses paßt zum heutigen blauen Himmel, es ist der 7. Januar 1999 und ein sonniger Wintertag. Ich fahre im Schritttempo weiter, passiere auf meiner rechten Seite den kleinen Tiergarten, er wurde 1719 angelegt, und ich erinnere mich an eine putzige Szene vor drei Jahren. Im Brotberuf bin ich Lehrer, und damals war ich mit einem sechsten Schuljahr hier. Wir besuchten auch den Cappenbergischen Gutshof, wo es neben eigenem Wein sowie Reitpferden auch ein gutgemeintes Feuerwehrmuseum gibt, eine Scheune mit einem halben Dutzend ausgemusterter Fahrzeuge, die ein freundlicher Feuerwehrmann uns interessant zu machen versuchte, nachdem wir uns voreilig seiner Führung anvertraut hatten. Außerdem waren wir im Tiergarten, den ich aus Gründen der Erzähltechnik jetzt immer noch mit meinem Auto passiere, in sozusagen literarischer Zeitrechnung; der Park ist allerliebst, und da es damals Herbst war, waren die Hirsche fett und trugen vielgegabelte Geweihe, und so wie die Schuljugend strolchten auch sie nur in Rudeln durchs Gelände. Einige von jenen kamen dann auch einigen von diesen zu nahe, was Geröhre und Angstrufe laut werden ließ, woraufhin ich mich zur Gefahrenstelle begab, um unerschrocken einem Dickicht von Geweihen entgegenzutreten und deren Träger zu scheuchen. – Man muß ja deutlich machen, wer der Platzhirsch ist.

Nun habe ich die paar Dutzend Meter Tiergartenseite endgültig hinter mir gelassen, habe mich wieder der Zeitmessung der Uhren angepasst und fahre der Hauptstraße zu, sie ist die von Lünen nach Werne, biege nach rechts ab, fahre am Schloss vorbei auf den Parkplatz, bin da, lasse mich aber noch im Auto sitzen, komme auf mich und meinen heutigen Besuch erst zehn Tage später gegen Ende dieses Textes zurück.

6. Ausstellungen, beispielsweise Sitte und Weber

Was den Besuch Cappenbergs für alle diejenigen lohnt, die keine Reportage schreiben müssen, ist die schon angesprochene versunkene Geschichte des Ortes, sind die Kunstschätze in der Stiftskirche und die aktuellen Kunstausstellungen im Schloss, womit ich endlich den vorhin ebenfalls angedeuteten zweiten Besuchsgrund genannt habe. Alle paar Monate hängen neue Bilder in den Sälen, stehen neue Skulpturen und Plastiken dort. Ich erinnere mich an Jorio Vivarelli, den zierlichen weißhaarigen italienischen Künstler, erinnere mich an seine betörenden und großartigen und manchmal auch kunstgewerblichen Steinskulpturen und Bronzen, die im Sommer 1993 dort zu sehen waren. Ich erinnere mich an Willi Sitte, einen der »Großen Vier« der Malerei in der DDR und an seine umfassende Werkschau, eine der größten Retrospektiven in Cappenberg, die dort im Juni 1995 eröffnet wurde. Noch einmal konnte der alte Meister einen großen Teil seiner Gemälde und Zeichnungen versammelt sehen, wahrscheinlich zum letzten Mal, wie er etwas wehmütig sagte. Die meisten Bilder zeigten die typische Sittesche Mehrfachkontur, sinnlich-realistische Holografien. Am Abend waren wir im Kreutzkampschen Restaurant ein paar Straßen weiter, wo sich gut tafeln und anschließend aus dem hauseigenen Klimaschrank eine Havanna rauchen ließ, die allerdings zu trocken war.

Drei Monate später hielt in einem der Säle des Schlosses der Bildhauer Jürgen Weber einen Vortrag über den Zeichner Sitte. Weber wurde dann selbst im Sommer 1996 in Cappenberg ausgestellt, mit zahlreichen seiner Zeichnungen, besonders aber seinen mächtigen Skulpturen und Plastiken. Der große Dionysos war zu sehen, einige Büsten, ein Modell des Turms der Arbeit von Salzgitter-Lebenstedt, und schließlich auch die sehr schöne »schönhüftige Sita«, vor der mancher männliche Besucher sinnend stehenblieb, durch welches Verweilen wieder einmal die persönlichkeitsbildende Wirkung von Kunst bewiesen wurde.

Aufgrund ihrer im Realismus gründenden Formensprache und ihres figürlichen Arbeitens werden Sitte und Weber vom Feuilleton oft angegriffen. Anders als Sitte, der eher diplomatisch und duldend, ja, erduldend angelegt ist, ist Weber als stets Bekämpfter stets ein Kämpfender; er wehrt sich, indem er mit bemerkenswerten Büchern über den Kulturbetrieb und über Ästhetik in die Diskussion eingreift.

Damit bin ich bei den Katalogen, die es inzwischen in größerer Anzahl über die Cappenberger Ausstellungen gibt. Wie es sich gehört, sind sie oft selbst kunstvoll. Man nehme beispielsweise das Werk über Max Pechstein zur Hand, oder die Sammlung »Zustände – Beispiel deutscher Grafik«, beide im DruckVerlag Kettler im nahegelegenen Bönen erschienen, für welche Art der Präsentation von Kunst Hartmut Kettler inzwischen einen guten Ruf in Fachkreisen hat. Auch der Band über die Webersche Ausstellung wurde bei ihm gedruckt, und das zeichnerische und malerische Werk Sittes ist sogar von ihm selbst und Ingrid Sitte in zwei großen Bänden herausgegeben worden; sie gelten als die bislang umfassendste und sorgfältigste Edierung seines Werks. Mit dem Ausstellungsort Cappenberg und ihren großen Werkschauen und den Kettlerschen Bildbänden können die Künstler zufrieden sein. Wenn Kettler sich an solche Arbeiten macht, achtet er übrigens nicht auf den Pfennig. Zwar muß er Geschäftsmann sein, aber es kommt Liebe zur Kunst hinzu, die er sich was kosten läßt. So gesehen ist er ein Mäzen.

7. Von Häuptlingen, und vom Prior

Unbewußt und unbeabsichtigt hatte mit seiner religiösen Wandlung im Jahre 1122 Graf Gottfried II. von Cappenberg den Kunstausstellungen und solchem Mäzenatentum vorgearbeitet, denn nur als eine Burg unter vielen wäre Cappenberg nicht zu seinem Ruf gekommen, läßt doch die eigentümliche Geschichte des Ortes den Weg von der Barbarossa-Büste zu den heutigen Bildern, Plastiken und Skulpturen als nicht allzu zufällig, sondern als beinahe folgerichtig erscheinen. Was ich also anspreche, ist die geistige Dimension der Cappenberger Geschichte.

Die Anfänge der Burg verlieren sich wie anderswo auch im Dunkeln. Zuerst war da der Hügel nördlich der Lippeniederung. Ein gut zu verteidigendes Stück Land. Barfüßige Bauern pflügten dort ihre Felder und schlugen nebenbei wilde Tiere tot, manchmal auch ihre Nachbarn. So gelangten besonders schlagkräftige Siedler früh zu Häuptlingswürden. Man befestigte sich auf dem Hügel. Jetzt konnten die Nachbarn kommen und sich eine blutige Nase holen! Sie kamen und sie holten sie sich, aber es kamen auch Standesgenossen, die zu Verwandten wurden. Es wird gemunkelt, dass die älteren Cappenberger vom Sachsenherzog Widukind abstammten, einem westfälischen Guerillero und Volkshelden, bekannt als ausdauernder Gegenspieler Karls des Großen. Einige Quellen scheinen dafür zu sprechen, bewiesen ist nichts. Genau so unsicher ist die Behauptung, die jüngeren Cappenberger seien mit Karl dem Großen und seiner Familie verwandt. Darüber hinaus wurden auch die Liudolfinger den Ahnen zugeschlagen, also jenes Geschlecht, das im 10. Jahrhundert das Reich regierte. Wie dem auch gewesen sein mag, schon die propagandistische Behauptung dessen belegt, daß die Herren von C. gar nicht so ohne waren; sie gehörten zu den ältesten und am besten verdienenden Adelsgeschlechtern Westfalens und konnten sich im Reich hörbar machen. Neben viel Land in Westfalen besaßen sie auch noch welches in der Wetterau und zwei Burgen in Schwaben, woher die Stauffer kamen, und wie gesagt, waren sie mit denen tatsächlich verwandt, mit jenem Herrschergeschlecht also, dem auch Kaiser Friedrich I. Barbarossa entstammte.

Ja, aber die geistige Dimension!? Geduld! Sie keimt jetzt auf! Nämlich mit jener schon mehrfach erwähnten religiösen Wandlung der ebenfalls schon öfter erwähnten Herren Gottfried und Otto. Gottfried war der ältere, und damals ein etwas über zwanzigjähriger Grünschnabel, der als Chef der Familie über Cappenberg und seinen Sprengel herrschte; er führte das normale Leben des normalen Adligen jener Zeit, beteiligte sich somit an Fehden, gehörte zu denen, die im Investiturstreit auf Seiten des Papstes standen, die Seite an Seite mit dem Sachsenherzog Lothar 1121 gen Münster und seinen kaisertreuen Bischof marschierten, dort viele Menschen totschlugen und ein Streichholz an die Stadt und den Dom hielten. Sei es, daß er schon vorher am Sinn solcher Taten zweifelte, sei es, daß es ihm im brennenden Münster zu heiß wurde und die Flammen der Stadt ihn an das Fegefeuer gemahnten – Gottfried wurde seit Münster fromm, und nachdem er den vom Wohlleben abgekommenen Norbert von Xanten als Wanderprediger erlebt hatte, der 1120 im französischen Tal von Prémontré bei Laon einen von Augustinischer Haltung beeinflussten Orden gegründet hatte, schwor Gottfried dem Herrscheramt und dem Besitz ab und wandelte Cappenberg in ein Kloster des Ordens von Prémontré um. Das war 1122, im Jahre der wahrscheinlichen Geburt Barbarossas und des Wormser Konkordats, des Friedensschlusses zwischen Kaiser Heinrich V. und Papst Calixtus II. Cappenberg wurde dem Norbert übergeben und war somit das erste Prämonstratenser-Kloster in Deutschland. Norbert wurde sein erster Prior.

Gottfried mußte bei seinem frommen Werk allerdings Widerstände überwinden. Frau und Bruder und Verwandte maulten, und sein Personal auch. Die Dienstleute und Ministerialen glaubten, er sei verrückt geworden. Sie mochten ihre Lebenweise nicht ändern. Die Verwandten sahen den schönen Besitz verloren gehen. Auch Gottfrieds Schwiegervater stemmte sich heftig gegen die Aufgabe Cappenbergs, er war der Graf Friedrich von Arnsberg, genannt der Streitbare, und er ereiferte sich deshalb so sehr, weil er gehofft haben mochte, durch die Vereinigung der beiden Grafschaften die Grundlage eines eigenen Herzogtum zu schaffen. Der Arnsberger verklagte den Schwiegersohn, belagerte sogar dessen Burg. Gottfried und Norbert öffneten dem Schwiegerpapa die Burgtore, durchaus bereit, Märtyrer zu werden. Friedrich zog ab. Weder Klage noch Belagerung, weder Abzug noch schnaubende Diplomatie nützten ihm etwas, und während einer seiner Wutanfälle starb er an gebrochenem Herzen; man betrachtete es als höheres Zeichen. Annette von Droste-Hülshoff hat dem Vorgang ein frommes und schlechtes Gedicht gewidmet. Auch der Bischof von Münster, fromm und schlecht wie das Gedicht, versuchte, dem Gottfried die Klosterträume auszureden, natürlich aus militärpolitischen Erwägungen heraus. Mit dem Verlust Cappenbergs als einer weltlichen Macht entstand im Süden des Bistums ein Machtvakuum. Wer würde es füllen?

Egal. Gottfried setzte sich durch. Cappenberg wurde ein Prämonstratenser-Kloster und blieb es bis zur Säkularisierung im Jahre 1802/03. – Rund 680 Jahre Kloster Cappenberg also!

8. Zwischenspiel: Gedenkgottesdienst für Gottfried

In Erinnerung an Gottfried finden auch heute noch Pontifikalämter in der Cappenberger Stiftskirche statt. Das diesjährige am 17. Januar besuche ich, steige einerseits auf dem Parkplatz aus meinem Auto, obwohl ich mich andererseits dort schon seit zehn Tagen befinde, kümmere mich aber nicht um mich, gehe zum Schloss, und immer noch hängt wie letztens vom Ast eines Baumes ein dünnes zweiadriges Kabel auf den Weg. Oben steckt es in einem Schaltkästchen, wickelt sich zweimal um den Ast, hängt hinab und liegt einige Meter auf dem Boden. Man könnte sich drin verfangen und mit dem Hals hängenbleiben! - Soll ich die Kirche nicht erreichen?

Ich erreiche sie aber doch. Sie befindet sich vor dem Schloss. Ihr Portal öffnet sich nach Westen. In einigen Metern Entfernung geht die Mauer vorbei, die das große Anwesen einfriedet. Genau gegenüber dem zweiflügligen Kirchenportal hatte sich eine Tür in der Mauer befunden. Hinter der Türöffnung steht eine moderne Skulptur, zwei Flammen oder Schwingen, und zwischen beiden und ein wenig zurück eine dreieckige Stele. Die Türöffnung ist mit einer Glasplatte geschlossen. Das alles ist sehr hübsch.

Das Innere der Kirche wirkt größer, als die äußeren Abmessungen vermuten lassen. Zu Beginn des Pontifikalamtes singt die Gemeinde das Godefridlied aus dem Jahre 1738, ein Produkt vorklassischer Reimkunst, dessen fünfte Strophe sozialpsychologisch interessant ist, denn es preist den hitzigen Besucher Münsters mit folgenden Worten: »Münsterlandes schönste Zier! / Sieh, wir wenden uns zu dir, / lege schützend deine Hand / auf dein liebes Vaterland!« - Amen.

Als das Lied verhallt ist, wird ein Gast vorgestellt, Abt Thomas Secuianu O. Praem. von der Abtei Saint Michel de Frigolet in Frankreich. Das ist bei Tarascon. Der Besuch ist ein hoher: Der Abt gehört zur vierköpfigen Führung des gesamten Prämonstratenser-Ordens, ist jedoch noch nie in Cappenberg gewesen. Nun hält er das Pontifikalamt zu Ehren des heiligen Gottfried - als solcher wird er angesehen, aber förmlich heilig gesprochen wurde er nicht. Der Abt ist ein freundlicher, lebendiger älterer Herr; er spricht Deutsch mit flämischem Akzent, denn er ist Belgier. Er bezieht auch die Kirche mit ein, in der er spricht, den 850 Jahre alten romanischen Bau. Schräg hinter dem Abt hängt das Cappenberger Kruzifix, eine beeindruckende Leistung der Holzschnitzerkunst; es stammt aus dem frühen 13. Jahrhundert und ist ein Passionskreuz. Hinter ihm rechts und links an den Langseiten des Chores das geschnitzte Gestühl. Das Cappenberger Chorgestühl von 1509 ist einzigartig, das reichste im ganzen Land, und die in das Holz hinein und aus ihm herausgeschnitzten Figuren und Szenen geben eine ganze Welt wieder, die Welt des mittelalterlichen Menschen.

Am Ende des Gottesdienstes wird mitgeteilt, daß die Gemeinde herzlich eingeladen sei, im Pfarrhaus nebenan und auch in der Kirche ein Glas Wein zu trinken. Die Cappenberger Kirchengemeinde klatscht hallenden Beifall.

Ich trinke ein Glas des vorzüglichen, leicht perlenden Weißen, gehe dann umher, stehe eine Zeit lang vor dem Triptychon Jan Baegerts aus der Zeit der Reformation, eine Darstellung der Leidensgeschichte Christi, in Rot und Gold gehalten, dann betrachte ich das Denkmal der Grafen Gottfried und Otto links neben dem Altar, es zeigt keine Mönche, sondern zwei schmalzig lächelnde schwerttragende Ritter, und als ich mich umdrehe, blicke ich auf die Knochen Gottfrieds. Zwei Schienbeine und zwei Oberschenkelknochen und mehrere Kleinknochen, vielleicht Rippen, stecken in einer Halterung in einem großen Schrank rechts neben dem gotischen Altar; für den heutigen Tag ist der Schrank geöffnet worden, und die Gläubigen können die Reliquien betrachten. Ich betrachte die Gläubigen. Sie sind neugierig, aber nicht ergriffen, einige gleich mir verwundert. Einer versucht sogar, die Länge der Oberschenkelknochen abzuschätzen. Er kommt auf vierzig Zentimeter und betrachtet prüfend meine Beine. »Der war so lang wie Sie«, sagt er. Offensichtlich geht auch in Cappenberg die Zeit des Knochenkults zu Ende. Gottfrieds Knochen sind weiß und weißgelb und braun umringt und an den Gelenkverdickungen dunkelbraun. Der Abt geht vorbei und reicht jedem die Hand. Sein Händedruck ist angenehm fest und seine Hand ist schön warm.

In einem kleinen Anbau südlich des Chores liegt die blumengeschmückte Grabplatte Gottfrieds; der junge Mann liegt auf dem Rücken und hält in seiner rechten Hand einen kreuzförmigen Sockel. Auf diesen Sockel passt das Kopfbild Barbarossas; jeder der vier Drachenfüße, die es tragen, findet auf einer der Auskreuzungen Platz. Die Büste steht natürlich nicht hier, sondern nebenan, in dem gesicherten Schrank, der heute geöffnet ist. Er enthält auch die Kopie der Taufschale und eine Kopie des Testaments des Otto, dritter Prior von Cappenberg, als solcher damals berühmt, ein Vermächtnis aus der Maienblüte des Ordens, als seine Äbte sich noch Prior nannten, sich lediglich als Erste unter Gleichen verstanden. Ich betrachte lange und eingehend die Büste und die Schale. Wie klein und zierlich sie sind! Auf der Innenseite des Türflügels stehen auf einem Blatt Erläuterungen. Ich erfahre, dass sich auf dem Stirnband des Kaisers einst ein silberner Laubkranz befunden habe. Ich lese auch, dass die Kunsthistoriker von des Kaisers Brauenarkaden sprechen, wo unsereins unfachmännisch nur von den Halbmonden zwischen den hochgerissenen Augenbrauen hat schreiben können. Ich schaue dem Kaiser in die Augen. Bist du das Original oder die Kopie? Er antwortet nicht, aber eine innere Stimme sagt mir deutlich, daß er das Original ist.

Nun leert sich die Kirche, man geht, und einige Prämonstratenser in ihren weißen Kutten und der Abt eilen im Nieselregen dem Pfarrhaus neben der Kirche zu und wecken auch in ihrer geringen Anzahl die Erinnerung an die Zeit, als die weißen Kutten diesen Ort bevölkerten.

9. Sic transit gloria mundi

Den Prämonstratensern von Cappenberg waren viele Jahrhunderte des Wirkens vergönnt gewesen, im Schwung des Anfangs fruchtbarere als in der Erschlaffung des Endes.

Mit seiner Gründung war dem neuen Orden der entscheidende Durchbruch gelungen. Und Gottfried? Er zerstritt sich mit Norbert, starb 1127 in seinem dreißigsten Lebensjahr. Norbert, nach wenigen Jahren der Priorität in Cappenberg, wurde 1126 Erzbischof von Magdeburg. Bis 1200 entstanden mehr als fünfhundert weitere Klöster. Der Orden stellte Bischöfe. Er missionierte.

Man ging bis nach Riga und bis nach Prag, dort prämonstratensisches Christentum verbreitend.

Ein Kölner Kaufmann jüdischen Glaubens, Juda Ben David ha-Levi, besuchte als wachsamer Begleiter des bei ihm verschuldeten Bischofs von Münster das Kloster Cappenberg, es war um 1227/28; er sah, wie dort das sozial und sonstwie Unvereinbare vereinbar gemacht werden sollte – und konvertierte. Er wurde Prämonstratenser und später sogar Propst von Scheda. Er war aber noch mehr als nur Propst, denn er schrieb eine Autobiografie, die als Bericht *Hermanns des Juden* in der Geschichtswissenschaft bekannt ist, sie ist die erste wirkliche Autobiografie des deutschen Mittelalters; ein Mensch aus Fleisch und Blut tritt uns da entgegen, niemand, der vor lauter Heiligenanrufung und Allgemeinplätzen den Alltag vergessen macht. Im Schriftlichen entspricht sein Bericht demjenigen Übergang vom Allgemeinen zum Einzelnen, den im Plastischen die Barbarossa-Büste kennzeichnet. Am Anfang dieser Wegmarkierung in der Geschichte der deutschen Autobiografie steht eine Bekehrung in Cappenberg.

Die Cappenberger Prämonstratenser waren das ganze Mittelalter hindurch hoch angesehen. Sie betrieben Pfarrseeelsorge, trugen zur Pfarrer- und Theologen-Ausbildung bei, legten eine Bibliothek und ein Stiftsarchiv an, das, vermehrt um den schriftlichen Nachlaß Steins, sich noch heute unter dem Namen Stein-Archiv auf Cappenberg befindet; und sie sammelten Kunstschätze, eine Tätigkeit, die gegenwärtig in der Form von Ausstellungen durch den Landkreis Unna und die Stiftung Preußischer Kulturbesitz der Öffentlichkeit zugute kommt, mit immerhin je nach Zugkraft der Ausstellungen 70- bis 100 000 Besuchern jährlich.

Von den Prämonstratensern soll eine belebende Wirkung auf den Geist und das Zusammenleben des Mittelalters ausgegangen sein, wie in der Fachliteratur zu lesen ist. Gemeinsam mit den Zisterziensern lösten sie als gesellschaftsprägende Kraft die Cluniazenser ab. Ihre »vita mixta« vereinte zurückgezogenes asketisches Leben, der Betrachtung und dem Studium hingegeben, mit dem Hinaustragen der Erkenntnisse in die Welt, vulgo der Seelsorge und der Sorge um die Armen. Diese sollten nicht mehr von oben herab und von außerhalb ihres Lebenskreises betreut, sondern es sollte ihnen von gleich zu gleich begegnet werden. So lebten Arm und Reich im Kloster, ebenso Männer und Frauen, wenngleich letztere nur die ersten Jahrzehnte in einer gemeinsamen Klosteranlage. Ich glaube zwar nie und nimmer an die geschwisterliche Gleichheit von armen und reichen Leuten, nicht an eine gemeinsame Küche von Ackergaul und Löwe, und ebensowenig an die Gleichberechtigung von kirchendienenden Schwestern und Brüdern, aber dass dergleichen behauptet und angezielt wurde, ist ja auch schon was. Die Klientel der Prämonstratenser bestand oft aus Handwerkern und Kaufleuten, einer stärker werdenden gesellschaftlichen Schicht, die sich zwischen Adel und Bauern einrichtete. Wenn man so will, waren die Prämonstratenser so etwas wie ein die verschiedenen Glaubensausprägungen und Lebenskreise vermittelnder Orden.

Aber ach! Die Jahrhunderte gingen dahin, und mit ihnen erlahmte auch der Schwung der ersten Zeit. Das Kloster nahm bald nur noch Adelige auf, ab dem 15. Jahrhundert ausschließlich die mit einem Ahnenpaß bis ins zwölfte Glied zurück; Cappenberg entwickelte sich zum Adelskloster, wurde Versorgungseinrichtung der jüngeren Kinder der westfälischen Aristokratie, wurde sehr, sehr reich und entschieden wohllebig, mehr dem Hallodritum als dem Heiligen hingegeben, und mancher Prämonstratenser wechselte von der typischen Marienverehrung des Ordens zur Verehrung einer Magdalena über, schenkte seiner Geliebten ein schönes Haus im nahe gelegenen Lünen. Dort gibt es zweifellos angenehme Damen, durchaus, ich erinnere mich an einen Saunabesuch nahe dem Hauptbahnhof - aber ich wollte eigentlich nur sagen, daß später die Franziskaner und Dominikaner die Prämonstratenser in den Schatten stellten, was den Rang in der Glaubenswelt betraf. Die Cappenberger Prämonstratenser überlebten sich, bewiesen dabei aber Ausdauer. Keine Geringeren als die Bischöfe von Münster forderten schließlich mehrmals den Papst auf, Cappenberg einzuziehen. Das Kloster sei schmutzig und verwahrlost, man gehe dort auf die Jagd und veranstalte Gelage, wie Bernhard von Galen 1653 nach Rom schrieb.

Es nahm denn auch ein blasses Ende mit den Prämonstratensern von Cappenberg. Nach dem Reichsdeputationshauptschluß von 1802 - unvergessliches Wort! -, nach dem Reichsdeputationshauptschluß fiel das Kloster an den preußischen Staat, wurde Staatsdomäne. Die letzten Prämonstratenser verließen im Januar 1803 endgültig Cappenberg, konnten eine schöne preußische Rente verzehren. Nach der Schlacht von Jena und Auerstedt 1806 nahm Frankreich sich das Kloster, bis es durch den Wiener Kongreß wieder Preußen zugeschlagen und schließlich vom Freiherr vom Stein erworben wurde. Die Nachfahren Steins in weiblicher Linie besitzen es immer noch, erst die Grafen von Kielmansegg, dann die von Groeben, schließlich die heutigen, die Grafen von Kanitz.

10. Goethes Bein und Steins Prinzip

Nun ist es aber Zeit, mich aus dem Auto zu holen und endlich den Besuch vom 7. Januar zu tätigen. Ich steige also aus, recke die steifgewordenen Knochen, es kracht in den Gelenken, und dann gehe ich los, wundere mich über das zweiadrige Kabel, das mir in meinen Weg hineingehängt worden ist, von wem nur?, passiere die gelbgestrichenen Torgebäude, nehme den linken Weg zum Schloss, er ist im Vergleich zum rechten der besser asphaltierte. Auf der Wiese zwischen den Wegen lassen sich schon die Schneeglöckchen sehen, wagen sich um die Kastanien herum schon die Narzissen heraus. Ich werfe einen Blick auf den Schankraum am Wege, in dem Kanitz seinen Wein anbieten läßt. Nebenan wird gerade ein Theater gebaut. Am Ostflügel des Schlosses »entsteht in Absprache mit den Ämtern für Denkmalpflege das Theater Schloß Cappenberg, Baubuch Nr.: 290/96«, wie auf einem Schild zu lesen ist. Ob sie demnächst was Gutes auf die Bühne bringen, wird man sehen, aber der Rohbau mit seiner gestuften Glasfront ist jetzt schon schön, er fügt sich als moderner Zusatz dem Altbau gleichermaßen harmonisch und eigenwertig an.

Dann umrunde ich die Stiftskirche, gehe an den mächtigen Rhododendronbüschen vor dem Schloss vorbei und betrete durch den Mittelrisalit des Südflügels das Gebäude.

Die gegenwärtige Kunstausstellung interessiert mich nicht. Sie stellt den belgischen Kunstgewerbler, pardon Maler und Zeichner Karel Dierickx vor, und vielleicht tue ich ihm mit meinem Urteil und Desinteressse Unrecht und mir einen Tort an, indem ich mich als banausisch erweise. Aber auch das interessiert mich nicht. Ich will die alten Sachen sehen, damit ich was zu schreiben habe, wohl wissend, dass der Handzettel zur Ausstellung mitteilt, Dierickx Werk habe »die wichtigsten flämischen Autoren zur literarischen Auseinandersetzung« ermuntert. Mich könnte er das nicht. Selbst wenn ich Flame und wichtig wäre.

Im Saal gegenüber dem Eingang befindet sich auf den Wänden das Fresco der vier Jahreszeiten von Luckner, ein gefälliger Neo-Klassizismus oder so was, Knaben, Jünglinge, Jungfrauen, Himmel, Stiere p.p., und auf der rechten Wand, nahe dem Fenster, geht ein Riß durch das Fresco und einen Knaben, aber zur Entschädigung dafür ist der Raum jetzt am Mittag lichtdurchflutet, eine Wohltat. Ich blicke hinaus und über den Balkon hinweg auf die Feldflur. Die Fensterrahmen neben mir könnten mal wieder gekittet und lackiert werden.

Nun gehe ich die breite Treppe mit den roten Läufern hoch, an den drei großen Wandteppichen im Treppenhaus vorbei, schlendere oben durch Flure und Räume. Industriebilder, auch was von Bernhard Pankok, von ihm dann ein ganzer Raum mit erstklassigem Kunstgewerbe, Bett und Schrank im Jugendstil, und der Lack glänzt. Auch die schöne Badende von Wilhelm Lehmbruck glänzt, es glänzt das sanfte Schwarz der Plastik, einer patinierten Bronze; die Dame hat ein hübsches Speckröllchen unter dem Nabel, neigt sich zur linken Ferse, es hat sie wohl etwas gepiekst. Dann sind Otto Modersons zu sehen, Christian Rohlfs, Hasenclevers berühmtes Bild *Arbeiter und Magistrat*, dazu Biedermeiertische, Sekretäre, Kommoden, Sofas, Sessel, Uhren, Schränke, viele Porträts, oft von Rincklake, und schließlich von Kappers ein Brustbild Schlauns, des großen Baumeisters, das berühmte Bild, das ihn in seinem fünfundsiebzigsten Lebensjahr zeigt, mit einer Knollennase und einem freundlichen Altherrenmund.

Ich mache meine Notizen, die aufpassende Dame bemerkt es und lässt mich von nun an nicht mehr aus den Augen. Während ich längst Gesehenes abermals betrachte, diese etwas zufällig aussehende Sammlung der Möbel, Geschirre, Bilder und Plastiken, mich in der alten Architektur bewege, dabei die Geschichte des Ortes im Hinterkopf habe, die Umgebung und das Drum und Dran, wünsche ich mir einen Künstler, Architekten, Innenarchitekten, der das alles virtuell aufzubereiten vermöchte, ein Gespräch mit Barbarossas Kopf installierte, per Mausklick die Bauphasen abrufen und Chorgesang hören ließe – das wäre was! Futuristisch sinnierend stelle ich mich an die Fenster an der Nordseite des Gebäudes, blicke hinaus auf die Sonnenuhr an der Kirchenwand gegenüber. Der Schatten des Stabes zeigt exakt 12 Uhr 23 an: Ein Blick auf meine Armbanduhr beweist es. Sie hätte aber eine Digitaluhr sein müssen, um den Gegensatz zur Sonnenuhr deutlicher und den Wandel der Zeiten sinnfällig werden zu lassen.

Man kann nicht alles haben. Begleitet von den Blicken der misstrauischen Dame setze ich jetzt meinen Rundgang fort. Ein Bild von Tischbein hängt auch noch hier, ein Porträt des Barons von Donop, und auch wenn nicht zu lesen wäre, dass der Baron von Herrn Tischbein gemalt worden sei, könnte man es dennoch erkennen, nämlich an den falschen Proportionen. Tischbein muß einen Knick im Auge gehabt haben. Die Beine seiner Figuren stimmen nicht. Donop hat zu kurze.

Und Goethe ein zu langes. Das berühmteste Gemälde Tischbeins zeigt Goethe in der Campagna, es hängt nicht in Cappenberg, sondern im Städelschen Kunstinstitut in Frankfurt, jeder kennt es, und wenn man genau hinsieht, bemerkt man, dass Tischbein dem armen Goethe ein viel zu langes linkes Bein mitgegeben hat. Der exemplarische Dichter und Denker hätte wohl recht exemplarisch hinken müssen, wenn er sich mit Tischbeinschen Beinen hätte fortbewegen müssen. Weit wäre er damit nicht gekommen.

Apropos Goethe. Goethe ist bekanntlich für alles gut, und da wir in diesem Jahr 1999 mit Weimar als Kulturhauptstadt Europas und mit Goethes 250. Geburtstag etwas wirklich Gutes zu feiern haben, sei auch Goethe an Cappenberg gekoppelt. Es verhält sich damit nämlich so: 1815 lud der Freiherr vom Stein den Goethe auf eine Rheinreise ein; Stein wollte Goethe altdeutsche Kunst und Architektur nahebringen, und am 15. Juli kamen sie in Godesberg an, wo sie eine merkwürdige Schale betrachteten, die sich damals dort befand. Goethe bat Historiker um Aufklärung darüber, was es mit der Gravur auf dem Grund der Schale auf sich habe. Die Gutachter waren sich nicht einig, einer aber, Grotefend, erkannte ganz richtig den Otto von Cappenberg, aber

Goethe hielt sich nicht an diese Darlegung, schimpfte nur auf die Gelehrten, die zu keinem gemeinsamen Schluss kommen konnten. Stein wiederum erfuhr, daß die Schale ursprünglich aus Cappenberg stammte. Aber was hatte er davon? Der Dichter war mürrisch und dem zukünftigen Schlossherrn fehlte die Schale.

Heute ist sie als Kopie nach zu Hause zurückgekehrt. Das hätte dem Stein bestimmt gefallen, die Rückkehr, nicht die Kopie. Seine Büste von Johann Nepomuk Haller habe ich mir als letztes Betrachtungsstück aufgespart, bevor ich zurückfahre an meinen Schreibtisch. – Die Dame von der Aufsicht guckt schon wieder! – Die Büste Steins ist aus Carrara-Marmor, also prämonstratensisch weiß. Und sie steht auf einer großen Schreibkommode, dem Schreibtisch des Freiherrn. Schreibtisch und Schreiber passen zueinander. Das Möbel ist wuchtig, und die Büste zeigt einen wuchtigen Kopf. Der Kopf sitzt auf einem eingezogenen Hals. Ebenso wie der Plastik Barbarossas ist der Skulptur Steins gelocktes Haar mitgegeben worden, nicht ganz so lockiges allerdings, wie dem Kaiser, der auch mehr davon hatte. Stein hat eine Glatze. Sein Mund ist skeptisch-verbittert verzogen, die äußeren Enden der Augenbrauen senken sich, und die Augen blicken über die Köpfe der Leute hinweg ins Weite. Ein eigentümlicher Eindruck; Stein hat was von einem Gelehrten, einem Sinnierer, sieht aber auch aus wie ein alter Bauer. Ein Dickkopf. Ein Trotzkopf. Dennoch atmet alles Nüchternheit. Nur der Blick der Augen widerspricht diesem Eindruck. Wenn man nicht wüßte, wer Stein war, würde man nicht glauben, daß dieser Kopf von so einem sei. Wenn man es aber weiß, stimmt der Kopf. Eigentümliche Verschränkung von Vorwissen und Entdeckung. Ich löse mich von dem Kopfbild, nicke Stein und der misstrauischen Dame zu. Die Büste ist die des Freiherrn vom Stein, das kann man erkennen, aber ein bisschen verkörpert sie auch ein Prinzip, das sieht man seinem Gesicht an. Etwas wie Pflicht, Treue, Eigensinn. Man könnte nachdenklich werden. Nur schade, dass Stein zwar hier in Cappenberg bis zu seinem Ende gelebt hat, aber nicht hier bestattet wurde, denn dann hätte man mit seinem Grab eine schöne Besichtigung mehr auf dem Besuchsprogramm und könnte länger verweilen. Weil er aber in Nassau liegt, muß ich jetzt schon zurück und nicht erst in einer halben Stunde.

Gerd Puls

Streckenweise: westfälisch

Annäherungen an eine Landschaft

Zuerst
ein Garten
mit alten Apfelbäumen
ein Rübenacker hinter dem Haus
von der Zeche gegenüber
Lärm und Ruß
beim Sonntagsspaziergang
mit Vater auf der Brücke
über dem Rauschen des Verkehrs
fragen, wohin all die Autos wohl fahren.

Kamen, Kreis Unna, meine Adresse seit über fünfzig Jahren nun.

Obwohl, so ganz korrekt war das nicht immer: Heeren über Unna, da wußte die Post früher besser Bescheid. Pakete und Briefe an die Haustür. Der Postbote beim Plausch auf dem Küchenstuhl. Bißchen Zeit hast du noch, wärm‘ dich erst mal auf bei dem lausigen Wetter. Wie wär's mit einem Beerenschnaps? Selbstangesetzt.

Stückgut war am Bahnhof abzuholen.

Kamen, Kreis Unna, auch bei den Bahnstationen hatten wir die Wahl, denn Heeren lag genau dazwischen, tief im Dornröschenschlaf, obwohl sich in den letzten hundert Jahren seit dem Abteufen der ersten Schächte einiges getan hatte, viele Menschen auf der Suche nach Arbeit in die kleine Bauernschaft gekommen waren.

Heeren, ein Zechendorf, dessen Siedlungen nach dem letzten Krieg und seinen großen Flüchtlingsströmen rasch weiterwuchsen und sich in die Felder dehnten. Die Straßen aus dem Dorf heraus nach Kamen oder Unna führten damals noch durch freies Feld, führten aber immerhin in richtige Städte.

Dazwischen Heeren, meine Mitte, tief im Dornröschenschlaf.

Das änderte sich rasch, denn *die Autobahnen, Autobahnen...*

Im Nu bist du da überall. Irgendwann will jeder mal stolzer Besitzer so einer Blechschüssel sein. Karl, nebenan, hat sich ein Motorrad zugelegt, Piepenbrinks kriegen sogar einen Käfer, Max fährt ein Goggomobil und, du wirst es nicht glauben, Emil Timmerhoff hab ich in einem Kabinenroller gesehen.

Und längst geht heute eine Stadt nahtlos über in die nächste, egal, wohin mein Weg mich führt. Da war mal irgendwann ein freier Bauplatz, weiß ich genau, doch *die Autobahnen, Autobahnen...*

Die ersten Kornfelder und Kartoffeläcker werden zu Siedlungen, die letzten zu riesigen Lagerhallen, in denen sich die Warenmassen aus aller Welt in Hochregalen stapeln. Und Baumarkt neben Baumarkt neben Baumarkt, das Dutzend ist längst voll. Heere von Bastlern, Heimwerkern werden hier bedient. An den Kassen Frauen aus Thüringen, Sachsen. Geografisch günstig liegt Kamen, und Bochum nicht weit und Hagen und Hamm und Münster nicht weit, denn *die Autobahnen, Autobahnen...*

Kamen bei Dortmund, meine Adresse, wo Hoesch schon lange nicht mehr ist, was es mal war, kein glutroter Himmel mehr von den Feuern der Öfen. Stattdessen Faszination Fußball. Faszination Borussia. Ein wichtiger Wirtschaftsfaktor, höre ich. Im Westfalenstadion Werbemöglichkeiten für mein Unternehmen (das ich nicht habe), Sponsor-Boards oder Präsentation im Fan-TV, ganz wie ich es wünsche, schreibt mir der Verein. Bestimmt nichts für meine Gedichte, denke ich, aber Catering der Extraklasse wird mir geboten und zusätzlich ein Shuttleservice von meinem Parkplatz und zurück.

In Schwarzgelb eine ganze Region, seit damals beim Gewinn der frühen Meisterschaften in Kindertagen, als Bürgersteige und Häuser am Borsigplatz schwarzgelb gestrichen wurden, als auch unser Milchmann und Kohlenhändler seine Zweiradkarre schwarzgelb durch Heerens Straßen lenkte, im nächsten Jahr noch einmal frisch BVB darüberpinseln mußte und überall bedauerte, sein braves Zugpferd sei ja leider eine Stute, deshalb könne er die Lisa schlecht umtaufen in Kwiatkowski, Kapitulski, Michallek, Kelbassa, und den Gartenzaun schwarzgelb zu streichen, habe ihm seine Frau verboten.

Immer nur Fußball, dann lange nichts.

Im Gartenzaun ein paar neue Löcher, Katzen, die auf Mäuse gehen ins letzte Feld, Rostfraß an der Heckklappe und am Kotflügel vorn links, und Flur und Küche vertrügen auch mal wieder frische Farbe.

Im Fadenkreuz: Kamen, Kreis Unna.

Kamen, bei Dortmund, meine Adresse, wenn man mich fragt. Von hier aus zieh' ich meine Kreise.

Sonntagmorgen. Ein schöner Tag.

Ich wähle die bessere Hose, das helle Hemd. Oma will mit mir ein Stück durch die Gegend. Sonntagvormittags machen wir oft einen Spaziergang, mal zum Friedhof, wo sie Opa besucht, wie sie sagt, mal durchs Dorf, wo sie mit alten Bekannten manches Schwätzchen hält, während Mutter das Mittagessen kocht. Doch heute geht es durchs Feld. Hinterm Wäldchen her, durchs nächste Feld.

Dahinter liegt die Hammer Straße. Davor der Fußballplatz. Da spielen sie heute wieder: TuS Alteheide gegen Irgendwen. Auf einem Sturzacker, maulwurfshügelübersät. Treckerspuren ziehen sich durch den Strafraum, durch den Anstoßkreis.

Zur Hammer Straße hin grenzt eine hohe Pappelreihe den Platz ab, ist ein natürliches Fangnetz bei Wolkenschüssen und den Vögeln ein beliebter Sammelplatz. Ein eisernes Geländer zieht sich hüfthoch rings um das Spielfeld. Zweizölliges Rohr, das vom Nachbarpütt stammt. Die Unterarme aufgelehnt stehen sich ein paar Rentner die Beine in den Bauch.

Da spielen sie wieder wie fast jeden Sonntag: TuS Alteheide gegen die Zweite von Herringen, Brambauer, Königsborn, gegen Hemmerde, Massen, Altenbögge, Oberaden. Ein paar Minuten will ich stehenbleiben, zugucken, doch Oma zieht mich weiter: die Sonne steht schon hoch.

Ein Bauernhof mit Schankbetrieb. Zwischenstation. Oma kennt die Wirtin, die Bäuerin, die liefert ihr jedes Jahr im Januar ein Schlachtschwein und Einkellerungskartoffeln im Herbst. Angenehm die Kühle des holzvertäfelten Schankraums. Auf dem Tisch die gläserne Kugel, Groschen in den Schlitz, einmal den Hebel drehen für eine Handvoll gebrannte Mandeln in die hohle Hand.

Die heiße Luft flimmert inzwischen über den Feldern, zum Glück kommt leichter Wind auf. Am Feuerwehrgerätehaus geht es vorbei, bloß eine größere Garage. Vorbei an der früheren Dorfschule, ein- oder zweiklassige Zwergschule. Seit kurzer Zeit hat ein Metallbildhauer hier sein Atelier. Moderne Edelstahlplastiken – so etwas habe ich noch nie gesehen – stehen auf dem alten Schulhof, einige sind beweglich, drehen sich im Sommerwind.

Vorbei und auf schmalen Wegen zurück ins Dorf.

Versuche ich heute diesen Weg zu gehen, nachzugehen der Erinnerung, donnern auf der Schnellstraße Schwerlaster in beinah endloser Kette, ist das alte Spielfeld ein Teil vom Parkplatz für das neue Warenlager des Kaufhauskonzerns, als quadratkilometergroßer Block in wenigen Monaten Bauzeit auf die umliegenden Felder gepfropft. Von hier aus wird – verkehrszentral gelegen – die halbe Republik beschickt. Kein Maulwurf hat mehr eine Chance. Verschwunden ist das alte Gehöft.

Beton und vorgehängte Blechfassaden, so weit das Auge reicht. Als sich das Warenlager im Bau befand, reckten sich die Betonpfeiler skelettartig in den Himmel wie lange Reihen grauer Bäume. Ein seltsamer Wald. Richtung Hammer Straße sind ein paar Pappelfinger geblieben, echte immerhin und inzwischen mächtige Bäume, die mich erinnern an ihre ursprüngliche Bestimmung: Fangnetz bei Wolkenschüssen…

TuS Alteheide: den Fußballplatz gibt es tatsächlich noch, er wurde nur verlegt, ein paar hundert Meter die Hammer Straße entlang nach Südwesten, Richtung Unna.

Eng an der Straße, wie zu Kindertagen, liegt der neue Platz, umgeben von überhohen Ballfangzäunen aus rostfreiem kunststoffummanteltem Draht. Fangzäune auch für Vögel, denke ich.

Alte Heide heute.

Als ich als kleines Kind meine Kreise langsam weiter zog, schon mal weg wollte von Elternhaus, Garten, Straße und Waldrand, da war die Zechenbahn – kaum hundert Meter hinterm Gartenzaun – eine Zeitlang Begrenzungslinie und Anfangsspur zugleich, Ausgangspunkt für allmählich wachsende Kreise in meinem Kinderkosmos.

»Papa, wo geht's da lang?« Mein Blick deutete fragend auf den Schienenstrang.

»Bönen,« sagte Vater. »Erst die östliche Richtung, dann im Bogen nach Norden. Von Zeche zu Zeche. Bönen, da endet die Bahn.«

Bönen sagte mir wenig, obwohl da Vaters Arbeitskollege wohnte, den wir manchmal besuchten. Bönen sagte mir wenig, auch Jahre später, als ich längst Schüler in Unna war und in Bönen mal eine Freundin hatte. Die Bönener Zeche war einfach zu groß für einen Dreikäsehoch von fünf, sechs Jahren. Riesig und unüberschaubar verglichen mit dem Familienpütt gleich um die Ecke bei uns in Heeren. Den Pütt kannte ich, den sah ich täglich, wenn ich zum Spielen aus dem Haus kam, wenn ich zum Kindergarten ging. Auf dem Heerener Pütt war ich schon mal gewesen, hatte Vater besucht, Mittagessen auf die Fördermaschine gebracht, als er Sonntagsschicht hatte.

Aber Bönen: riesig, laut, stinkend, staubig, und alles gleich doppelt. Zwei Fördertürme, zwei Schornsteine – oder waren es gar drei – Kokerei auch, die glühte und stank. All das machte mir Angst und bereitete beinah körperliches Unbehagen.

Königsborn hingegen war mir rascher vertraut. Vielleicht weil es sich besser anhörte. Königsborn jedenfalls dem Klang nach besser als Scharnhorst, Castrop oder Wanne, Namen, die ich genauso wenig kannte wie sonst irgendeinen anderen Ort im Ruhrgebiet. Die Namen der umliegenden Dörfer und Bauernschaften hingegen waren mir vertraut – Afferde, Rottum, Derne, Nordbögge, Alteheide, Lenningsen, Lünern, Mühlhausen, Uelzen – von Sonntagsspaziergängen und kleinen Radtouren mit meinem Vater.

Königsborn, der Schacht kleiner noch als der in Heeren, aber immerhin der erste auf der Nordwanderung des Bergbaus hinter Massen. Großzügig lieh er seinen klangvollen Namen allen vier Folgeschächten in Heeren und Altenbögge-Bönen.

Königsborn Schacht I aus Kaisers Zeiten und *königlich* irgendwann der ganze Kurort mit Badehäusern, Gradierwerk, hölzernen Villen, Saline und Park.

Königsborn, heute bloß Vorort einer Vorstadt zum Ruhrgebiet, das nun mal wild und bunt zusammengewürfelt ist aus einer Vielzahl eng verzahnter Städte und Vorstädte, die zusammen locker fünf Millionen Einwohner zählen. Nur ein paar Schritte waren es bis zur Zechenbahn, die mich mit ihrem Schneckentempo diesem Königsborn irgendwann langsam näherbrachte (aber auch Bönen, wie man weiß). Nur ein paar Schritte, ab über den Gartenzaun, ab über das Stoppelfeld oder den frisch gepflügten Acker. An manchen Hundstagen saß ich dann am Grabenrand vor dem Bahndamm und stellte mir vor, die kleinen staubigen Züge führen werweißwohin.

Eines Tages – Werner war dabei, vor dem wollte ich nicht kneifen – allen Mut zusammengenommen, kurz nach der Ausfahrt aus dem Heerener Zechengelände auf einen der langsamfahrenden Züge gesprungen und mitgefahren bis Königsborn als blinder Passagier. Schwarzfahren, den Begriff kannten wir nicht, obschon, er hätte prima gepaßt.

Bis Königsborn nur, auf keinen Fall weiter, das wäre aufgefallen, und den Rückweg zu Fuß am Busch entlang, so hatten wir geplant, den würden wir gut schaffen.

Und dieser schwarze Ascheweg entlang der Bahn zwischen Busch und Feldern war mir später so etwas wie ein *Einstieg*, ein *Zufahrtsweg* zur Literatur: spielt doch genau dieser Weg, für mich jedenfalls zweifelsfrei, eine wichtige Rolle in Max von der Grüns berühmtem Roman *Irrlicht und Feuer*. Bloß ein *schwarzer Weg*, ein unbedeutender, unscheinbarer Ort, mit dem ich eigene Träume, Erinnerungen und Erlebnisse verbinde …

Nur wenige Jahre nach meiner Zechenbahnfahrt, als Vater im Unnaer Krankenhaus lag und die Kohlehalden zwischen dem Heerener Ortsrand und der Hammer Straße (etwa dort, wo heute *Karstadt* steht, nein, doch wohl nördlich des Wäldchens unmittelbar an der Bahn) sich krisenbedingt hoch und täglich höher türmten (von unserem Garten aus gut zu sehen), da stellte ich mir eine Zeitlang Berge so vor wie diese Halden.

Eines Sommertags, da wollte ich *dicketun* vor meinem Freund Werner, da holte ich heimlich Vaters Kleinkalibergewehr aus der hintersten Kellerecke hinter dem Werkzeugschrank hervor. Für Patronen war ich schon Tags zuvor mit dem Fahrrad nach Unna gestrampelt. Sechsmillimeter Rundkugeln, und Halblange auch, kriegte ich anstandslos in einem Jagd- und Waffengeschäft irgendwo am Alten Markt.

Und dann die *Knarre* unterm Arm, eng am Körper, halb unter den Pulli geschoben, sollte ja bloß keiner sehen, mal wieder ab Richtung Zechenbahn und trockene Klumpen gelbbraunen Lehms auf die Zaunpfahlspitzen gelegt (vom Zaun, der die Kohlenhalde eng umgrenzte) und munter drauflosgeballert.

Hey, wie die hellen Staubwolken wehten in Konkurrenz zum dunklen Rauch der kleinen schwarzen Loks! Wie der gelbe Lehm *explodierte*! Noch mal geschossen und noch mal und dann surrten, summten, klackten, tickerten, pfiffen die Kugeln auch mal gegen die Eisenwände der Kohlewaggons und dann zielte ich wohl auch mal auf Stare oder wilde Tauben…

Laß uns ein Stück über den Bahndamm gehen, sagt sie, da liegen schon lang keine Schienen mehr, da wuchern Brombeeren und Birken. Zwischen Zuckerrüben Raps und Roggen pinkt der Zaunkönig im Gesträuch, geht die Katze ins letzte Feld.

Laß uns ein Stück über den Bahndamm gehen, da lassen wir die Hochhäuser hinter der Autobahn. Da finden wir im Gesträuch Pullen aus Plastik, Dosen aus Blech, Farbeimer und Folienreste, und Herr der Lüfte, mit Fangnetzen endlos gewebt in den Wipfeln der Gittermastenwälder, sind längst die Vereinigten Elektrizitätswerke.

Laß uns ein Stück über den Bahndamm gehen, sagt sie, da siehst du den Bussard über dem Feld.

Wir gehen gern diesen Weg.

Ein Stück über den Bahndamm, sagt Claudia, obwohl da seit wer weiß wie vielen Jahren keine Schienen mehr liegen und die Bahnschwellen inzwischen langsam aber sicher in irgendwelchen naturnah gestalteten Gärten verrotten.

Dieser »Bahndamm« ist längst umfunktioniert in eine beliebte Joggingstrecke und eine noch eifriger genutzte Fahrradpiste, ja streckenweise verläuft gar ein Reitweg parallel zum ehemaligen Gleis, denn der »Bahndamm«, über den Claudia mit mir spazieren möchte, ist so schmal, daß er nur Platz bot für eine eingleisige Streckenführung von Königsborn bei Unna nach Welver bei Hamm. Doch immerhin: vor 120 Jahren, als am 15. Mai 1876 die Strecke Dortmund-Welver unter dem gar nicht so bescheidenen Namen »Westfälische Eisenbahn« für den Verkehr freigegeben wurde, da traf sie in Welver auf die sechzehn Jahre ältere Strecke Hamm-Soest und bildete so eine weitere West-Ostverbindung für den Verkehr aus dem Rheinland in die Reichshauptstadt Berlin oder nach Schlesien. Und der preußische Bahnhof Königsborn war damals sowohl für den Fernverkehr als auch für den regionalen Güterverkehr von ziemlicher Bedeutung. Sogar »Kaffeezüge« von Dortmund-Süd zum blühenden Kurbad Königsborn waren irgendwann zu Kaisers Zeiten sehr beliebt.

Der Bahnhof besaß immerhin eine zweigleisige Durchfahrt für den D-Zug-Verkehr zwischen Dortmund-Süd und Leipzig über Kassel. Als diese Verbindung längst nicht mehr existierte, hatte er bis Mitte der sechziger Jahre noch drei eigene Stellwerke und eine Belegstärke von etwa achtzig Mann. Vor dreißig Jahren wurde mit der Stillegung der Zeche II/V auch der Bahnhof Königsborn als selbständige Dienststelle aufgelöst. Im Zuge der Zeit und weiterer Rationalisierung wird seitdem das Stellwerk Ukf (Unna-Königsborn Fahrdienstleiter) von Dortmund aus ferngesteuert.

Und alle Eisenbahnherrlichkeit endet heute am Königsborner Bahnhof: Von dort verkehren nur noch die Vorortzüge im Range einer S-Bahn nach Dortmund und über die Schleife nach Unna im günstigen Zwanzigminutentakt, doch hinter der Hammer Straße mündet die ehemalige Bahnlinie trotz der sich immer weiter ausbreitenden Lagerhallen, Logistikunternehmen, Speditionen und Warenverteilzentren schon bald in einer Idylle aus hecken- und buschwerkumsäumten Feldern, nur hier und da unterbrochen von einem einzelnen Gehöft, einem Feldweg oder einer Nebenstraße. Die Parklandschaft des Münsterlandes, die Äcker der Soester Börde treffen hier mit ihren Ausläufern auf Haarstrang und östliches Ruhrgebiet.

Auf der alten Bahnstrecke zwischen Brombeerranken, Haselsträuchern, Erlen und Birken bleiben Lärm und Dreck der Städte schon nach wenigen Schritten hinter uns im Westen zurück. Als wir auf unserem Weg die bunten, sich breit dehnenden und langgestreckten, zum Teil hoch aufragenden Lagerhallen der Unnaer Industriegebiete rechts im Süden und links im Norden hinter uns lassen, geht unser Blick weit über die Felder. Doch was heißt hier weit? Seefahrer oder Bewohner von Küsten und weiten Ebenen lächeln nur mitleidig, aber in so dicht besiedelten Regionen wie dem Ruhrgebiet bedeuten ein paar hundert Meter für das Auge schon schier endlose Weite. So sind es nach Süden nicht mehr die Gebäude in Unnas »altem« Industriepark, die uns zwischen der B 1 und der Kasseler Autobahn den Blick versperren: nun wird der Haarstrang selbst zur natürlichen Begrenzungslinie zwischen Tiefebene und Hügelland.

In der Mühlhauser Mark stoßen wir auf eine klaffende Lücke, auf ein »Loch« in unserem Wanderweg. Wir stehen hoch auf dem Bahndamm vor einer Brückenruine: tief unter uns kreuzt die Bahnlinie Unna-Hamm (über Bönen) unsere Strecke, und die Brücke, auf der wir sie vor Jahren hätten überqueren können, war so schadhaft, daß der Überbau abgehoben und nie wieder auf die neu betonierten Widerlager aufgelegt wurde, weil damals schon die Stillegung der Strecke beschlossene Sache war.

Auf der anderen Seite wieder hinauf auf den Damm, und schon können wir unser Bahnwegpanorama weiter abhaken: im Norden verläuft die Autobahn Ruhrgebiet-Hannover, stoßen die Kraftwerke entlang der Lippe ihre Wasserdampfwolken aus den Niederungen der Flußwiesen hoch in den Himmel.

Heute bei klarem Wetter wirken diese künstlichen Wolken wie riesige weißgraue Pilze und bedrohlich sich ausbreitende Rauchfahnen. Einige »Wahrzeichen« Bergkamens wie die große Bergehalde, den City-Wohnturm, die Anlagen von Schering oder das moderne Fördergerüst der Zeche »Neu-Monopol« erkennen wir gerade noch in nordwestlicher Richtung, dann schieben sich die Türme der beiden Heerener Kirchen, das gewaltige Hochregallager eines Kaufhauskonzerns und bald darauf die Silhouette der Gemeinde Bönen – ein großes Straßendorf mit ausgedehnten Zechensiedlungen – zwischen uns und die Kraftwerke an der Lippe. Von der Schachtanlage, einmal eine der größten Westfalens, steht, genau wie in Heeren, nichts mehr. Doch, der Förderturm soll wohl erhalten bleiben: ein Industriedenkmal mehr... und in Heeren das alte Pförtnerhaus, hier hat die AWo sich niedergelassen.

Auf dem von Sprengkommandos und Abbruchhämmern leergefegten Zechengelände mußten zunächst einmal die von der ehemaligen Kokerei verseuchten Bodenschichten aufwendig in einem großen Verbrennungsofen entgiftet werden, dann entstand hier Bönens neue »gemeindliche Mitte«, gar nicht schlecht für eine von Zukunftssorgen geplagte Kommune von der Größenordnung Bönens, denke ich, und doch steril und austauschbar wie manches, das auf dem Reißbrett geplant wurde.

Wir gehen gern diesen Weg.

Claudia zeigt auf eine getigerte Katze, die weit ab vom nächsten Haus am Feldrain entlang auf Mäuse geht. In einer Bodensenke, auch eine Hinterlassenschaft des Bergbaus, hat sich ein kleiner See gebildet. Eine Pappelreihe säumt sein Ufer. Claudia entdeckt ein Bläßhuhn auf der Wasserfläche. Etwas weiter steht eine urige Holzbank am Wegrand. Eine richtige »Sonnenbank«, eine Art Hochsitz mit schönem Ausblick über die Felder und angrenzenden kleinen Baumgruppen, von Wald zu sprechen im waldarmen Kreis Unna wäre wahrlich übertrieben. Und schon bald mit Blick auf den Haarstrang die nächste Bank, mit knorrigen Ästen als stabile Rücken- und Armlehnen und mit einem Sitz aus einer dicken Bohle, von Berginvaliden fachmännisch und gediegen gezimmert, als wär's was für die Ewigkeit.

Bevor wir auf unserem Bahnweg irgendwann die *Grenze* zwischen den Kreisen Unna und Soest überqueren, erreichen wir die zu Bönen zählenden kleinen Landgemeinden Bramey, Lenningsen und Flierich und natürlich auch den verwunschenen Backsteinbau des ehemals so wichtigen preußischen Bahnhof Lenningsen.

Als ich mich in den fünfziger und sechziger Jahren begeistern konnte an den Miniaturidyllen der (nicht nur) damals so beliebten Modelleisenbahnlandschaften, da hätte sich zwischen dem Haltepunkt *Hintertupfingen* und dem Kleinstadtbahnhof *Zeven* in den Prospekten der Modellbaufirmen *Faller* oder *Kibri* auch ein Bahnhofsmodell *Lenningsen* bestimmt gut verkauft. Und von den Maßen und der Architektur hätte es gut gepaßt auf meine nicht eben übermäßig große, doch liebevoll gestaltete Märklinanlage, wäre da nicht eine Giebelseite bepinselt gewesen mit dem Nazispruch »Erst siegen, dann reisen!« Und weil den braunen Machthabern diese Aufforderung allein nicht ausreichte und weil sie ihre dummen Sprüche ohnehin über alles liebten, kam an der Straßenfront des Bahnhofs gleich die nächste Parole hinzu: »Räder müssen rollen für den Sieg«.

Mitte der sechziger Jahre erlangte die hochtrabende Bezeichnung *Empfangsgebäude* für den damals schon im ersten Dornröschenschlaf liegenden Bahnhof Lenningsen durchaus ihre Berechtigung: die Englische Queen, unterwegs im luxuriösen Pullman-Wagon, um nicht nur die in Westfalen stationierten Garnisonen der Truppen ihrer Majestät mit ihrem königlichen Besuch zu ehren, wurde hier empfangen und blieb bis zur Weiterfahrt am nächsten Morgen auf dem Gleis der alten Strecke, die ein Jahr später stillgelegt wurde.

Vergebens hatten die Gastgeber versucht, die Nazisprüche an der Bahnhofswand rasch noch zu überpinseln. Sie blieben sichtbar durch die Farbe hindurch, und bis in unsere Tage künden die Parolen vom dunkelsten Kapitel deutscher Geschichte.

Doch erst viele Jahre nach dem Besuch durch Großbritanniens Königin machte ich Anfang der achtziger meine erste echte Bekanntschaft mit dem Lenningser Bahnhof. Bei einer gemeinsamen Kunstausstellung lernte ich mehrere engagierte junge Grafikerinnen kennen, die zusammen an der Fachhochschule Dortmund studierten und im alten, langsam verrottenden Bahnhof Lenningsen ein billiges Atelier gefunden hatten. Zwischen Dortmund und Lenningsen hin und her pendelnd, konnten sie hier in der ländlichen Abgeschiedenheit des Geisterbahnhofs unter manchen Einschränkungen und Entbehrungen ihre künstlerischen Vorstellungen weiterentwickeln.

Obwohl nicht völlig unvertraut mit der Situation vieler junger Künstler, denen nur selten ein Stuhl angeboten wird und erst recht kein gedeckter Tisch, war ich damals doch betroffen von den bescheiden kargen Wohn- und Arbeitsverhältnissen im Lenningser Bahnhof, wo es z.B. winterstags keine auch nur annähernd ausreichende Heizmöglichkeit für die jungen Leute gab.

Nach vielem Hin und Her, nach dem Verkauf des maroden Gebäudes durch die Gemeinde Bönen zum symbolischen Kaufpreis von einer Mark, nach teurem Rückkauf des immer baufälliger werdenden Objekts und entsprechend teurer Instandsetzung, doch immerhin gelungener Restaurierung hat nun ein Kindergarten Einzug gehalten in den schönen alten Lenningser Bahnhof. Das Schlechteste nicht, denke ich. Und munter wird weiter verschönert, wird gepflastert, wird gepflanzt.

Für die immer noch vorhandenen Parolen hat man eine wohl einmalige, ziemlich *geniale* Lösung gefunden: an den besagten Stellen wurden neutrale Platten auf die Bahnhofswände gedübelt, etwas Abstand blieb dazwischen, und nur wer eng an die Backsteinmauer gepreßt steil nach oben in den dunklen Spalt späht, kann die Schrift entziffern, die unter ihnen versteckt auch die Jahrtausendwende überdauern wird.

»Das war schon ein Stück Soester Börde«, grinse ich, als kurz vor Flierich, einem der inzwischen vielen preisgekrönten Dörfer im Landeswettbewerb *Unser Dorf soll schöner werden,* einige Reiter an uns vorübertraben.

»Aber auch ein Stück Ruhrgebiet«, beendet Claudia den Satz und zeigt noch einmal hinüber nach Westen, wo hinter dem Lenningser Bahnhof die Bönener Zeche für immer verschwunden ist.

Wir gehen gern diesen Weg.

Auch mit dem Rad beinah bei jedem Wetter.

Das erhabene Gefühl mit geringer körperlicher Anstrengung leicht und bequem voranzukommen. Den Überblick behalten im doppelten Wortsinn. Ein wenig über den Dingen ruhend dennoch den Blick weit schweifen lassen. Eindrücke einströmen lassen, die Landschaft einatmen beinah mit jedem Pedaltritt.

Gerade in seinen östlichen Abschnitten bietet der Kreis Unna dann landschaftliche Reize, die dem Autofahrer, dem Fußgänger vorenthalten bleiben. Nichts Grandioses, keine Superlative, das ganz bestimmt nicht. Aber gleich hinter Flierich die geschwungene Landstraße, der alte Baumbestand, die Kopfweiden am Bachlauf, die plötzlich leicht hügeligen Weiden und Felder, die eingestreuten Gehöfte. Die kleine Anhöhe, die Abzweigung nach links, den Blick nach Süden schweifen lassen Richtung Ruhr, vom Haarstrang verdeckt. Besonders reizvoll diese Aussicht auf das Hügelland.

Dann die Ortstafel *Hamm-Peddinghausen,* das Hinweisschild zum Golfplatz. Nein, Golfspielen wirklich nicht, dahintrotten auf kurzgeschorenem Rasen zwischen künstlichen Tümpeln durch ödes steriles Terrain, das wäre das Letzte. Der Überblick ginge verloren, fürchte ich, spätestens beim Betreten des Klubhauses.

Dann doch lieber durch die nächste Bauernschaft, bestimmt findet sich irgendwo ein zünftiger Dorfgasthof, eine Gartenwirtschaft an der Route, von weitem rasch ausgemacht. Wie gesagt, auf dem Rad ist der Überblick phantastisch. Und Hunger und Durst kommen von allein. Die Riesenportion Sülze, die hausgemachten Bratkartoffeln, das kühle Pils im Schatten einer Pergola oder einer alten Kastanie.

Vergnügungsfahrten am Rande des Ruhrgebietes. Aber auch Kurzstrecken im Laufe eines Tages, häufig diktiert von preußischem Pflichtgefühl: die paar Kilometer zur Schule, die alte Zechenbahn überqueren, unter der Autobahn hindurch: Zollpost, hier drängen sich Bau- und Supermärkte neben dem schwedischen Möbelhaus dicht an die grauen Asphaltbänder.

Kamener Kreuz, einladend für Handel und Gewerbe, dringend nötig in strukturschwacher Region, aber auch mit Grenzen, denn wem nützt schon der zehnte Baumarkt um die Ecke. Und so wollen auch nach Jahren die überdimensionierten häßlichen Schilder immer noch locken: Kamen Karree. Vielleicht kommt demnächst mit dummen Filmen ein Riesenkino - wie es sie inzwischen in vielen Städten gibt - und mit ihm weitere, schier endlos fließende Verkehrsströme.

Auf der Fußgängerbrücke überquere ich die Hochstraße, gleich dahinter schmucke Wohnsiedlungen, gehobener Bedarf. Hierher ziehen Besserverdienende, wer einen gutbezahlten Job hat in Dortmund oder sonstwo. Daneben Gewerbegebiet, neu ausgewiesen. Dortmunder Allee. Die kleine Schule mußte erweitert werden: Kamen wuchert weiter in die Felder.

Der Verkehr in den Innenstädten, ganz gleich ob Hamm oder Schwerte, Unna oder Soest, macht es sinnvoll, das Auto stehenzulassen. Also auch zum Steuerberater auf der Lüner Höhe mit dem Rad, zum Kneipenbesuch in die Kamener Altstadt sowieso.

In den sonnigen Süden ist es nur ein Katzensprung. Nicht nur wegen der drei Flughäfen - Dortmund, Münster, Paderborn - ganz in der Nähe. Ich nehme das Rad und erreiche locker manche italienische Eisdiele ein paar Straßen weiter: *San Remo*. Auch der Pizzabäcker um die Ecke läßt einen Hauch Italiens durch Westfalen wehen, daneben sorgen das griechische Restaurant, der türkische Gemüsehändler, die Dönerbude, der Spanier, der Chinese für Vielfalt und Abwechslung auf dem Speiseplan, locker zu erreichen, wie gesagt, mit dem Rad.

Das Katzenfutter hol ich auf dem Gepäckträger aus Königsborn, spare dort ein paar Groschen im Spezialgeschäft. Doch heißt es dafür todesmutig die Gießerstraße überqueren, wenn die LKW eine Lücke lassen. Kein Wunder, daß die neue Straße schon nach wenigen Jahren schwere Schäden aufweist, besonders in den Seitenbanquetten völlig ausgefahren und schlaglochübersät ist, weil die schweren LKW das Straßenprofil auseinander- und in die Gräben drücken. Da wurde geschludert, am falschen Ende gespart ...

Munter trete ich weiter in die Pedale. Parallel die Zufahrtsstraße zur großen Spedition, die neuen Auslieferungslager, auf der anderen Seite das ausgedehnte Gelände der Glückaufkaserne, wo ein Nachschub- und Panzerbatallion stationiert ist, wegen der militärtechnisch verkehrsgünstigen Lage versteht sich.

Kamener Kreuz, Unnaer Kreuz, *die Autobahnen, Autobahnen,* aber schon der *Alte Hellweg* war nicht nur Handelsstraße, sondern diente schon Napoleon und dem deutschen Kaiser. Was sage ich, bereits die alten Römer sind ja vom Rhein kommend die Lippe entlang... Weil die Nazis auf dem Gelände der heutigen Glückaufkaserne riesige Anlagen errichtet hatten, fielen die Bomben der Alliierten nicht nur auf die benachbarten Zechen ...und das Haus meiner Eltern lag auf halber Strecke genau zwischen Pütt und Heereszeughaus, war damals das letzte Haus am Dorfrand von Heeren. Vom Dachboden aus hatten die Befreier offenes Schußfeld auf das nach Königsborn vorgelagerte Wäldchen, wo ein letzter Volkssturmhaufen dem Führerbefehl folgend noch Schützengräben ausgehoben hatte ...

Bald sechzig Jahre später freue ich mich, daß die militärstrategisch günstige Lage seither keine Bedeutung mehr hatte, daß die riesigen überschweren, auf dem Kasernengelände geparkten Fahrzeuge nie zum Einsatz kamen, wenngleich es lange Jahre unter dem Wettrüsten der *Supermächte* oft bedrohlich danach aussah. Doch störend und unnütz bleibt so ein Panzertransport auf gewaltigen Tiefladern über die Autobahnen oder ein endloser stinkender Militärkonvoi auf dem Weg ins Herbstmanöver allemal...

Auf dem Bollerwagen sitzen, die Beine baumeln lassen, sehen, wie sich die Nebelfelder über den Sesekewiesen langsam lichten, wie der Förderturm hinterm Wald verschwindet, wenn Großvater den Wagen zum Bahnhof zieht, den Weg bergan. Seine Ausstellungshühner zum Bahnhof bringen, die Beine baumeln lassen, ab und zu das Ohr gegen die Kiste drücken, die Hühner darin scharren hören, den Zug, der langsam über die Fünf-Bogen-Brücke rollt, wenn Großvater den Wagen zieht, das letzte Stück.

Die Ziffern der Bahnhofsuhr schon lesen können, die Zeiger vorrücken lassen gegen den Mittag, helfen, die Hühnerkisten aus dem Wagen heben, am Stückgutschalter den grauen Mann anstaunen mit offenem Mund, die Güterwaggons auf dem Abstellgleis, die Frau hinter dem Kioskfenster.

Auf dem Rückweg wie Ben Hur breitbeinig im Bollerwagen stehen.

Die eisenbereiften Räder rollen laut. Die Deichsel halte ich in den Händen wie Zügel, die Lakritzzigarette aus dem Bahnhofskiosk stecke ich schräg zwischen die Lippen, ziemlich verwegen, beinah wie Bill Cody, der später die Büffel totschoß, während seiner Postkutschenzeit. Die Deichsel leitet die Schläge und Stöße der unebenen Straße weiter in meine Hände. Das ist ein Rumpeln und Rütteln, wenn Großvater neben dem Wagen geht, zurück nach Haus.

Mit dem Auto waren wir nie viel unterwegs. Auch nicht zu historischen Zeiten vor dem ersten Ölschock, als damals schon die halbe Nation bald an jedem Wochenende meinte, mit ihren stinkenden Blechlawinen wie die Lemminge alle möglichen Ausflugsstätten überschwemmen zu müssen. Doch ich will ehrlich bleiben: Als die ersten Autodach-Fahrradträgersysteme von cleveren Unternehmen auf den Freizeitmarkt der Deutschen geworfen wurden, waren wir gleich dreifach mit dabei, obwohl unser erster Sohn noch nicht laufen, erst recht nicht radeln konnte.

Aber da ich nun mal beschlossen hatte, den teuren neuen Kombi einige Jährchen zu fahren, hatte ich beim Autokauf zusätzlich zum umfangreichen Zubehörprogramm gleich die dort angepriesenen Fahrradhalter mitgeordert, um mich so zunächst in die Autolemmingkarawane einzureihen. Doch bald lagen wir voll im Trend, um gesundheits- und fitnessorientiert in der immer größer werdenden Drahteselfreizeitkarawane mitzustrampeln.

Erste Wochenendtouren führten selbstverständlich ins nahe Münsterland mit seinen Hunderten gut ausgebauter Radwege: Ahlen-Telgte, Telgte-Warendorf, Warendorf und weiträumig um Münster herum, ein Stück die Ems entlang und Rücktour bis Hamm und der kurze Rest nach Haus, die stillen Kanäle, die Flüßchen entlang, wo immer es rollte.

»Wie wäre es mal mit der Weser?!« regte Claudia schon im Jahr darauf an. »Hannoversch-Münden bis Minden, das ganze Weserbergland bis zur Porta Westfalica und ein paar Etappen mehr.«

Anspruch und Leistungsvermögen steigen eben bei bessertrainierten Radlern. Claudia möchte bis Bremen, aber ob der Kleine das schon schafft?

Also bequemer Start von der Haustür aus: Zechenbahntrassen in jede Richtung. Nach Norden diesmal über Kamen, Bergkamen, kurz an den Kanal, kein Problem, sondern pures Vergnügen. Mal kurz an die Lippe, vor Werne über die geschwungene hölzerne Brücke, die Fußgängern und Radfahrern vorbehalten ist. Reizvoll die Silhouette der Stadt.

Mal kurz nach Werne rein, da ist gerade Sim Jü, traditionsreiche Kirmes. Nicht nur beim Andrang zu Zeiten der Kirmes bin ich auf dem Rad jedem Autofahrer überlegen, komme flink bis vor das Moormannhaus mit der städtischen Bücherei (vor vielen Jahren hab ich da mal gelesen, gemeinsam mit Jutta Richter, Autorin aus Westerwinkel), parke meinen Drahtesel bequem in der Fußgängerzone, kette ihn an den komfortablen und formschönen Fahrradgemeinschaftsständer, suche die Bratwurstbude zwischen den Losbuden und Fahrgeschäften, nehme die Portion Reibekuchen gleich hinterher.

Wege wie den nach Werne machen wir gern per Rad.

An der Iller sitzen oder gar hoch über dem Rhonetal auf einer Alpwiese liegen und über Ruhr und Lippe schreiben. Irgendwie paradox, doch der tägliche Berufsalltag beschränkt das Schreiben in erster Linie auf die Ferien, und ein wenig geografischer Abstand wirkt manchmal motivierend. Ruhr und Lippe also und dazwischen solche Kloaken, Bäche und Rinnsale wie Seseke, Mühlbach oder gar Grenzbach. Doch den nannten wir Kinder Stichlingsbach, erzähl ich meinen Söhnen.

Das war *unser Bach*. Was haben wir da alles gefangen und anschließend, nach eingehender Betrachtung, wieder ausgesetzt ins glasklare saubere Wasser. *Sauber*, dachten wir in den Tagen der Kindheit, doch wirklich sauber wird dieses Bächlein auch damals nicht gewesen sein. Ein Wunder beinah, dass wir nie ernsthaft krank wurden bei all unserem Spielen am und im Wasser, wenn wir den Bachlauf aufzustauen versuchten mit Zweigen, Feldsteinen, Stroh und allem möglichen Material, das wir in Ufernähe fanden, wenn wir geniale Brückenkonstruktionen errichteten aus morschen Ästen, wenn wir durch enge Betonröhren krochen, durch die unser Stichlingsbach unter Straßen, Feldwegen und Bahnstrecken hindurchgeleitet wurde.

Wenn die Bergleute den Kohlenstaub vom Körper wuschen, nahm der Bach dreimal am Tage ihre Farbe an. Hinter der Zeche zwängte er sich schwarz durch sein Betonbett. Wenn der Kunstdünger nach starken Regenfällen in Strömen von den Feldern floß, bauten wir unsere Dämme, und bis wir sie wieder zerstörten, stank unser Stausee zum Himmel. Wenn ein ums andere Mal die Ölschichten in langer schlieriger Spur den Bach bedeckten, errichtete die Feuerwehr rasch eine Sperre aus Strohballen, Hölzern und Bindemitteln. Die sah aus wie ein Staudamm aus Kindertagen. Und wir hörten, das Öl kam aus der Glückaufkaserne, den Panzern, den Faun-Zugmaschinen, aus irgendwelchen lecken Tanks. Das war *unser Bach*.

Noch vor der alten Heerener Zeche plätschert der Grenzbach in den Mühlbach, der vom nahen Haarstrang kommt, in Mühlhausen mal eine Wassermühle betrieb. Kurz vor dem Heerener Freibad mündet der Mühlbach in die Seseke, und die fließt bei Schloß Schwansbell nahe Lünen trotz der Kläranlage, die sie dort noch passieren muß, als totes Gewässer in die Lippe.

Schon in meinen Kindertagen hatten Regulierung, Betonierung und all die übelriechenden oder auch geruchsneutralen, verharmlosend so genannten ‚Einleitungen' aus dem ehemals munter mäandrierenden Bächlein – manche sagten gar Flüßchen – eine graue Kloake gemacht. Erst wieder in unseren Tagen wird überlegt, ob es nicht Sinn macht, diese Kloake zu ‚renaturieren', den alten Zustand also strecken- und annäherungsweise wiederherzustellen, der vor der Begradigung vor über 70 Jahren mal reizvoll gewesen sein mag. Die Zeiten, in denen man über Kamen dichtete, »die Sesicke bleibt ruhig selbst bei Sturm«, die Zeiten, in denen man sich an heißen Sommertagen gern im Naturbad eben dieser *Sesicke* vergnügte, haben wohl nur noch die unter uns erlebt, die so alt sein mögen wie dieses ganze Jahrhundert.

Die Streifzüge meiner Kindheit führten mich selten aus dem Bereich *unseres Baches* heraus. Zur Seseke hätten wir schon durchs ganze Dorf und durch die Felder gemußt, und zur Lippe wären wir nur gekommen, wenn unsere Eltern es für lohnenswert gehalten hätten. Möhnesee und Ruhrtal schienen den Ruhrgebietlern damals wie heute aber wohl reizvoller, kann man die »Segnungen« des Ballungsraumes doch dort schon ziemlich weit hinter sich lassen.

Doch die Lippe war für mich stets wichtiger als beispielsweise Haarstrang oder Emscher oder sonst ein geografisches Merkmal der Ruhrregion. Unzählige Male habe ich den Fluß überquert – meist im Auto sitzend auf schneller Fahrt über die Autobahn Bielefeld/Hannover, mal rasch ins Münsterland, nach Münster selbst und im Urlaub zur Nordsee, ins benachbarte Holland oder nach Skandinavien. Die Lippe – mein Grenzfluß zwischen Industriegebiet und Bauernland, zwischen zubetoniertem und zumindest streckenweise noch freiem Land, ein Grenzfluß, dessen Vorhandensein und genauen Verlauf ich nie bewußt registriert und nachvollzogen habe, vielleicht, weil in dieser Landschaft die Grenzen tatsächlich 'fließend' sind und sich durch neue Bebauung beinah täglich ändern können.

Doch heute ist der Fluß selbst mein Ziel. Heute verlaufen meine Koordinaten grob veranschlagt von Ost nach West, und bei Hamm habe ich nach kaum zehnminütiger Fahrt schon den ersten Punkt erreicht: die Lippeufer – im ersten Augenschein trotz Stadt und Kanalhafen immer noch natürlich, fast idyllisch wirkend.

Dichtes Gestrüpp säumt die Ufer, hier und da tuckern Traktoren über die Felder, hier und da steht noch eine Trauerweide, grasen auf den Wiesen schwarzbunte Rinder, liegen nach Osten hingetupft der Dörfer rote Dächer. Ein paar Flußkilometer weiter tauchen Zementwerke mein Bild schon wieder grau in grau, versperren Kraftwerksblöcke mir den Blick, werden Brückenkonstruktionen und alte Kohlehäfen am Kanal nebenan, werden seine Spundwände und Dämme zum Rahmen für ein neues Bild. Wo die Grenzen zwischen Bauernland und Industrierevier längst verwischt sind, überqueren Autobahnen den Fluß, sind Windrose und Fadenkreuz für meinen Standpunkt. Eingezwängt in enge Rahmen wechseln die Bilder, ich bleibe aber zumindest geografisch offen in jede Richtung, gehe allein neben der Straße. Hier soll laut Statistik noch über die Hälfte der Uferstrecke *mehr oder weniger* – was heißt das schon – unverbaut sein. Es müßten also der Tier- und Pflanzenwelt noch einige Rückzugsmöglichkeiten geblieben sein. Müßten…

An diesem frühen, frostklaren Januarmorgen verstecken sich Gräser, Wildkräuter, Moose und Flechten in trügerisch weißer Gemeinsamkeit mit Asphalt und Beton unter einer dünnen Schneedecke. Und deshalb erscheint bei flüchtiger Betrachtung beinah jedes Bild fast anheimelnd romantisch trotz der eher arktischen Kälte. Sogar Kräne und Silos im Hammer Hafen bieten im Schneeglanz ein ungewohnt friedlich-weiches, harmonisches Bild.

Die Wirklichkeit aber sieht anders aus. Vieles scheint aus dem Gleichgewicht geraten, auch wenn die Jahre der großen Fischsterben in der Lippe lange zurückliegen, auch wenn aus Hamm-Uentrop längst kein Atomstrom mehr geliefert wird, auch wenn Gehölze und Baumgruppen entlang des Flusses nach wie vor ihre Reize haben.

Daß der Fluß selbst in kalten Winterwochen kaum zufriert, wird nur ein Fremder auf seine Strömung zurückführen wollen. Schon im nächsten Moment, wenn sein Blick dem Lippelauf folgt, wird er, die Silhouette der Kraftwerke erkennend, wissen, daß der Fluß durch die Einleitung erwärmten Kühlwassers mächtig aufgeheizt wird, so daß die Lippe wohl auch im strengsten Winter eisfrei bleibt. Und so fliegen in der kalten Jahreszeit Tausende Wasservögel – Krick-, Stock-, Spieß-, Reiher- und Tafelenten, aber auch Rallen, Möwen, Haubentaucher, Gänse und Höckerschwäne – auf ihrem Weg nach Süden, auf der Suche nach Rast-

und Schlafplätzen nicht nur die riesige Wasserfläche des Möhnesees, sondern auch das offene Wasser der Lippe an. Dabei geraten sie oft in eine tödliche Falle, denn der Fluß hält an Nahrung erheblich weniger bereit, als sein eisfreier Wasserspiegel den Vögeln vorgaukelt.

Durch Aufheizung und Abwasser sind Sauerstoffgehalt und Selbstreinigungskraft des Lippewassers gefährlich niedrig, und von »Artenvielfalt« kann bei den pflanzlichen und tierischen Wasserbewohnern wohl nicht mehr gesprochen werden. Die Monotonie der kilometerlang aufgeschütteten Uferbefestigungen aus Schlacke, Ruhrsandstein, Grauwacke und Hartkalkstein bewirkt ein übriges, ebenso die gründliche Verdrahtung von Luft und Boden, wo in der Höhe die Vereinigten Elektrizitätswerke, in Erdnähe die Planer und Hersteller von Stahlleitplanken, sechsspurigen Asphaltbändern, Betonverschalungen, Maschendraht- und Stacheldrahtzäunen die Lebensräume so vieler – oder besser gesagt so weniger – Tiergattungen arg beschneiden. Wirklich abwechslungsreiche, charakteristische, ursprüngliche und natürliche Landschaftsabschnitte sind somit selten geworden.

Spaziere ich heute an Zäunen und Brückenmauern vorbei, taste ich mich am Ufer entlang über den Schüttsteinbewurf, finde manchmal kilometerweit keinen Baum, keinen Strauch, der seine Zweige, seine Wurzeln hier ins Wasser streckt; gehe ich ein Stück weiter, sehe ich oberhalb der scharfen Schottersteine mickrige Bäumchen frisch gepflanzt, die alte Erlenreihe zu ersetzen. Plastikmüll liegt zwischen den Steinen, wo früher Eschen standen und mächtige Pappeln.

Ich gehe weiter zur steilen Böschung hin, wo der türkisfarbene Eisvogel seine Niströhre hat. Jenseits vom kleinen Weidengebüsch sehe ich den bunten Fischräuber auf einem Zaunpfahl, etwas weiter Graureiher und die Kolonien der Uferschwalben. Gibt es sie doch noch, denke ich, gehe die Lippe entlang… und nehme mir vor: morgen ein paar Kilometer nach Süden, morgen die Ruhr.

Und manchmal, wenn ich meine, urlaubsreif zu sein oder wenn Fernweh mich packt, werden aus ein paar Kilometern rasch ein paar hundert Kilometer. Dann liege ich auf einer Alpwiese hoch über dem Rhonetal. Oder sitze an der Iller und will über Ruhr und Lippe schreiben.

Doch wohl eher über die Ruhr, liegt deren Quelle bei 670 Metern immerhin ähnlich hoch wie der Illerursprung kurz hinter Oberstdorf, wo die drei wilden Gebirgsbäche Breitach, Stillach und Trettach zusammenfließen zur Iller. Auch bei der Länge brauchen Ruhr und Lippe den Vergleich nicht zu scheuen, überbieten sie beide bis Duisburg und Wesel doch locker die Zweihundertkilometermarke, die die Iller bis zur Donau bei Ulm nicht schaffen kann.

Gemeinsam ist den drei Flüssen, daß sie immer wieder – wenn auch auf unterschiedliche Art – den oft rigorosen Eingriffen des Menschen ausgesetzt waren und sind. Mögen das bei der Iller unter anderem wasserbauliche Maßnahmen sein, um Überflutungen von Ortschaften und Weideland zu verhindern und das stetige Ansteigen des Flußbettes durch mitgeführte Geröllmassen aus dem Gebirge zu beschränken, so ist es bei der uns nahen Ruhr wohl zu allererst die Schaffung von ausgedehnten Wassergewinnungsanlagen für die immerhin fünf Millionen Menschen in dem Gebiet, dem die Ruhr auch noch ihren Namen gab. Und diese Staubecken, Stauseen, Wasserwerke und Gewinnungsanlagen gibt es im Tal der Ruhr natürlich auch ganz in der Nähe bei den Städten Neheim-Hüsten etwa, bei Wickede, Fröndenberg oder Schwerte.

Wasser- und Energiegewinnung, Wasserspeicher, Überschwemmungsschutz und nicht zuletzt Freizeitnutzen und Naherholung in einer reizvollen hügeligen Waldlandschaft, denn das Ruhrtal zwischen Voßwinkel und Waltringen, zwischen Echthausen und Schwitten, zwischen Langschede und Geiseke braucht Vergleiche nicht zu scheuen, auch nicht mit manchen Streckenabschnitten der Iller.

So finden sich am Ruhrufer immer wieder ausgedehnte Campingplätze, ganze Wohnwagenstädte, möchte man meinen, denn es sind viele, die hier unmittelbar vor den Toren der großen lauten Städte Erholung suchen. Die Hänge und Hügel zu beiden Seiten sind streckenweise noch grün, die Kronen der Uferbäume spenden Schatten, bilden sogar noch kurz vor Langschede manchmal richtige Dächer über dem Wasser, darauf hin und wieder Wassersportler in ihren Kanus, Kajaks und Schlauchbooten neben Enten und Schwänen. Inzwischen auch wieder Reiher am

Ufer, und wo Reiher sind, müssen Fische sein. Auch Forellen und Mühlkoppen, Barben, Äschen und Aalrutten wie an der Iller? Ich bezweifle es.

Eng bleibt es allemal, zugebaut wirkt es, was bei der Vielzahl der Ortschaften, Straßen, Autobahnen und Bahnlinien kein Wunder ist, erst recht nicht, wenn man bedenkt, daß das, was wir gemeinhin unter *Ruhrgebiet* verstehen, am nördlichen Ufer gewissermaßen vor der *Haustür* liegt. Und direkt *in* der Haustür, unmittelbar ans enge Ufer gedrückt, liegt auch mancher Metallbetrieb, manches Stahlwerk, inzwischen jedoch, nach Stahl- und Kohlekrisen, häufig nicht mehr in Betrieb.

Wie eng ein Flußtal wie das der Ruhr sein kann, zeigte sich am 17.5.1943 nach dem Bombenangriff auf die Möhnetalsperre.

Stehe ich beispielsweise bei Ausflügen mit meiner Schulklasse unterhalb der riesigen Staumauer, schaue hinauf und sehe an der Andersfarbigkeit der Steine, wie groß das Loch war, das Bombe und ausströmende Wassermassen in die Mauer gerissen hatten, nämlich fast 80 Meter lang und über 20 Meter tief, dann ahne ich, wie gewaltig die 15 Meter hohe durch das Ruhrtal schießende Flutwelle war, in der die Menschen ertranken, das Vieh ersoff, die Bäume und ganze Häuser donnernd mit sich riß, die Wasserwerke, Brücken, Straßen und Eisenbahnstrecken zerstörte und im engen Ruhrtal verheerende Schäden anrichtete.

Als mein Vater zwei Jahre später doch noch halbwegs heil aus dem Krieg zurückgekommen war, mußte er einfach bald darauf mit dem Fahrrad zur Möhne radeln. Ob er die in wenigen Monaten von Zwangsarbeitern unter schrecklichen Bedingungen wieder errichtete Sperrmauer sehen oder einfach nur im klaren Stauseewasser baden wollte – ich weiß es nicht.

Einladend friedlich, harmlos idyllisch, reizvoll und beinah ruhig wirkt das Ruhrtal heute auf mich. Von den Hängen die Ausblicke in das nahe Sauerland, die Fernsicht bei gutem Wetter bis zur Lippe laden zum Verweilen ein, fordern bei Fahrradtouren eine Fahrtunterbrechung. Ganz klar für mich, daß Genießen dabei an erster Stelle steht, sportlicher Ehrgeiz auf der Strecke bleibt. In meinem Alter wird das wohl nichts mehr, denke ich und begnüge mich damit, in der örtlichen Presse zu lesen, daß gerade im Ruhrtal und auf den Hängen des Haarstrangs von einem rührigen Fanclub *die Erik-Zabel-Route sowohl für den leistungs- als auch für den freizeitorientierten Radsportler konzipiert wurde.*

Ob 8 oder 80, ob mit oder ohne Pause und Picknick, jeder soll diese Trainings- und Ausflugsroute auf den Spuren des wohl weltbesten Sprinters der Radprofis schaffen auf verkehrsarmen Straßen in Fröndenberg, Wickede und Menden.

Nichts für mich, denke ich. Also gemächlich im weiten Bogen über Strickherdicke, Frömern, Kessebüren, Nordlünern zurück nach Hause, zurück in meinen Garten mit den alten Apfelbäumen.

Ich schließe das Gartentor, gehe ein paar Schritte durch die Siedlung am Zechenwäldchen vorbei und bin erschlagen. Dort, wo sich grün und golden die Felder meiner Kindheit dehnten, führt mein kleiner Weg durch graue Schluchten.

Den Grenzbach, beliebter Spielplatz in Kindertagen, beachte ich nicht, sehe dahinter kaum die umzäunten großen Rückhaltebecken, starre auf die langgezogenen Blechfassaden von Karstadts Zentrallager, rieche den Gestank des nahen Asphaltwerks, überquere die Schleiferstraße und stehe von hohen Zäunen umgeben zwischen den Sattelschleppern auf dem Log-in-Parkplatz, vor mir die Prellböcke, an denen der Karstadt-Gleisanschluß mit seinen Nebengleisen endet. Vor der hohen Laufkatze und dem Containerbahnhof zähle ich kaum die numerierten Tore die langen Rampen entlang. Waren das an den Auslieferungslagern, die ich bisher kannte, mal zwanzig, mal dreißig Tore, sind es hier hundert und mehr. Gigantisch der Komplex zwischen Grenzbach und Hammer Straße, zwischen Königsborn und Mühlbach.

Entlang des schmalen Schotterweges türmen sich zu beiden Seiten Blechwände bis an den Rand des Stück Himmels, der meinem Blick noch bleibt. Waren aus aller Welt für ganz Deutschland: Karstadt, Log-in, Interspe, DPD, Spar, Toys »R« us, Ikea, Elmer, Woolworth, Lidl, Zurbrüggen, VW – was weiß ich. Auch die Firma mit den riesigen Hydraulikkränen – sechsachsig, zweiundzwanzigfachbereift –, wenn die LKW mal liegenbleiben, wenn verunglückte Schwertransporte zu bergen sind auf den Autobahnen. Verschiedene Branchen, unterschiedliche Größenordnungen, die Liste der Warenlager läßt sich leicht fortsetzen im

Kreis Unna, und gäbe es sie nicht: die Zahl der Menschen ohne Arbeit wäre noch höher.

Beim größten Warenverteilzentrum gleich hinterm Gartenzaun würde ich gern mal reinschauen, stelle mir die Hochregallager, die Hallen mit ihren endlosen Gängen und vielen Etagen vor wie eine eigene Stadt, eine eigene Welt, wie bei den Untertageeinrichtungen der Zechen mit ihren Streben und Stollen, mit ihren Blindschächten und Sohlen: ein mehrstöckiges, riesiges Labyrinth, das meiste von außen oder *Übertage* nur zu ahnen.

Mal reinschauen, mal sehen, wie die Gabelstapler um die Ecken zischen, durch die Gänge surren, mit ihren Giraffenhälsen ins höchste Hochregal langen, um dort nach Waren zu fischen aus allen Winkeln dieser Erde mit ihrer Billigstlohnproduktion zur Weiterverteilung an uns anspruchsvolle Endverbraucher. Was ich weiß und davon mitbekomme, sind nur Randerscheinungen, Nebenwirkungen, flüchtige Eindrücke, keine echten Einblicke.

Als das Industriegebiet noch in der Planung steckte, hörte ich, man habe vor, den größten Teil des Güterverkehrs über die Schiene laufen zu lassen, obwohl es bis zum Autobahnanschluß Kamen-Zentrum kaum zwei Kilometer sind.

Entweder müssen sich die Anteile zum Vorteil der Straße und zum Nachteil der Umwelt verschoben haben oder die verschobenen Gütermassen müssen wahrlich gigantisch sein. Ich kann mir kaum vorstellen, daß über die Schiene mehr läuft als über die Straße. Wenn da auch solche Mengen reinkommen und wieder abgehen, dann muß man die Warenlager bald erneut aufstocken und erweitern. Wer soll und wer kann das alles kaufen? Und schon höre ich, viele Zuwachsraten blieben hinter den Erwartungen zurück, in der grellbunten Plastikwelt der amerikanischen Spielzeughandelskette gingen bald die Lichter aus. Gleich nebenan hat ein Baumarkt schon die Tore geschlossen.

Karstadts Rückhaltebecken fällt mir ein: gut für den ständig sinkenden Grundwasserspiegel, doch was ist, wenn alle Dämme brechen, wenn der Grenzbach zum Kanal wird? Dann kommen die Waren per Boot. Die leidende Binnenschiffahrt wird es begrüßen, und Kindheitsträume werden wahr, in denen wir unsere Papierschiffchen und Rindenboote über den Bach bis in die Südsee segeln ließen. Nur müßten heute die Pötte für den Warentransport stromaufwärts ein wenig größer sein. Von einem sonst unternehmerfreundlichen Unnaer Kommunalpolitiker höre ich im privaten Gespräch, mit den Rückhaltebecken sei der Steuerzahler gehörig geleimt worden. »Erst hat man den Firmen großzügig dimensionierte teure Abwasserkanäle gebuddelt, aber wenn es ans Gebührenzahlen geht, klinken sie sich aus und graben ihren privaten Goldfischteich. Kanalgebühren ade. Meine Bezüge für Aufsichtsratstätigkeit bei den Stadtwerken halten sich in Grenzen,« sagt er.

Ich bin es leid, die Grenzzäune rings um Karstadt zu zählen, dort, wo ich als Kind über die Äcker gelaufen bin, sogar mit Vaters Kleinkaliber ballern konnte, weil da weit und breit keiner war. Nur Tauben über der Saat und Klatschmohn, Kornblumen und Kamille am Rand der Felder, hin und wieder das Rumpeln der Zechenbahn.

Und heute: ein paar Arbeitsplätze immerhin für die Region und Autokennzeichen aller Herren Länder. Sonst nichts als Lärm, Betriebsamkeit und Dieselgestank.

Da bin ich froh, wieder in meinem Garten zu sein, von dem ich nie richtig los- und fortgekommen bin.

Im Garten sprudelt meine Quelle ganz nach Bedarf und Lust und Laune. Mal als Glocke, als Fontäne, mal Kaskade, Tulpe, was weiß ich. Mal plätschernder Miniaturwasserfall über den zum Zaun hin aufgeworfenen Hang, mal schäumende Stele mitten im Teich, ganz nach Belieben, doch angetrieben stets mit den 150 Watt meiner Elektropumpe. Halbtief im Teich bringt sie nie versiegend Leben in mein totes Gewässer. Wenn an heißen Sommertagen der Wasserspiegel sinkt, pumpe ich aus fünfundzwanzig Meter Tiefe glasklares Wasser nach. An meiner Stromrechnung lese ich es ab.

Im Garten finde ich das Reststück Idylle, das ich suche, wenn rechts und links und ringsumher bis an mein Tor und meine hohe Hecke die Steine kochen, Laster lärmen, Köter kläffen. Die getigerte Katze streicht mir um die Füße, der alte Plastikgartenzwerg, in den Farben so frisch, als sei er gestern gekauft, schielt aus seinem Efeuversteck Richtung Terrasse.

Längst sind es nicht mehr nur *die Autobahnen, Autobahnen,* längst ist das Stückchen Himmel über meinem Garten genauso verlärmt vom Brummen und Dröhnen der Motoren. Übergangslos - von den tieffliegenden Militärmaschinen, den knatternden Hubschraubern und heulenden Düsenjägern zu den Urlaubs- und Geschäftsflugzeugen: Flughafen Dortmund-Unna. Immer mehr noch sollen neue gewinnverheißende Routen in das schon dichte Liniennetz eingewoben werden. Dabei steht unser Haus, auch wenn die immer zahlreicheren Flieger immer näher kommen, immerhin einige Kilometer abseits der Einflugschneisen. Königsborn, Unna und Massen sind weit ärger betroffen.

Im Garten zwischen Sträuchern und Stauden schaffe ich mir mein eigenes Binnenklima, und das Thermometer zeigt glatt ein, zwei Grad weniger hinter der Buchenhecke als davor auf kurzgeschorenem städtischen Rasen oder den breiten Asphaltbändern am Kamener Kreuz oder Karstadts endloser Blechfassade oder all den Parkplatzwüsten um mich her. Im Garten zwischen Sträuchern und Stauden atme ich auf, vergesse die Autobahnen, den Flugverkehr, zähle die Goldfische im Folienteich, staune, daß sie sich vermehren, warte vergebens auf den ersten Frosch.

Im Garten atme ich an manchen Sommertagen zwischen den Rosen unserer Liebe Duft. Vor der alten Bruchsteinmauer liegst du auf der Decke im Gras vom langen Winter noch etwas blaß. Selten Zeit, liegst du heute ausnahmsweise unter tiefblauem Himmel, und über Unna schwenken die Flieger ein.

Monika Littau

Ruhe und Bewegung

Die Drüggelter Kapelle am Möhnesee

I. Bewegen

Überzeugt bin ich, dass es gerade mein Nichtwissen ist, das eine höchst produktive Eigenschaft hat: Es schickt mich auf den Weg, und sei es nur auf den ehemaligen Hellweg, die A 40, auf der sich nun, am Freitagnachmittag, in Richtung Ruhrgebiet der Verkehr staut. Ich bin froh, dass ich mich auf der Gegenfahrbahn befinde.

Mein Tagespensum an Kilometern liegt nie unter hundert. Hundert Um-zu-Kilometer. Hundert Abreißkilometer wie Abreißkalenderblätter, die keine Bewegung darstellen. Kilometer ohne innere Neugier sind statisch. Bewegung ist keine Frage der Entfernung, sondern eine innere Haltung. Im Moment bewege ich mich.

Polizei mit Blaulicht sichert eine Unfallstelle ab. Bei dem Wetter kein Wunder, dass es zu Auffahrunfällen kommt. Ein stürmischer Regen klatscht an die Windschutzscheibe und jagt braune Laubblätter durch die Luft, die am Boden angekommen aus der Autobahn eine Rutschbahn machen. Am Autobahnkreuz Unna-Ost wird der Verkehr zäh, rot leuchten die Bremslichter. Tausende sind gestartet, um Arbeit, Alltag hinter sich zu lassen, und sind nun gezwungen zu warten, sich zu gedulden. Ich hoffe, dass aus dem zähen Fließen kein echter Stau wird. Sicherheitshalber schalte ich die Nachrichten ein.

»Es ist 15 Uhr. Nach neuntägigen Verhandlungen haben sich Israelis und Palästinenser geeinigt. Das in der Nähe von Washington ausgehandelte Abkommen soll noch heute Abend unterschrieben werden… Israel zieht sich aus weiteren 13% des Westjordanlandes zurück. Die Palästinenser streichen den Aufruf zur Zerstörung Israels aus der PLO-Charta. … UNO Generalsekretär Anan gratulierte Ministerpräsident Netanyahu und PLO-Chef Arafat. Rechte Oppositionspolitiker dagegen warfen

Netanyahu Verrat vor und kündigten das Scheitern seiner Regierung an. Die radikale Palästinenserorganisation Hamas will ihre Anschläge trotz des Abkommens fortsetzen...«

Weitere Nachrichten, das Wetter und endlich der Verkehrsbericht. Staus werden aus ganz Nordrhein-Westfalen gemeldet, aber die A 44, auf der ich mich nun befinde, ist frei. Ich stelle das Radio ab. Das Hauptgeräusch, das sich einstellt, ist ein Rauschen des Regens und der Fahrzeuge. Ich bin dankbar, ein Dach über dem Kopf zu haben.

Vor mehr als 700 Jahren transportierten Handelsreisende zu Pferde hier Salz und Wein, Pech und Pelze, Teer und Tusche. Das Wort Verkehrsstau gab es da noch nicht. Allenfalls war vom »stowen« in Verbindung mit Wasser die Rede oder vom Verstauen der Waren, die fest gepackt transportiert werden sollten.

Die Hellwegebene lag verkehrsgünstig zwischen Rheinischem Schiefergebirge und Westfälischer Bucht. Auf fruchtbarem Lößland entwickelte sich die waldlose Bördenlandschaft mit Haufendörfern, mit Weizen und Rübenanbau. Hier wuchsen kleine Zentren als Kornmärkte, denen teilweise durch ihre Salinen besondere Bedeutung zukam, wie Unna, Werl und Soest.

Ich stelle mir vor, wie andere, ähnlich wie ich, auf dem Weg zur Drüggelter Kapelle waren, um von dort aufzubrechen ins Heilige Land, um Jerusalem von den Barbaren zu befreien. Auch damals gab es keinen Frieden im Nahen Osten. Die Männer hatten sich ein Kreuz auf die Schulter geheftet, so dass sie weithin als Kreuzritter zu erkennen waren. Ihre Reise war Abenteuer und Pilgerschaft. Sicher war ihnen der Nachlass ihrer Sünden.

Baumreihen trennen die Autobahn von der Landschaft, die manchmal einen Augenblick lang freigegeben wird: Eine wellige Oberfläche wird sichtbar, landwirtschaftlich genutzt. Im grauen Licht drängen sich die tristen Töne auf: grau-braun, manchmal ein mattes Grün. Waren das Zuckerrüben? Die Baumreihe schließt sich wieder. Vorbei. Ein Schild weist den Rastplatz am Haarstrang aus.

Endlich biege ich von der Autobahn ab und fahre die B 229 Richtung Möhnesee.

Nach kurzer Zeit ist ein Steinkistengrab ausgeschildert. Ja, ich befinde mich auf historischem Boden. Ich kreuze den Haarweg, einen mittelalterlichen Handelsweg, auf dessen Höhe der Bismarckturm an der Straße von Soest nach Arnsberg einen weiten Blick über die Münsterländer Bucht im Norden und den Arnsberger Wald im Süden bietet. Vom Haarstrang fallen die Kreideschichten steil zur Möhne ab. Im unteren Teil des Hanges, einer Plateaufläche, haben sich Dörfer entwickelt, auf der Grenze zwischen den beiden Naturräumen im Quellhorizont der Kreide gegen die karbonischen Schiefer. Aus Delecke und Drüggelte, habe ich gelesen, mussten 700 Menschen umgesiedelt werden, bevor 1913 der Möhnesee geflutet wurde. Ich weiß, dass Drüggelte zwischen Körbecke und Delecke am See liegt, aber das ist auch alles. In der Straßenkarte war die Bauernschaft nicht eingezeichnet. Ich stelle mir vor, wie die weiße Kapelle weithin sichtbar über das Tal blickt.

Meine Vorstellung erweist sich allerdings als falsch. In Körbecke muss ich noch einmal fragen und erhalte die Auskunft, dass ich mich an der Uferstraße rechts halten muss.

Im Sommer werden hier Scharen von Wasserfreunden zum See strömen, werden die Abfallkübel von Eispapier überquellen. Heute allerdings wirkt die Promenade, als sei das Saisonende endgültig. Der Möhne ist alle Farbe genommen. Auf dem mächtigen Grau schaukelt ein einsames gelbes Boot, in dem zwei Menschen, offensichtlich unbeeindruckt vom Wetter, in gelbem Regenzeug angeln. Das Gelb lässt die Tristheit umso trauriger wirken.

Nach kurzer Zeit finde ich ein braunes Hinweisschild zur Kapelle. Zu sehen sind aber nur einzelne Höfe. Das Schnattern von Gänsen begrüßt mich. Ich folge dem Parkplatzschild und biege an einem hölzernen Wegkreuz links ab, bin immer noch verwundert, dass ich die Kapelle nicht entdecken kann. Dann endlich stelle ich fest, dass das »Kleinod Westfalens«, eines der vielleicht ältesten Gebäude der Region, von den Höfen wie zum Schutz umschlossen, sich genau in der Mitte befindet. Als solle der Besucher sich von den äußeren Wirtschaftsgebäuden nach innen vorarbeiten. Die Reliefenergie kommt zur Ruhe an dieser Stelle auf halber Höhe zwischen Berg und Tal. Darunter aber muss die unsichtbare Grenze verlaufen zwischen Kreide und Karbon, zwischen Paläozoikum und Mesozoikum, eine Grenze, entstanden, lange bevor der Mensch im Holozän erschien, lange bevor er ein Haus baute, eine germanisch-heidnische Kultstätte, eine christliche Kapelle.

II. Begegnen

Neugier und Naivität paaren sich, als ich von meinem Schirm geschützt durch den Hof der Wirtschaftsgebäude gehe. Am Rand stehen einige junge Birken in herbstlichem Gelb. Hohe Kastanien überdachen den Hofraum. Braun und nass hängen die Blätter an den Ästen, sind schon auf den Kiesweg und die Wiese gefallen, wo sie sich in einen dunklen Matsch verwandeln. Aufgestapelte Bänke und Tische zeugen davon, dass hier im Sommer ein beliebter Ausflugsort zu sein scheint. Auf der Grasfläche sind moderne Skulpturen aufgestellt. An einer Haustür steht ein Mann mit weißem Stock. Ich grüße ihn, denke, dass Blinde ein besonders scharfes Gehör haben. Aber mein Gruß bleibt allein. Am Backhaus brennt das Außenlicht.

Hier wohnen Menschen, aber heute wirkt alles alleingelassen.

In dem Prospekt, der mir vorliegt, stand, dass die Kapelle vom Sonnenaufgang bis Sonnenuntergang geöffnet sei, eine Formulierung, die ich für unsere Breitengrade als höchst ungewöhnlich empfand. Im Moment habe ich das Gefühl, dass sie geschlossen sein müsste.

Vom Hof führt ein schmaler Fußweg um die Kapelle zum Eingang. Ein zwölfeckiger, ja runder Zentralbau in schmuckem, frischem Weiß mit schwarzem Schieferdach. Restauriert. Inmitten der rechteckigen Wirtschaftsgebäude ein romanischer Rundbau, eine Rarität.

Die neue Welt ist eckig und nicht rund. Runde Bauten erinnern mich an keltische Steinkreise, an Stonehenge, an einen afrikanischen Kral mit runden Hütten, rundem Viehkral, runder Anordnung der Hütten. Wer einen Kreis um sich zieht, der schützt sich, wer in einem Pinselstrich Vollendung schafft, der hat die Mitte gefunden. Im Kreis wohnen die Götter, im Kreis, in der Ellipse wandert die Erde um die Sonne.

Im runden Zimmer kann der Teufel keine Ecke zum Verstecken finden, sagt ein englisches Sprichwort.

Die Christen standen dem Runden oft skeptisch gegenüber, weil sie es für heidnisch hielten, für erdverbunden, für weiblich. Das scheint auch hier der Fall zu sein, denn im Volksmund wird die Drüggelter Kapelle auch die »Heidenkapelle« genannt.

Das Bild vom Kreis widerstrebt dem christlich geschulten Denken, das auf ein Ziel zusteuert, zutiefst. Der Weg führt vom Leiden zur Erlösung, wird markiert von Gut und Böse, Hell und Dunkel, Reinheit und Sünde. Es wird geschieden und getrennt, zerrissen und entzweit. Die diebische Hand wird abgehackt.

Der Kreis steht für Gefangenschaft, für Wiederholung, ist Kafkas Manege, in der die lungensüchtige Kunstreiterin herumgetrieben wird. Bis einer etwas verändert, die Reiterin, der Direktor oder der Zuschauer, bis einer von ihnen innehält.

Eine Informationstafel ist am Weg aufgebaut: Gründer der Kapelle ist Graf Gottfried II. von Arnsberg. Urkundlich erstmals erwähnt wird der Ort in Verbindung mit einem Grundstücksverkauf, den Gottfried durchführte, um Geld für einen Kreuzzug zu gewinnen, an dem er 1217 teilnahm. Als Zeugen sind Adelige genannt, vielleicht Mitstreiter auf dem Weg ins Heilige Land.

Ich stehe vor einer eichenen Tür mit darauf genieteten eisernen Bändern, rechts und links flankiert von zwei Säulen, deren Kreidezeichen verdeutlichen, dass die Heiligen drei Könige auch in diesem Jahr hier waren: Caspar, Melchior und Balthasar 1998. Über den Säulen spannt sich ein steinernes Firmament im Halbkreis, umsäumt von einer aus dem Stein geschlagenen Kordel. Ich drücke die Klinke.

III. Anschauen

Das hat mich gereizt: die vielen ungelösten Rätsel, die die Kapelle aufgibt. Was sie einmal war? Eine Haus-, Hof- oder Hubertuskapelle? Ein Baptisterium? Eine Kreuzfahrerkapelle? Ein Kalendarium? Eine Nachbildung der Heilig-Grab-Kapelle in Jerusalem? Ein Ketzerkirchlein der Katharer? Ein christliches Zeugnis oder eine germanische Kultstätte? Vieles wurde vermutet, das meiste widerlegt.

Nun bin ich also im Innern. Ich fühle mich von der Dunkelheit aufgenommen. Dieser Tag ist vom Grau gezeichnet. Die Kapelle verstärkt diesen Eindruck noch. Es ist nicht geheizt, so dass zur Dunkelheit noch ein Gefühl der Kälte tritt. Nein, da ist durchaus kein Gefühl in einem kultischen Uterus Unterschlupf gefunden zu haben. Ob es hier Licht gibt?

Weiße Lampen hängen von der Decke, aber einen Schalter finde ich nicht. An den Wänden stehen einfache Holzbänke. Ich setze mich, um den Eindruck des Raums auf mich wirken zu lassen.

Er scheint zur Mitte einzustürzen. Als wollten die massigen Säulen des Innenraums sich zu Boden beugen. Vier Säulen, zwei gedrungene mit großem Durchmesser und zwei leichtere, bilden den inneren Kreis. Rundrum sind im Reigen zwölf Säulen errichtet und teilen den Raum in zwei weitere Ringe bis zur Außenmauer. Über den inneren Gang erhebt sich ein schweres Tonnengewölbe, im äußeren leichtere Stichkappen. Im Grundriss mag die Kapelle einem Mandala gleichen. Zum Osten gibt es eine kleine Apsis, der ich mich nun zuwende. Darin steht ein Altar mit einem aus Naturholz gefertigten Kreuz. Der Körper Christi ist nur vorsichtig herausmodelliert, die Wundmale sind durch Nägel gezeichnet, über dem Kopf eine Krone, rechts und links vom Kreuz die letzten Begleiter. Haltbares Heidekraut und ein rotes Grablicht, das nicht brennt.

Die Mitte des Raumes wirkt drückend, so als solle der Mensch, der hier eintritt, auf den Boden gezwungen werden, zurückkehren zu dem, was er einst war. Zu früheren Zeiten muss es über der Mitte eine Öffnung zum Himmel gegeben haben, durch die das Sonnen- und Mondlicht einfallen konnte. So wäre der

Mensch gleichzeitig in eine Vertikale gespannt. Erst im Barock erhielt das Dach in der Mitte ein achteckiges Zwiebeltürmchen, einen Dachreiter.

Da mich die Kapelle umschließt wie ein Kokon, in dem sich etwas verpuppen soll, kann ich bei dem tristen Herbstwetter kein Lichtspiel ausmachen. Nein, es wird nicht einmal deutlich, wo sich die Sonne befinden mag, jetzt um halb vier nachmittags an einem Tag Ende Oktober hinter den halbrunden Bleiglasfensterchen.

Phantasie und Vorwissen müssen helfen. Mit dem Blitzlicht des Fotoapparats erhelle ich für kurze Zeit den Raum, versuche die Zeichen der Kapitelle zu erkennen.

Zwölf Säulen, zwölf Monate, ehe ein neues Jahr kommt, ehe der Kreis von neuem beginnt. Da, wo die Sonne aufgeht im Osten, im Zeichen der Fische, strahlt tatsächlich vom Kapitell eine Sonne. Es ist die Lichtsäule. Ihr gegenüber, im Westen, im astrologischen Zeichen der Jungfrau, sind in das Kapitell drei fremdartige Gesichter geschlagen und ein Widderkopf.

In meinen Kindheitsbildern ist der Teufel behörnt, stehen die Hörner für Widerstand, Eigensinn und Bosheit.

»Trigelta«, wovon der Name Drüggelte wohl nicht abstammt, war eine slawisch-heidnische Gottheit, die durch den Dreikopf dargestellt wurde, der die Macht über das Himmlische, Irdische und Unterirdische darstellte.

Die Lichtsäule ist zudem mit drei sternförmigen Malzeichen, die für »Gabe« stehen, versehen und einem Quadrat, das sie verbindet und den Runenzeichen entnommen ist.

Durch seine Zeichen ist der Raum zwischen den Polen von Gut und Böse, von Licht und Dunkelheit gespannt. Die Säulen im Süden und Osten sind reich verziert und zeigen positive Zeichen, runde Formen, Pflanzen, Lebensbäume, während die Kapitelle im Norden und im Westen kaum ausgearbeitet sind.

Bis auf das neue Holzkreuz, das in der Apsis steht, entdecke ich kein christliches Zeichen.

IV. Vermuten

Eine Einbaumtruhe aus dem Jahr 1172 steht als einziges Einrichtungsstück neben den Bänken im Raum. Sie ist aus einem einzigen Eichenstamm gefertigt und von Eisenbändern gefasst. Auf dem Deckel ergeben sich dadurch 24 Flächen zwischen den Bändern. Wer weiß, was sich im engen Innenraum befand: Vielleicht waren es tatsächlich Runenstäbe, wie vermutet wird, die ausgeworfen wurden, um das Schicksal der ausziehenden Kreuzritter zu bestimmen, ihnen ein Orakel mit auf den Weg zu geben. Mag sein, die Truhe stand in der Mitte des Raums zwischen Gut und Böse, zwischen Orakelndem und Ritter und Licht fiel von oben auf die Fächer.

Walther fällt mir ein mit seinem Altersgedicht »Owe war sind verswunden alliu miniu jar!« Da heißt es: »Oweh wie wir mit süßen Dingen vergiftet sind! Ich sehe die bittere Galle inmitten des Honigs schwimmen. Die Welt ist außen schön, weiß, grün und rot – / und innen von schwarzer Farbe und finster wie der Tod.«

Ja, gerade dieses Schwarz ist es, das ich an diesem Ort empfinde, die Absorbtion des Bunten: Ernst und Geheimnis, Trauer und Tod. Der Minnesänger sah seine Rettung schließlich im ersehnten Zug übers Meer. Er glaubte, dass diese Reise ein Ende seiner Klage bewirken könne: »Dann würde ich freudig singen, und niemals mehr oweh, niemals mehr oweh!«

Vielleicht versuchten die Männer hier Abschied zu nehmen von der Klage und der Dunkelheit. Vielleicht glaubten sie, den Seelenfrieden im Heiligen Land zu finden mit der Hoffnung, die ganze Welt zum Christentum zu führen.

V. Fühlen

Vielleicht sind meine Sinne nicht wach genug, um die Kräfte dieses Ortes zu erspüren. Man sagt, gerade Radiologen seien interessiert an der Kapelle, weil sie hier besondere Kraftfelder fänden. Ein magischer Ort. So wie die Bergleute Kanarienvögel auf ihre Fahrt untertage mitnahmen, weil sie schneller auf austretende Gase reagierten, so wünsche ich mir ein Tier, das noch unverstellter als ich wahrnehmen könnte. Wohin würde sich ein Hund stellen. In die Mitte? An den leichteren Rand?

Vielleicht waren die Germanen noch in der Lage, Kraftfelder zu erspüren und errichteten hier eine erste Kultstätte unter freiem Himmel, unter Bäumen. Das ist nicht mehr zu erforschen, sondern bleibt Vermutung.

VI. Hören

Ich sitze wieder auf einer Bank und höre. Außer dem Regenrauschen von draußen ist es still. Meine Schritte hallten eben noch in Schallwellen durch den Raum: Von der Mitte zum Rand und vom Rand zur Mitte. Ich versuche ein zaghaftes tiefes »Ah« zu singen. Das hallt wider und wider. Es erinnert mich an das Durchfahren eines Tunnels mit dem Fahrrad und der kindlichen Freude am Entdecken der Vervielfachung des ausgestoßenen Lautes. Ich schicke ein mutigeres, lautes »Ah« hinterher.

Sicher muss der Eindruck von Männerstimmen, die einen gregorianischen Choral anstimmen, mächtig in diesem Raum wirken. Aufgereiht an den Außenwänden müsste im Zentrum eine große Kraft zu spüren sein. Mir drängt sich eine Szene aus Jef Gereerts »Sanpaku« in der Erinnerung auf, in dem Bachs Sarabande, 5. Cello-Suite in c-moll, in einer Kirche gespielt wird.

»...eine gläserne Glocke senkte sich über ihn, die ganz langsam leergepumpt wurde. Als die Luftleere entstand, gefolgt von einem äußeren Druck auf seine Trommelfelle, wurde sein inneres Ohr ungewöhnlich präzise, und der Bogen wurde von der D-Saite angezogen wie von einem Magneten. Als der erste Takt der Sarabande durch die Kirche hallte, wußte er, daß er das Stück spielen würde, wie er es noch nie zuvor gespielt hatte. Was danach passierte, hatte er ebensowenig jemals erlebt: Die Musik vibrierte in seinem Brustkorb, klang aber zugleich weiter entfernt. Er fühlte sich als Spieler und Zuhörer zugleich... Er wurde von einem Dreieck umgeben, dessen Spitze im Zentrum der Kuppel senkrecht über ihm war und dessen Schenkel endeten, wo die Mauer in den Fußboden überging....

Der Bogen lag gewichtslos in seiner Hand und schwebte im luftleeren Raum einer Glocke, die ihrerseits in einen anderen Raum integriert war, der aus Zahlenrelationen bestand...«

»Sanpaku«, die Todesaugen, die einige Samurai besessen haben sollen, zitiert die Kräfte der Erde und der Musik.

Der Todesspur kann ich nicht folgen, ich höre Schritte draußen vor der Kapelle. Der Riegel schnappt hoch, die Tür wird geöffnet. Ein Mann tritt ein, mit einem Instrumentenkoffer. Er wendet sich einem Kasten neben der Tür zu und macht Licht. Endlich.

Die Tür bleibt offen stehen. Nach und nach treten Frauen ein. Ein Kinderwagen wird hereingeschoben. Es handelt sich um eine Führung, die zur Einstimmung mit John Dowlands Lautenmusik beginnt, »Heavenly Noyse«, eine leichte, versöhnliche Musik des englischen Golden Age. Ich stelle mir eine Essenstafel vor, bei der die Musik von oben, also vom Himmel eingespielt wird. Sie wirkt in diesem Raum zu leicht. Die Überakustik verstärkt nicht nur das Gitarrenspiel, sondern auch das Kinderkrähen. Das Kind wirft die Spielzeuge von sich, die dumpf und hallend auf den Steinboden fallen.

VII. Sehen

Nun, da es hell ist, kann ich manches genauer betrachten. Vom Rand zur Mitte.

Von der Sonnensäule der Tag- und Nachtgleiche im Frühjahr gehe ich zwei Schritt weiter nach Süden. April: Zwei Halbkreise sind mit der Schnittkante an eine Vertikale gelegt. In den Kreisen ist jeweils ein Dreieck zu finden. Eingefasst ist das Zeichen in einen größeren Halbkreis. Ein Phallus, zwei weibliche Rundungen, darin jeweils der Keim zu neuem Leben. Das Zeichen hat Ähnlichkeit mit dem »Ingwaz«, dem Runenzeichen für den Fruchtbarkeitsgott.

Im Mai, eine Säule weiter, finden sich im Kapitell ein Kreis, ein Stern und eine Blume. Im Juni winden sich zwei Stämme umeinander, aus denen je ein Dreiblatt hervorsprießt. Und auch der Lebensbaum hat je drei Blätter zu jeder Seite. Dreifältig stellt sich das Leben dar. Nur am 21. Juni, am Sonnenwendtag, wird die Kapelle von einem Lichtstrahl durchdrungen, sagen die Leute.

Im Juli, im Zeichen des Krebses, sind Halbmonde ins Kapitell gemeißelt, je zwei, wie runde, nährende Brüste.

Am August gehe ich vorbei und komme dorthin, wo sich Tag und Nacht im Übergang zum Herbst und Winter die Waage halten. Ein zweites Mal stehe ich vor den fremden Gesichtern, die stolz ihre Kinnspitzen aus den Ecken des Kapitells nach vorn strecken, während der Widder das Haupt senkt zum Angriff. Ab jetzt werden die Tage kürzer als die Nächte, beherrscht Dunkelheit das Jahr. Das Licht zum Wachstum fehlt. Die Kapitelle bleiben leer. Nur der November, der Todesmonat, ist gezeichnet von zwei Linien, von denen die eine jäh abbricht.

Die Dezembersäule im Norden zeigt nichts, obwohl hier die Wintersonnenwende liegt, obwohl Germanen und Christen in diesem Monat die Neuankunft des Lichtes feierten und feiern. Ich denke an die Weihnachtspyramiden, die sich drehen und drehen, bis die Kerzen niedergebrannt sind.

Zeichenlos ziehen die Mondsäulen vorbei, bis das Licht in der Frühlings-Tag-und-Nachtgleiche wieder erstrahlt. Ein Jahr habe ich abgeschritten. Nun wiederholen sich die Zeichen wieder. Jahr für Jahr: die Gerade, der Halbkreis, der Kreis, das Dreieck, die Drei, die Vier, die Zwölf.

Geburt und Tod, Fülle und Vergehen, Form und Leere, beides zusammen ist erst die Welt der Erscheinungen, sind die Gesichter, die vorbeiziehen, etwas und nichts bedeuten.

Der innere Kreis reduziert den Tanz auf zwei Stützen und zwei ausgestaltete Säulen, auf die Dualität zwischen Vielgesichtigkeit der Erscheinungen oder auch Bosheit im Westen sowie den Gaben der Güte im Osten: Schalen, die sich zum Himmel öffnen und gefüllt sind.

An der Schnittstelle zwischen Gut und Böse, zwischen Himmel und Erde, am Einstichpunkt des Zirkels werden all diese Kräfte zu einer Energie, die keine Wertung mehr hat, für die es kein Zeichen gibt. Der Freiraum der Mitte entsteht durch den Tanz der Formen ringsum.

VIII. Bewegen

»Was? Wer? Wozu? Warum? Soviele Fragen, soviele Antworten von Historikern und anderen Forschern,« sagt der Mann, der hier ortskundig ist.

»Manchmal trifft man hier Strahlungsforscher mit Wünschelruten. Manchmal sitzen hier Leute und meditieren. Am stärksten aber wird die Kapelle heute für Hochzeiten genutzt. Ein Künstlerehepaar etwa hat hier den Bund fürs Leben zur Wintersonnenwende geschlossen, und zwar am 21.12. um 21.12 Uhr.« Er schmunzelt.

Das Kind im Wagen schreit. Vielleicht hat es ja nur Freude daran gefunden, dass es in dem Raum so schön widerhallt, Freude an der Macht, diese Führung zu stören.

»Nun sind wir aber richtig durchgefroren«, sagt eine Frau aus der Gruppe.

»Runa« bedeutet gotisch Geheimnis. Heute kennen wir noch das Raunen als Flüstern über Dinge, die geheim bleiben sollen. Ganz so ist es mit dieser Kapelle. Sie könnte in einen Band für »Magisch reisen in Westfalen« aufgenommen werden.

Auch ich habe eiskalte Füße vom Stillsitzen und möchte mich gern bewegen.

Mein Nicht-Wissen hat mich hierher gebracht. Ich habe den Eindruck, es hat sich lediglich vertieft. Wo immer eine Antwort war, hat sich eine neue Frage ergeben. Was weiß ich eigentlich über Zahlensymbolik? Was müsste ich an Astrologie beherrschen, um neue Zusammenhänge zu erkennen? Kunsthistorikerin bin ich natürlich auch nicht.

Wenn ich jetzt noch einen Besuch in Jerusalem anschließen könnte, oder in Goslar, wo eine ähnliche Kapelle stehen soll, vielleicht käme ich dann zu mehr Antworten!

In Drüggelte fängt man an und dann ist man plötzlich irgendwo in der weiten Welt.

Vorerst schütze ich mich mit dem Schirm vor dem nicht nachlassenden Regen, werde gleich den Berg zum Haarstrang hinauffahren bis zum Hellweg, bis zur Autobahn, der alten Ost-West-Magistrale folgen, die Europa seit dem Mittelalter verbindet, ja Ausgangspunkt für weite Reisen bis in den Nahen Osten war.

»Es ist 18 Uhr. Nach neuntägigen Verhandlungen haben sich Israelis und Palästinenser geeinigt…«

Raimon Weber

Die Stadt der Salzfresser und furchtlosen Hüte

Hommage an Kamen

Je weiter man versucht, in die eigene Vergangenheit einzutauchen, desto schemenhafter wird die Erinnerung daran. In der Nähe der Geburt verlieren die Bilder sogar ihre Farben. Die ersten Jahre sind schwarzweiß. Wie die Fotos auf jenen Tagen im Album der Eltern. Ich schaue nicht im blauen Leibchen und mit braunen Augen in die Kamera. Meine ersten Haare erscheinen schwarz und der Kinderwagen schneeweiß. Beides ist falsch.

Ich bin etwas zu früh auf diese Welt gekommen. Ich habe das Erschwinglichwerden der Farbfotografie um wenige Jahre verpaßt. So bleibt jene Zeit auf ewig schwarzweiß.

»Es war furchtbar«, erzählte ein guter Freund jedesmal, wenn wir versuchten die frühen Tage zurückzuholen. Nicht nur schwarzweiß, sondern furchtbar!

Das Furchtbare war für ihn der Ort, in dem er seine ersten Lebensjahre verbracht hatte. In Wirklichkeit mochten es die Umstände gewesen sein. Die kleine Wohnung, Eintopfgerichte, das fehlende Geld.

An Geld schien es damals allen Eltern gefehlt zu haben und unsere Ernährung basierte in erster Linie auf Kaps und Rübenkrautstullen.

Allerdings verfügte meine Familie auch über Whisky, bittere Marmelade und riesige Haferkekse, die mein Vater von kanadischen Soldaten bekam, denen er die Autos reparierte.

Doch mein Freund bestand darauf, das Furchtbare wäre dieser Ort gewesen. Wenige Kilometer von dieser Stadt, die schon längst auch die seine geworden war, sollte also eine furchtbare Ansiedlung existieren.

So ist Kamen, akzeptierte ich, denn eine Überprüfung seiner Schilderungen war nicht möglich. Das halbe Dutzend Kilometer trennte mich von dieser Stadt im Norden, als wäre sie mehrere Tagesreisen entfernt (meine Stadt war Unna). Zudem tauchten ganz andere Probleme auf. Die Vorboten der Pubertät nahmen langsam, aber unaufhaltsam von uns Besitz. Es galt die richtigen Jeans zu tragen, Alkohol im Supermarkt zu besorgen (was damals im wahrsten Sinne des Wortes noch kinderleicht war), sich vor dem Friseur zu drücken und nicht eine ferne, uninteressante Nachbarstadt von dieser Anklage reinzuwaschen.

Einige Male begleitete ich meine Mutter nach Kamen. Also mußte es dort doch etwas gegeben haben, über das unsere Stadt nicht verfügte. Einen Metzger, der die Mettwürste so hinbekam wie in der hessischen Heimat meines Vaters? Oder einen besonders preisgünstigen Schuhmacher?

Es gab eine Art Stadttor, das uns jedesmal den Zugang für längere Zeit verwehrte. Ewig, so schien es mir, mußten wir auf den schwarzen, im Sommer siedendheißen Kunstledersitzen des Peugeots ausharren, bis sich die rotweiße Eisenbahnschranke endlich das letze Mal hob, um uns einzulassen. (Die Schranke haben sie später beseitigt und den Verkehr verlegt. So ist Kamen endlich zur offenen Stadt geworden.)

An das, was ich damals vom Auto meiner Eltern aus von Kamen gesehen habe, kann ich mich nicht mehr erinnern. Zu sehr beunruhigte mich der Gedanke an die erneute und noch unerträglichere Warterei auf der Rückfahrt, bis endlich der Güterzug vorbeigerattert war oder sich der träge und dunkelrote Triebwagen bequemt hatte, den Weg freizumachen. Manchmal blieb er direkt vor uns stehen, als wollte er mich verhöhnen, während das erhitzte Plastik im Peugeot zu stinken begann.

Kamen blieb fern und exotisch wie Madagaskar oder die DDR, bis meine Freunde und ich endlich motorisiert waren. Und es gab einen einzigen Ort in Kamen, der für uns allergrößte Bedeutung erlangte.

Kamen verfügte über einen Laden, den Unna nicht aufzuweisen hatte: An- und Verkauf von Schallplatten.

Wir karrten unsere Lp's auf den Gepäckträgern unserer Mofas dorthin, um sie gegen den gerade angesagten Krautrock einzutauschen. Der Kurs lag ungefähr bei vier bis fünf gebrauchten Deep Purple, Ten Years After und T. Rex Scheiben gegen eine neue Grobschnitt oder Jane. Wie sollte ich das bereits wenige Jahre später bereuen!

Nach dem nur scheinbar guten Geschäft für uns, verzehrten wir in der Imbissbude gegenüber noch eine Currywurst, um dann die Fremde zu verlassen.

Ich nahm damals tatsächlich an, die Leute dort würden merken, daß wir nicht aus ihrer Stadt stammten.

Im Verlauf der nächsten Jahre – das Mofa wich einem Kleinkraftrad und schließlich einem Käfer – zog mich Kamen immer mehr in seinen Bann. Hier konnte ich unerkannt untertauchen. In Unna wurde ständig gepetzt, wenn man irgendwo *unangenehm* auffiel. Schließlich versuchten wir gerade – wie so viele damals – Rockstars zu werden, und wir glaubten eine gewisse exzessive Freizeitgestaltung würde diesem Ziel gut zu Gesicht stehen. In Wirklichkeit waren wir aber Schreiner, angehende Kaufmänner und Studenten.

Es gab da diese Kneipe unter den Betonpfeilern der Hochstraße. Sie schien wie für mich gemacht. Ein großer Raum in ewiger Dämmerung. Eine endlose Theke mit einem Pistazienautomaten und einem Wirt dahinter, der Geschichten erzählte und nicht ganz farbechte Polaroidaufnahmen herumreichte, die ihn in schwarzen Damenstrumpfhosen zeigten. Manchmal verschwand er in der kleinen Küche hinter der Schwingtüre, die mich immer an einen Saloon erinnerte. Aber er verwandelte sich dort nie in einen Marshall. Er packte dort die vorgefertigten Schinkentoasts und Hot Dogs mit Speck aus der Plastikfolie und wärmte sie in einem kleinen Elektroofen auf.

Eine kurze Zeit lang gab es Hackfleisch im Blätterteig, das er von dem türkischen Pächter eines Kiosk bezog. Doch der Kiosk wurde von einem Auto gerammt und kippte um. Das bedeutete das schnelle Ende der Hackfleischsaison. In der Zeitung soll ein Foto vom umgefallenen Kiosk abgebildet worden sein.

Nur ganz selten begegnete ich dem Wirt außerhalb dieses Mikrokosmos, dann erschien seine Gesichtshaut von einem violetten Adergeflecht marmoriert und ich dachte: Er reibt sich für uns auf.

Er gehörte zu der Sorte Männer, die man nicht berührt und die andere nicht berührt. Abgesehen von einem gelegentlichen Schlag auf die Schulter.

Selbst im Sommer blieb die Kneipe kühl. Im Winter wurde es manchmal so kalt, daß die Eiswürfel in den Drinks überflüssig wurden. Dann machte sich der Wirt mit einem Kanister zur nächsten Dieselsäule auf, um die Heizung zumindest für eine Weile in Gang zu bringen.

Es schien eine Reihe von Gästen zu geben, die jene Kneipe zu ihrem Wohnsitz erkoren hatten. Sie erklommen, kaum daß der Wirt die Tür geöffnet hatte, ihren Barhocker und schütteten mit wenigen Worten Bier und Schnaps in sich hinein, bis der Morgen graute.

Wer vom Wirt akzeptiert werden wollte, mußte ein Mindestmaß an Interesse für seine Angelleidenschaft aufweisen. Er präsentierte den Gästen Haken mit seltsamen, bunten Ködern, erläuterte uns, wie man beim Welsfang vorzugehen hat und servierte hin und wieder kostenlos die Ergebnisse seiner Ausflüge an Flüsse und Seen.

Einmal gab es Aal. Im Halbdunkel der Kneipe schien das Stück auf dem Teller vor mir, wie aus einer monströsen Würgeschlange herausgetrennt. Ich säbelte vorsichtig an dem lederartigen Äußeren herum und stopfte in einem unbeobachteten Moment alles wenig elegant in mich hinein. Ich hatte das Gefühl, eine fettige Handtasche zu verzehren. Den Wirt beeindruckte ich jedoch mit der Antwort auf seine Frage, wo ich denn die Haut gelassen hätte.

»Die esse ich immer mit«, log ich noch immer kauend. Woher hätte ich denn wissen sollen, daß man dieses Tier vor dem Verzehr schält?

Neben dem für mich damals überaus attraktiven Nachtleben Kamens verfügt die Stadt über eine weitere Besonderheit, die ich erst bewußt an jenem Morgen wahrnahm, nachdem ich dort die erste Nacht bei Freunden verbracht hatte.

Natürlich hatte ich die Brücken der Stadt schon des öfteren überquert, den Wasserlauf darunter für einen kleinen Fluß gehalten, den man in ein Betonbett gezwungen hatte. Doch während ich mit der Brötchentüte in der Hand im grellen Licht eines Samstagmorgens verkatert auf das trübe Wasser blickte, bemerkte ich, was da so eilig unter mir vorbeitrieb. Da schwammen sie vor aller Augen mitten durch die Stadt, die gebrauchten Binden und Verhütungsmittel, die Essensreste und Exkremente der

Bürger und Bürgerinnen. Eine offenliegende Kanalisation. Grachten mit Kot und Kondomen.

Ich war nicht angeekelt, sondern überrascht von dieser ganz besonderen Offenheit einer Stadt.

Jahre später verließ ich meinen Geburtsort, brach fast alle Brücken hinter mir ab und wählte für mein weiteres Leben Kamen aus. Ich erkundete in den ersten Wochen, jene Teile der Innenstadt, die mir bisher verborgen geblieben waren. Mit dem Gefühl, nun dazuzugehören.

Meine neue Wohnung befand sich in unmittelbarer Nähe zur offenliegenden Kanalisation. Hinter dem Haus führte ein Fußweg zu einer Brücke. Von dort aus blickte man in ein kleines Tal. Abgeriegelt durch Zäune und Verbotsschilder. Bei starkem Regen trat das Wasser über die Ufer und hinterließ im Gras einen graubraunen Schlamm. Keine hundert Meter weiter ragte eine weitere, wesentlich größere Brücke über das kleine Tal des Scheißebachs. Züge rasten dort vorbei und ich fragte mich, ob die zahllosen Ratten, die dort unten hausen mußten, sich jedesmal von neuem erschraken. Vielleicht erlitten die Veteranen unter ihnen sogar einen Herzanfall.

Abends schwebte manchmal feiner Nebel über dem Wasser im Tal, dann kamen sie hervor. Ich hörte die Ratten geschäftig rascheln und quieken. Manchmal wagten sie sich sogar auf die Brücke und den Weg. Nur widerwillig zogen sie sich mit ihren nackten Schwänzen vor mir in die Dunkelheit zurück.

Katzen durchstreiften das Gelände auf der Jagd nach ihnen. Sie mußten vorsichtig sein. Rutschten sie in das steile Betonbett des Baches, waren sie verloren.

Ein Stück neben der Brücke überquerte ein Rohr den Bach. In der Mitte ragte ein Kranz angespitzter Metallstäbe sternförmig nach allen Seiten. Er sollte der Kletterei der Kinder ein Ende bereiten.

Hinter der Brücke führte der Weg fast direkt zu der Kneipe unter der Hochstraße. Auf der einen Seite verliefen die Eisenbahnschienen, auf der anderen wucherte ein schmaler und lichter Waldstreifen. Unter den Farnen und Büschen verbarg sich der achtlos weggeworfene Zivilisationsmüll. Vom abgefahrenen Autoreifen bis zum ausgedienten Kühlschrank.

Tagsüber durchstreiften Kinder diesen Schrottwald, waren Soldaten und Abenteurer und rauchten ihre ersten heimlichen Zigaretten.

Aber in der Nacht schien der Weg isoliert vom Rest der Stadt. Die wenigen Laternen bildeten weit auseinanderliegende Inseln trüben Lichts. Dazwischen herrschte Schwärze. Dann ein Schnellzug, der in wenigen Metern Entfernung vorbeiraste und für Sekunden erhaschte man Einblick in neonerleuchtete Abteile.

Am Tage würde diese Strecke wenig beeindrucken, aber bei Nacht entwickelte sie eine ganz besondere Faszination.

So kenne ich den Ort genau, der mich zum Schreiben gebracht hat. Nicht zurück zu dem Aufschreiben jugendlicher Geschichten. Diesem Konglomerat aus den Wirren der Pubertät, der Umsetzung von gelesenen Abenteuern in den wöchentlich erscheinenden Heftchen oder dem einst so angenehm betulichen Fernsehen.

Die Stadt heißt Kamen und der besondere Ort in ihr ist dieser Fußweg.

Zwanzig Minuten in einer nie lautlosen Dunkelheit, bis die Betonbrücke unter den eigenen Schritten erhallt.

Zwanzig Minuten Zeit, um im Hirn Stories entstehen zu lassen.

Es begann mich eine Leidenschaft zu packen, die mich trotz nächtelanger Arbeit an den Texten nur für kurze Zeit mit dem Niedergeschriebenen zufrieden sein ließ. Ich begann die Menschen intensiv zu beobachten und kritzelte auf Bierdeckeln Fragmente ihrer Unterhaltungen mit.

Was gab es da nicht alles in Kamens Kneipen zu später Stunde zu notieren:

»Mutti, hast du das UFO an der Autobahn auch gesehn?«, wurde die Wirtin gefragt.

»Nee, als ich kam, war es schon weg. Aber da war alles voller Schlamm!«, antwortete sie voller Ernst.

Oder jener alte Mann, der mehrmals besorgt nachfragte, ob mir sein Hut auf der Fensterbank Angst mache. Als ich verneinte, teilte er mir mit, das sei gut so, denn auch seinem Hut wäre dieses Gefühl völlig fremd. Wir hätten also etwas gemeinsam.

Dann gab es den Salzfresser, der seine Mitmenschen damit beeindrucken wollte, daß er den Inhalt aller Salzstreuer einer Kneipe auf seine Fritten schüttete, bis sie unter den weißen Kristallen fast vollständig verschüttet waren, um anschließend das Ganze mit theatralischer Geste zu verzehren. Sein groteskes Schauspiel vollzog er schweigend.

Wenn ich Kamen zu fortgeschrittener Stunde Bekannten aus den großen Metropolen zeigte und sie mit besorgtem Unterton die Frage stellten: »Hier lebst du?«, spendierte ich gutgelaunt eine Runde für sie, damit sie länger bleiben konnten.

Meine einstige Stammkneipe ist einem Parkplatz gewichen. Ich weiß noch genau, wie der Wirt am letzten Tag vor mir stand. Er trug eine schwarze Wollmütze und sah ein wenig aus wie ein Hafenarbeiter. Die Kneipe hatte eigentlich schon geschlossen, aber er schenkte das letzte Bier kostenlos an uns aus. Er machte auf gutgelaunt, doch jeder konnte sehen, daß ihm zum Heulen zumute war. Während wir im Stehen tranken, bauten Männer aus Thüringen die Einrichtung ab, um sie in ihrer Heimat weiterzuverwenden.

Für mich wird es ruhiger in meiner Stadt. Aber das Leben springt mich noch immer an. Auf dem Wochenmarkt, bei den zahllosen Festen oder in einer Metzgerei.

Hauptsache man hütet sich vor dem Elfenbeinturm. Doch davor bewahrt eine Stadt wie Kamen.

Zum Glück.

»Ich liebe Kamen. Es ist leicht, dort Fuß zu fassen. Die Leute sind offen und gesprächig.« *(Jutta, Umweltberaterin)*

»Ich lebe seit 48 Jahren in Kamen. Es gibt keinen Grund diesen Zustand zu ändern.« *(Gerlinde, Buchhändlerin)*

»Kamen ist für mich mein Mittelpunkt der Welt, weil ich hier die Dinge gefunden habe, die ein Mann zum Leben braucht: Arbeit, Frau und Familie, gute Freunde und den BVB in der unmittelbaren Nachbarschaft.« *(Manfred, Bürgermeister)*

»Was soll ich zu Kamen sagen? Es gibt Schlimmeres.« *(Markthändler)*

»Ach, hören Sie doch auf damit! Mensch!« *(Passant)*

Heinrich Peuckmann

Von den Johannpeters, den Geislerbrüdern und dem dicken Bölk

Boxen und Fußball am Hellweg

Zehn Brüder, die alle Boxer wurden, mehrere deutsche Meistertitel errangen und von denen sechs den Sprung in die Nationalmannschaft schafften – eine unglaubliche Geschichte. Und doch ist sie wahr. In den fünziger und sechziger Jahren war die Boxerfamilie Johannpeter aus Hamm so bekannt wie die damaligen Fußballgrößen, wie Uwe Seeler oder Fritz Walter. Vierzig Jahre ist es her, daß bei den Deutschen Meisterschaften in Kiel gleich vier von ihnen im Endkampf standen, von denen allerdings nur Karl-Heinz gewann. Ein einmaliger Vorgang.

Es ist in Vergessenheit geraten, dass neben dem Fußball auch der Boxsport den Jungen aus Arbeiterfamilien die Chance zum Aufstieg bot. Manche von ihnen haben eine Zeitlang sogar beide Sportarten betrieben, unsicher, für welche sie sich entscheiden sollten. Hannes Tilkowski, berühmter Fußballtorwart aus Kaiserau, hatte etwa 30 Boxkämpfe bestritten, bevor er sich endgültig für den Fußball entschied und Nationaltorwart wurde. Jener Torwart, der das berühmte Wembleytor im Weltmeisterschaftsfinale gegen England kassieren musste. Ein Tor, das keines war.

Heinz Neuhaus aus Dortmund wählte den umgekehrten Weg. Er war zwar schon im Krieg deutscher Jugendmeister im Boxen geworden, aber nach der Rückkehr aus der Kriegsgefangenschaft spielte er erst mal Fußball, gewann mit dem Dorstfelder SC die Bezirksmeisterschaft und stand kurz vor dem Aufstieg in die Westfalenliga, damals die zweithöchste Spielklasse, als er 1949 vor 7000 Zuschauern Dortmunder Amateurmeister im Boxen wurde. Danach konnte er das Angebot seines Trainers Otto Bürger, Profi zu werden, nicht mehr ausschlagen. In kurzrundigen Kämpfen räumte er seine Gegner aus dem Weg und gewann 15 seiner 58 Profikämpfe durch k.o. 1950 klappte es zwar noch nicht mit der Deutschen Meisterschaft, Titelverteidiger Hein ten Hoff war mit dem Unentschieden gut bedient, aber schon im März 1952 war er Europameister. Gegen den belgischen Stilisten Karel Sys gewann er nach 15 schweren Runden und die neu eröffnete Westfalenhalle stand Kopf. Wie immer, wenn Neuhaus boxte. Dreimal verteidigte er seinen Titel, darunter im denkwürdigen Kampf gegen Hein ten Hoff, den er schon nach 50 Sekunden der ersten Runde k.o. schlug. Ein Kamener Gymnasiallehrer erzählte seinen Schülern später gern die Geschichte, wie er kurz vor dem Kampf noch schnell zur Toilette wollte, um nur ja nichts zu verpassen. Als er zu seinem Platz zurückkam, war der Kampf schon zu Ende. Und Fernsehaufnahmen im Stadion gab es noch nicht.

Boxen war unter Arbeitern eine akzeptierte Sportart, wer sie betrieb, musste sich nicht rechtfertigen. Die Johannpeter hatten im Frühjahr 1947 in einer Turnhalle in Hamm einen Einlagekampf ihres Vetters Siegfried gesehen. Es wurde dabei kein Sieger ermittelt, der Kampf diente einfach der Unterhaltung zwischen den Mannschaftskämpfen. Beide bekamen zur Belohnung eine Tafel Schokolade, die sie stolz in die Höhe hielten. Die Brüder waren beeindruckt, vom beherzten Kampf ihres Vetters und von der Schokolade.

Vater Dietrich Johannpeter war Drahtzieher auf der Westfälischen Union in Hamm. Neben den zehn Jungen mußten noch drei Töchter durchgebracht werden, keine leichte Aufgabe kurz nach dem Krieg. Schokolade jedenfalls war bei den Johannpeters Luxus. Also schlichen sich die drei ältesten Brüder heimlich zum Training, das in der evangelischen Westschule, die alle Johannpeterkinder besucht haben, stattfand. Boxring 31 Hamm war ihr erster Verein. Und kurz darauf lasen die überraschten Eltern in der Zeitung, daß Günter in einem Einlagekampf unentschieden geboxt hatte. Natürlich hatte er zur Belohnung eine Tafel Schokolade erhalten.

Mutter Johannpeter machte sich trotzdem Sorgen, aber Vater Johannpeter war stolz. Er unterstützte das Hobby seiner Söhne und setzte sich in diesem Falle ausnahmsweise durch. Günter erinnert sich, dass ihn der Vater fortan mit dem Fahrrad, er selbst auf dem Gepäckträger, zu den Kämpfen brachte. Als die Zeitungen immer häufiger von Erfolgen berichteten, wurde auch Mutter Anna ruhiger.

Vereinswirt Witteborg erkannte das Talent der Brüder. Er engagierte auf eigene Kosten einen prominenten Trainer, den ehemaligen Meisterboxer Erich Trippe aus Dortmund. Trippe brachte ihnen die Grundlagen bei, zeigte, daß es nicht darauf ankam, wild zu schlagen, sondern ebenso wichtig war, keine Treffer einzustecken. »Boxen beginnt mit der Verteidigung« war sein Leitsatz. Und er stachelte den Ehrgeiz der Brüder weiter an: »Wenn ihr mal vom Geld anderer Leute die Welt sehen wollt, müßt ihr in die Nationalmannschaft!« Andere Länder zu sehen und dabei Länderkämpfe zu bestreiten war für die Brüder damals noch unvorstellbar. Vergessen haben sie Trippes Satz aber nicht.

Mit dem Zusammenschluß von Boxring 31 und Boxring 46 Heessen zum legendären »Märkischen Boxring Hamm« übernahm Erfolgstrainer Jupp Eickhoff das Training, der auch Paul Budde und Ewald Wichert zu Meisterschaftsehren geführt hat. Mit ihm kam auch für die Johannpeterbrüder der Erfolg. 1954 gewann Dieter bei den Junioren im Bantamgewicht die erste deutsche Meisterschaft, Horst schaffte den Sprung in die Nationalstaffel, und Eltern und Brüder konnten ihn im selben Jahr bei den deutschen Meisterschaften im Berliner Sportpalast erstmals im Fernsehen bewundern. Dummerweise unterlag er im Endkampf gegen Harry Kurschat. Nicht schlimm, meint Horst heute, denn in den folgenden Jahren holte er noch zwei Titel. Karl-Heinz gewann sogar drei und wurde der erfolgreichste der Brüder. Von den Meisterschaftsschärpen kann er aber nur noch eine vorweisen. Die anderen hat er für Karnevalsfeiern an Verwandte ausgeliehen und nicht zurückbekommen.

Bei so vielen Erfolgen war es unausweichlich, daß die Jüngeren folgten. Wolfgang, der zweitjüngste, konnte es schon als Fünfjähriger nicht erwarten, endlich boxen zu dürfen. Wer bei der Familie Johannpeter boxte, galt als erwachsen. Und welcher Fünfjährige will das nicht sein? Wenn sich seine Brüder sonntags auf ihren Kampf vorbereiteten, mittags nur leichten Toast aßen und danach ruhten, zog auch der kleine Wolfgang seine Boxkluft an, aß Toast und ruhte. Die Großen haben ihn tatsächlich mitgenommen und ihm versprochen, dass auch er boxen dürfe. Sein

Gegner, erzählten sie ihm jedesmal, hieße Krutzebein. Aber Krutzebein war ein Feigling. Er kam nie, und so musste der enttäuschte Wolfgang solange warten, bis auch er alt genug war für seinen ersten Kampf.

1956 war die Familie so prominent, daß eine Kölner Firma mit den boxenden Brüdern Werbung machen wollte, damals noch eine Seltenheit. 2000 DM wollte sie den Eltern zahlen, aber damit wäre der Amateurstatus verloren gegangen. So verzichteten sie schweren Herzens auf das Geld. Überhaupt, der Gedanke, mit dem Boxen Geld zu verdienen, vielleicht sogar Profi zu werden, war ihnen fremd. Zum einen boxten sie in den unteren Gewichtsklassen, da gab es kaum etwas zu verdienen. Der Dortmunder Willy Quatour, der es versuchte und es bis zum Weltmeisterschaftskampf in Japan brachte, musste die Zeit zwischen seinen Kämpfen als Fensterputzer überbrücken. Zum anderen konnten sich die Johannpeterbrüder ihr Sportlerdasein nur als Amateure vorstellen.

Die Brotschneidemachine, die eine mitleidige Nürnberger Frau 1957 nach einem Fernsehinterview an Mutter Johannpeter schickte, um ihr die Arbeit beim Abfüttern der hungrigen Boxer zu erleichtern, konnte dagegen beruhigten Herzens angenommen werden. Das war kein Verstoß gegen den Amateurstatus. Aber Mutter Johannpeter hatte Angst, daß sich die Jüngeren (und wohl auch sie selbst) an dem ungewohnten Gerät schneiden konnten, stellte es auf den Küchenschrank und schnitt die Brote, zwei bei jedem Abendessen, weiter mit dem Messer.

1959 beim Sportpressefest traf die Familie auf die Boxlegende Max Schmeling und ein denkwürdiges Foto entstand: Max Schmeling umgeben von 9 Johannpeterbrüdern. Ein Jahr zuvor waren sieben von ihnen nach Schweden gereist und hatten die dortigen Nationalboxer zum Vergleich herausgefordert. Der Kampf »Johannpeter gegen Schweden« endete mit einem haushohen Sieg. In offiziellen Länderkämpfen waren in diesen Jahren fast immer zwei, manchmal sogar drei von ihnen dabei. Walter gewann eine Bronzemedaille bei der Militärweltmeisterschaft, Horst nahm an Europameisterschaften teil und Karl-Heinz scheiterte bei den Olympiaqualifikationen zweimal an den DDR-Boxern. Die hatten eben bessere Trainingsmöglichkeiten.

Weil sie alle nahezu gleich groß und schlank waren, boxten sie nur in fünf Gewichtsklassen. Vom Feder- (höchstens 57kg) bis zum Halbmittelgewicht (höchstens 71kg) reichte die Palette der Johannpeter. So kam es gelegentlich vor, dass bei einer Meisterschaft plötzlich zwei von ihnen gegeneinander antreten sollten. Dann war eiserne Regel, dass der Jüngere verzichten mußte. Einerseits können sie sich bis heute schlecht vorstellen, wie es ist, gegen den Bruder zu boxen, mit dem sie das Zimmer, in den Anfangsjahren sogar das Bett teilten. Andererseits kam ein entscheidendes Argument hinzu: Die Mutter hatte es verboten. Sie war und blieb der wirkliche Chef der Großfamilie. Wenn einer ihrer Söhne in den Ring kletterte, hatte sie immer die Hoffnung, dass er gewinnen würde und wenig Schläge einstecken müsste. Bei zweien aber musste ja einer verlieren und das konnte sie nicht ertragen. Nur Erwin hatte mal angekündigt, bei einer Meisterschaft Horst herauszufordern. Aber er unterlag im Halbfinale der Bezirksmeisterschaft gegen einen Lüner Boxer, den Horst dann im Finale klar besiegte.

Bei den drei Geislerbrüdern aus Werne, noch so eine Boxersippe aus einer Arbeiterfamilie, war das anders. Manfred, der Ältere, hatte das Pech, in derselben Gewichtsklasse wie sein jüngerer Bruder Günter zu boxen, im Fliegengewicht nämlich. Spätestens im Endkampf um die Westfalenmeisterschaft traf er unweigerlich auf Günter und es war immer Manfred, der nach beherztem Kampf unterlag. So kam er nur einmal, durch eine Ausnahmeregelung, zu den Deutschen Meisterschaften, die Günter zweimal gewann. Auf 48 Länderkämpfe brachte es Günter, fast so viel wie die Johannpeterbrüder zusammen, von denen er nur 5 verlor. Darunter den Vorrundenkampf bei den Europameisterschaften 1963, den er, weil er nicht aufpasste, in noch kürzerer Zeit verlor als Hein ten Hoff seinen gegen Heinz Neuhaus. Nach nicht einmal einer halben Minute waren die Europameisterschaften für ihn beendet.

Damit Manfred auch Erfolge hatte, verzichtete Günter einmal auf einen Länderkampf, so dass Manfred einspringen musste. Gegen die Elfenbeinküste in Köln bestritt er, Günter sei Dank, seinen einzigen Länderkampf. Mit dem jüngeren Bruder Herbert, der einmal Deutscher Vizemeister bei den Junioren wurde, boxte er beim Bundesligaverein Essen-Steele und wurde 1972 Deutscher Mannschaftmeister.

Um boxen zu können, mussten die Geislerbrüder über die Lippe nach Rünthe wechseln. Dort gab es einen Verein, nicht im bürgerlichen Werne, das zwar seiner Zeche wegen Arbeitersiedlungen hatte, dessen Klima aber geprägt ist vom Franziskanerkloster. Ins Fachwerkambiente passt kein Boxclub, in Rünthe, einer reinen Arbeitergemeinde, dagegen sehr wohl. Selten kann man einen Fluss zwischen zwei Städten stärker als Grenze empfinden als die Lippe zwischen Werne und Rünthe.

Aus den Erfolgen im Sport zogen viele Boxer das Selbstbewusstsein, auch im Beruf ehrgeizige Pläne zu verfolgen, die sie sich sonst niemals zugetraut hätten.

Als 1974 der letzte Johannpeter mit dem Boxen aufhörte, war die Familie selbst längst Legende. »Die schlagkräftigste Familie der Welt kämpft nicht mehr«, schrieb eine Zeitung. Soweit es das Boxen betraf, stimmte das. Aber einen ganz anderen Kampf hatten die Brüder schon lange vorher begonnen. Ihr Vater konnte ihnen keine besondere Schulausbildung bieten, dazu fehlte das Geld. Für den Besuch auf dem Gymnasium musste noch bis in die fünfziger Jahre hinein Schulgeld bezahlt werden. Durch ihre Erfolge im Sport aber fassten die Brüder Mut, eine weiterführende Schulbildung nachzuholen. In Abend-, Fach- und Bergvorschulen, bei der Inspektorenlaufbahn, überall kämpften sie ihren zweiten Kampf und boxten sich auch hier durch. Und heute empfinden sie es als ihren größten Sieg, dass aus allen etwas geworden ist. Horst wurde Ingenieur, Karl-Heinz Sportlehrer und Dozent an der Trainerakademie Köln, Dieter Obergerichtsvollzieher, Wolfgang Leiter einer Betriebsfeuerwehr, Theo selbständiger Kaufmann, Walter Rektor an einer Grundschule.

Er war es auch, der in seiner Examensarbeit über den Zusammenhang zwischen Erfolg im Sport und Beruf nachgedacht hat. Hauptbeispiel war natürlich die eigene Familie.

»Ein Lehrer«, sagt Rektor Walter heute, »das war für mich jemand, zu dem ich aufschaute. Niemals wäre ich auf den Gedanken gekommen, mich mit dem zu vergleichen. Wir, das habe ich lange geglaubt, gehörten woanders hin.« Und wenn in der Schule gefragt wurde, wieviel Kinder die einzelnen Familien hatten, zuckte Walter jedesmal zusammen. Fünf oder sechs, das kam in seiner Klasse vor. Wenn er dann dreizehn antwortete, kam nicht selten der zu erwartende Kommentar: »Ein Stall voll Blagen.« Aber mit den Erfolgen im Sport waren tatsächlich die von Erich Trippe angekündigten Reisen verbunden. Die Brüder, von denen Hans-Jürgen, der Jüngste, vor ein paar Jahren gestorben ist, lernten andere Leute kennen, zu denen sie sonst nie Kontakt gefunden hätten. Sie verglichen sich mit ihnen und gewannen Selbstvertrauen. »Wenn wir im Sport so weit gekommen sind, schaffen wir es im übrigen Leben auch.« Und wie sie sich beim Boxen gegenseitig Tips gegeben haben, arbeiteten sie auch beim Lernen zusammen. Wenn Physik gepaukt werden musste, half der Diplom-Ingenieur, wenn Aufsätze geschrieben wurden, der zukünftige Lehrer. Von den Geislerbrüdern blieben Herbert und Manfred auf der Zeche, Günter aber, der erfolgreichste, suchte sich einen anderen Beruf. Er ist heute Hausmeister einer Lüner Gesamtschule.

Von den Kindern der beiden Boxersippen hat später keiner mehr geboxt. Der Sohn von Karl-Heinz Johannpeter hat es, begleitet von euphorischen Artikeln in der Zeitung (»Die Johannpeter siegen wieder«) versucht. Aber ihm fehlte das Talent, was Karl-Heinz, als Fachmann, sofort erkannte. Er überredete ihn schnell, aufzuhören und Fußball zu spielen. Walters Sohn wäre ein Talent gewesen, aber als es der Vater entdeckte, war der Sohn längst Fußballer. Horst dagegen hat seinen Sohn mit allen nur möglichen Tricks davon abgehalten. Er hat ihn solange mit Sandsäcken, der Maisbirne und Seilchen, ohne Sparring und Kampf, trainieren lassen, bis der Junge die Lust verlor. Horst wollte nicht, dass sein Sohn die gleichen Strapazen auf sich nahm, die er selbst 15 Jahre lang ertragen hatte.

Dem Boxsport sind sie dennoch treu geblieben. Karl-Heinz bildet Boxtrainer aus, der gegenwärtige Bundestrainer Ranze gehörte zu seinen Schülern. Horst ist Vorsitzender des ruhmreichen Märkischen Boxring Hamm, der in den letzten zwanzig Jahren aber weniger Erfolge erringen konnte als zu besten Zeiten in einem Jahr. Zum Training, das abwechslungsreich und konditionsfördernd ist, kommen viele Kinder, erzählt er. Zu den Kämpfen aber werden höchstens vier, fünf der Kleinen von ihren Eltern gemeldet. Die Hälfte von dem, was früher die Johannpetersippe allein gestellt hat. Das traditionelle proletarische Milieu fehlt.

Eine Vorstellung von Boxern links und rechts des Hellwegs wäre lückenhaft, wenn man nicht noch drei erwähnen würde. Werner Mundt aus Schwerte, Deutscher Meister bei den Amateuren und später Profi, sein Bruder Willy Quatour, der genauso Europameister wurde wie Erich Schöppner, der heute, leider schwer krank, in Unna-Königsborn lebt.

Mit diesen Boxern hätte man zu besten Zeiten zwei Nationalstaffeln bilden können. Und selbst dann hätte es noch Härtefälle gegeben.

Genauso, wie man gut und gerne eine Fußballnationalmannschaft mit Kickern aus unserer Region bilden könnte. Eine Talentschmiede war lange Zeit der SUS Kaiserau, den man sich, angesichts seiner großen Tradition, scheut, einen Kamener Vorortverein zu nennen, obwohl es rein geographisch möglich wäre. Auch das ist heute fast vergessen.

Hannes Tilkowski ist der prominenteste der SUS-Kicker, aber auch der früh verstorbene Egon Milder hat hier gespielt. Er war Mannschaftkapitän von Borussia Mönchengladbach, als man sie noch die Fohlenelf nannte. Netzer, Vogts, Heynkes, Rupp und eben Egon Milder gehörten zum Team des unvergessenen Trainers Hennes Weisweiler. Mit Egon Milder als Kapitän sind sie zum ersten Mal Deutscher Meister geworden, einmal durfte er in der B-Nationalmannschaft spielen, dann starb er an einem Gehirntumor. Bis heute meinen alte Kaiserauer, Milder hätte es mit dem Kopfballtraining übertrieben.

Auch »Jumbo« Schröder mit auffällig kräftigen Beinen wurde Fußballprofi, genauso wie Jürgen Seiffert, der beim HSV mit Uwe Seeler spielte, »Pöttken« Libuda, der kleine Libuda, der in Hamburg und Salzburg als Profi Geld verdiente und Schmidt in Nürnberg. Schmidt wurde später Entwicklungshelfer in Sachen Fußball, gleich in mehreren afrikanischen Ländern war er Nationaltrainer. Inzwischen sorgen die Afrikaner im Weltfußball für Furore. Erstaunlich viele Klassefußballer für einen so kleinen Verein.

Aus Hamm-Westtünnen stammt Horst Hrubesch, genannt »Das Ungeheuer«, der mit dem HSV Deutscher Meister und Europapokalsieger, mit der Nationalmannschaft Europa- und Vizeweltmeister wurde, aus Bönen Peter Peschel, der beim VFL Bochum spielt. Aus dieser Gemeinde, jahrzehntelang geprägt durch Zeche Königsborn, stammt sogar eine Fußballersippe, vergleichbar den Johannpeters beim Boxen. Die Kaczor-Brüder nämlich, die zur Volksgruppe der Roma gehören. Für Frankfurt und Bochum haben sie in der Bundesliga gespielt.

Trotzdem, die beeindruckenste Fußballerleistung hat für mich immer noch der dicke Bölk aus Kamen vollbracht. Stoltefuß hieß er eigentlich, war Bäckermeister und fuhr mit seinem dreirädrigen Karren durch unsere Stadt, um Brot, Kuchen und später Speiseeis zu verkaufen. Seinen Spitznamen bekam er, weil er nach dem Krieg Margarine verkaufte. »Bölk« hieß die gängige Marke, und der dicke Stoltefuß schrie, nein bölkte aus seinem Wagen: »Bööölk!« Später, als er nur noch Speiseeis verkaufte, warteten die Kinder immer noch auf den dicken Bölk.

Irgendwann kam der dicke Bölk mit den übrigen Bäckern unserer Stadt auf den Schützenhof, den Willy-Brandt-Platz, alle in Bäckerkleidung, Bölk mit einem Fußball unterm Arm. Zwei Stangen wurden in die Erde gerammt, der dicke Bölk stellte sich dazwischen und die anderen schossen ihn warm. Dann kamen die Schornsteinfeger, auch sie mit zwei Torstangen und ein einmaliges Fußballspiel begann. Bäcker gegen Schornsteinfeger. Bölk, damals schon fast 50 Jahre alt, hielt, was zu halten war. Der Kampf der Innungen war verbissen. Als irgendwann ein Bäcker an einem Schornsteinfeger vorbeistürmen wollte, griff der plötzlich in seine Schürzentasche, holte eine Handvoll Mehl heraus und warf sie dem verdutzten Schornsteinfeger ins Gesicht. Sicher wäre er bis in den gegnerischen Strafraum vorgestürmt, hätte ihn nicht eine Handvoll Russ gestoppt. Der Kampf wogte, wie man so schön sagt, bis irgendwann ein Schornsteinfeger frei vor dem dicken Bölk zum Schuss kam. Der Flachschuss war unhaltbar, denn so schnell konnte sich der dicke Bölk nicht bücken. Die Schornsteinfeger jubelten, die Kirchturmuhr zeigte kurz vor vier, nur noch wenige Minuten, dann war ihr Sieg so gut wie sicher. Aber der dicke Bölk, beunruhigt durch den Gedanken, ein Jahr lang bei jeder Begegnung mit einem Schornsteinfeger Spott ertragen zu müssen, wusste Rat. Den nächsten Abschlag spielte er kurz, forderte den Rückpass, der auch prompt kam und fing den Ball mit seiner Schürze auf. Er hielt die Zipfel fest zusammen und stürmte los. »Bööölk!« bölkte es aus den Zuschauerreihen, während er mit dem Ball in der Schürze in die Spielhälfte der Schornsteinfeger eindrang, dabei alle aus dem Weg walzte, die ihn bremsen wollten und sich auch von Russwolken nicht aufhalten ließ. Erst im Tor der Schornsteinfeger öffnete er die Schürze und ließ den Ball zu Boden plumpsen. Die Kirchturmglocken läuteten viermal. Die Bäcker jubelten, denn zweifelsohne hatte der dicke Bölk den Ball nicht mit der Hand gespielt. Ein reguläres Tor also. Eines, wie es herrlicher nie wieder in Kamen erzielt wurde.

Pete Smith

Insel aus grünem Sand

Für Soest sind 1000 Jahre nur ein Augenblick

Ich erinnere mich an eine Insel aus Sand, aus grünem Sand, der durch die Finger rinnt wie die Zeit, die vergeht, so viel Zeit, so viel Sand, so viel grüner Sand, aus dem die Kinder Türmchen formen mit echten Zinnen und Erkern und kleinen Schießscharten rundherum. Zwischen den Türmchen bauen die Kinder einen mächtigen Wall, den niemand Fremdes überwindet, einen Graben davor, um wirklich sicher zu gehen. Aus grünem Sand formen sie winzige Häuser, die sich Rücken an Rücken vor der naßgrauen Kälte schützen, ganze Häuserreihen, zwischen denen enge Gassen Schlangen formen, die sich um die Häuser winden, als seien sie auf der Flucht vor sich selbst. Aus grünem Sand bauen die Kinder Schulen und Kindergärten, Kaufhäuser und Spielzeugläden, Kinos, Restaurants und eine Eisdiele mit einem großen Platz davor. Die Kinder modellieren Museen, vergessen auch Post und Schwimmbad und Rathaus nicht und setzen einen Park ins Zentrum der Stadt mit uralten Bäumen und einem Teich davor, ein Bächlein fließt in der Nähe an einer echten Mühle vorbei. Am Ende bauen sie sieben Kirchen, deren Türme aus der Spielzeugstadt ragen und den Himmel kitzeln und von weither sichtbar sind, sieben Türme müssen es sein, in jedem Märchen ist die Sieben doch die Zahl, die Glück bringt, und etwas Glück braucht die kleine Stadt aus grünem Sand, die vor allem den Wind fürchten muß, der über sie hinwegstreicht, der ewige Wind, der sich am Sand reibt und ihn mitnimmt ins weite Meer rundherum.

Den Bahnhof haben die Kinder vergessen – sie brauchen ihn nicht. Für sie ist ihre Stadt die einzige weit und breit, andere Städte kennen sie nur aus anderen Märchen, oder sie haben Fotos gesehen, die die Fremde abbilden, vielleicht auch Urlaube erlebt an unbekannten Stränden, wo sie ihre Stadt noch einmal formten – aus weißem Sand.

Den Bahnhof haben die Kinder vergessen – andere haben ihn gebaut vor den Toren der Stadt. Für sie, die nicht mehr Kind sein wollen, ist der Bahnhof Ende und Anfang von allem, was sie bewegt, Ort des Abschieds und Sinnbild der Hoffnung, daß sich der Wind irgendwann legen wird für alle Zeit.

Ich erinnere mich an diesen Wind, der mich als 17jähriger durch die Soester Gassen und Straßen trieb. Die Brüderstraße herauf und herunter, zwischen Bahnhof und Patroklidom hin und her, immer wieder. Bei Tschibo oder Eduscho einen Kaffee, im Winter Kakao getrunken, die Fußgängerzone im Blick, vielleicht passiert ja doch etwas an diesem Nachmittag, ein fremdes Gesicht mit Konturen, an denen die Blicke nicht abgleiten, ein Ziegel, der vom Dach fällt und eine Maus unter sich begräbt, zwei angebundene Hunde, die sich trotz ihrer Fesseln vor den fleckenlosen Schaufenstern paaren.

Nichts passiert. Die Jungen hasten vorüber, die Alten krauchen heran, als wehe der Wind durch sie hindurch. Ein stummer Film. Unterbelichtet und ohne Dramatik.

Wieder raus in den Wind. Vor den Schaufenstern der Geschäfte Momente sammeln, Zeitpunkte gegen die Ewigkeit, die den 17jährigen in der Inselstadt bedrückt – niemand kennt die Auslagen besser oder die Spiegelbilder der Hastenden und Krauchenden und jener Menschen auf den Bänken vor den Geschäften, starr und aller Wahrscheinlichkeit nach angewachsen, Denkmäler der Soester Ewigkeit.

Übers Kopfsteinpflaster zum Patroklidom, die Freitreppe links, der Schreibwarenladen rechts, ums rote Rathaus herum, ein weiterer Platz mit Kopfsteinpflaster und winzigen Häuschen, an Grünsandsteinmauern vorbei zum Großen Teich, das Salzmeer der Stadt, das sich selbst mit einer Insel schmückt, auf der die Enten und Schwäne den nächsten Winter erwarten.

Seit Hunderten von Jahren hat niemand mehr auf der Wippe gesessen, über den zu lachen es sich gelohnt hätte – so leer, so klein, so traurig, erinnert nichts an ihr an jene große Zeit, in der die Insel – mit dem Festland verbunden – eine Metropole war, in der auch das Spektakel eine Heimat besaß. Auf der verblaßten gelben Wippe sitzen nur noch die Enten und Schwäne der Stadt, vergessen die Zeit, da Schurken und Halunken vor den Augen einer schadenfrohen Menge ins schlammige Wasser gewippt, unter lautem Jubel und Gejohle herausgefischt und algenverhangen in eine schamlose Zukunft entlassen wurden.

Jetzt steht die Zeit still. Seit Hunderten von Jahren weht der grüne Sand den 17jährigen ins Gesicht. Grüne Insel des Überdrusses, sandige Insel der Monotonie.

Auch die Mühle am Teich steht still. Dem Bach fehlt die Kraft, das Rad zu bewegen. Der kleine Park gegenüber atmet die Zeit in ruhigen und tiefen Zügen. Eine verlorene Oase inmitten der Insel aus grünem Sand. Hier schlafen die Verlorenen neben leeren Zweiliterflaschen Lambrusco und Dosen billigen Biers, erledigen Hunde ihre Geschäfte, sitzen Menschen auf Bänken und schicken sehnsuchtsvolle Blicke über den Großen Teich, ihr Meer, ans andere Ende der Welt.

Auch der 17jährige sitzt hier, versenkt seine Blicke ins dunkle Gewässer. Der Tag hört auf zu sein. Verweigert sich der Zeit. Zeit der Verwirrung. Die Konturen verwischen, und die Farben versickern im Sand. Im dunklen Wasser sucht der Blick nach Halt, nach Bildern, die die Welt zeigen, wie sie wirklich ist. Nicht die kleine Inselwelt, die nur sich selbst kennt, nicht die Inselmenschen, die sich selbst genügen, sondern die Welt draußen, in der Geschichte geschrieben und nicht nur verdaut wird, in der Entscheidungen von Bedeutung getroffen werden, in der junge Menschen Trends kreieren anstatt sie Jahre später zu kopieren und als die eigenen auszugeben. Wohin bloß mit den eigenen Ideen und Gedanken, die – kaum, da sie formuliert – an den wuchtigen Wällen verstauben und als grüner Sand vom Himmel regnen, der sich setzt und festtritt und Stein wird, grüner Stein? Wohin mit dem eigenen Willen, der eigenen Kraft, die sich messen will, doch nirgendwo Widerstand findet und sich selbst irgendwann verliert?

Ich erinnere mich an eine Insel aus grünem Sand, die ihre Brücken zum Festland schon vor Hunderten von Jahren abgebrochen hat. Seither bewahrt sie sich selbst: ihre prächtigen alten Kirchen Sankt Petri, Sankt Pauli und Sankt Patrokli, ihre malerischen alten Häuser »Zur Rose« und »Zum Spiegel«, ihre uralten Wallfahrtsorte Lohof und Pilgrim, den Loerbach und die Wittekindsmauer. Hinter breiten grünen Wällen verbirgt sie sich vor den Augen der Welt und darf auf diese Weise nur heimlich die Hauptstadt Westfalens sein. Im Ernstfall, dieses Gefühl wird man nicht los, müßte die Inselstadt aus der Luft versorgt werden. Von ihrer Existenz erfährt man nur aus Büchern – es sei denn, man ist innerhalb der Wälle aufgewachsen. Inselgeborene mit einem großen Namen, Otto Modersohn oder Wilhelm Morgner, erwarben sich diesen auf dem Festland. Vor allem lebt Soest vom Ruhm der Großen, die einige Zeit in der Stadt gelebt haben wie Ferdinand Freiligrath, Konrad Duden oder Hugo Kükelhaus. Und von den Lobpreisungen jener, für die Soest aus den verschiedensten Gründen vor langer Zeit einen Besuch Wert gewesen ist: Kaiser und Könige, die sich Heinrich, Friedrich, Karl und Otto nannten, gewählte Staatsoberhäupter wie Theodor Heuss oder Carl Carstens, Maler und Schriftsteller wie Emil Nolde, Christian Rohlfs, Ricarda Huch und Rainer Maria Rilke.

Ich erinnere mich an die Abende in den immerselben Kneipen, wo sich die immerselben Leute treffen, um über das Leben zu reden und nichts als das Leben. Was es hinter dem Meer zu entdecken gilt, und ob das angenommene Festland in Wirklichkeit nur eine andere Insel ist – größer zwar, vielleicht sehr viel größer, doch eben auch nur eine Insel mit Grenzen aus Sand und einem weiten Meer rundherum. Wie erfährt man, ob die eigene Welt nur ein Spiegel der anderen, fremden Welt ist? Die Erzählungen der Wanderer werden herumgereicht, auf daß sich jeder daraus bediene auf seine Weise. Manche haben es geschafft und Fuß gefaßt in der großen Stadt. Andere sind zurückgekehrt und erzählen ihre eigenen Geschichten. Wieder andere sind niemals fortgegangen, über sie schweigt man sich aus. Die größte Angst des 17jährigen an diesen Abenden bei Altbierbowle und Kerzenschein: einfach vergessen zu werden inmitten einer Wüste aus grünem Stein.

An den seltenen Tagen, da die Sonne durch das Himmelgrau bricht, keimt auch im Herzen des 17jährigen jenes Gefühl der

Verbundenheit, das die meisten Heimat nennen. Ich erinnere mich an das dottergelbe Licht, das auf blumenschweren Mauern liegt, zwischen schwarzweißen Schachtelhäuschen hin- und hergleitet, die Rosen im Park entzündet, das Gras und die Hecken in den versteckten Gärten begrünt und die Schaufenster der schwarzbebalkten Häuser verspiegelt. An dieses blütenkelchwarme Licht, welches die Schatten der windschiefen Dächer und Kirchturmspitzen übers Kopfsteinpflaster treibt, das preußische Rathaus nach Florenz versetzt und die mächtigen Wipfel der Bäume in den Teich tunkt - zur Freude der Enten und Schwäne, für die es sonst nur die blaßgelben Stufen der einsamen Wippe gibt.

Aus dem Meer taucht die Insel ins Licht. Kaum berühren die ersten Sonnenstrahlen den Marktplatz, da werden die Gartentische und Stühle nach draußen gekarrt, die Espressomaschinen entstaubt, Eis gemischt und Milchshakes gerührt, blitzsaubere Aschenbecher neben bunten Speisekarten auf den polierten Tischen drapiert. Nur die Pinien muß man sich denken, wenn man sein Gesicht in die Sonne taucht und für Augenblicke die Zeit vergißt. Die Straßen rund um den Platz gehören zur Strandpromenade, wo sich die Menschen aneinander nicht sattsehen können - die Augen hinter dunklen Sonnenbrillen verborgen, träumt sich ein jeder von ihnen jene Zukunft, die ihm wohl zukommen mag.

Ich erinnere mich an endlose Streifzüge über die Wälle der Stadt an Tagen wie diesen. Der wilde Wein, der die Mauern heraufkriecht, Moosflechten, die sich in enge Mauerritzen drücken, Forsythien, Flieder und Weißdornblüten, Apfel- und Birnenbäume in den Gräften. Die Farben und Gerüche zerfließen, verlaufen ineinander zu einer betörenden Ahnung von dem, was sein könnte.

Über Aldegreverwall und Freiligrathwall, im Bergenthalpark ein stilles Gedenken dem Universalgenie, weiter zum Dasselwall und Rosengarten, Brunowall, Immermannwall, Nelmannwall, nirgendwo sind die Fremden von den Einheimischen zu unterscheiden, Sonntagsspaziergänger am ganz gewöhnlichen Wochentag, der die Trauer des Alltags irgendwo unterwegs abgestreift hat.

Am Osthofentor vorbei, dem einzig erhaltenen der ehemals zehn Stadttore, zum großen Friedhof am Rande der Insel. Ein riesiger verwunschener Garten, der unaufhörlich neues Leben erträumt. Völlig hoffnungslos, eines der Gräber hier wiederzufinden, nur die Alten wissen, wo sie suchen müssen. Die Jungen wollen sich verlaufen und staunen im dottergelben Sonnenlicht, wie schön dieser Ort ist, viel zu schön, um die stummen Zeugen der Zeit zum Reden zu bringen.

Wenn die Sonne am höchsten steht, geht es weiter hinaus, über den alten Hellweg bis nach Bad Sassendorf, wo das Grün eine andere Farbe hat und die Vergänglichkeit das Denken beherrscht. Weitläufig ist der Gemeindegarten, den man auf gefegten Wegen durchschreitet bis zum Kurparkteich, um den herum der Rhododendron blüht und an dessen Ufer junge Mütter sitzen, trockenes Brot in kleine Stücke brechen und ihren Kindern zusehen, wie diese gierige Enten füttern.

Erst am Abend geht es am Rande der sich wellenden Felder zurück, die sieben Kirchturmspitzen im Blick, die sich glänzend auf den rotblauen Himmel legen. Nah ist die Stadt, wenn die letzten Sonnenstrahlen die Kuppen der Wälle berühren und die Gräften bereits in traumloser Nacht dahindämmern.

Auch die Abende jener blütenkelchwarmen Tage verbringt der 17jährige unter freiem Himmel. Mit anderen Inselbewohnern trifft er sich in einem der drei, vier Biergärten zwischen Wiesenkirche und Morgnerhaus unter uralten Kastanien und lichten Linden. Dort sitzt er und staunt, woher die vielen Menschen kommen, die sich in die Gärten drängen, vor den Theken und Toiletten anstehen, um Mitternacht in den Himmel starren und Sterne zählen. Mit den Freunden entwirft er seine Zukunft, in der die Inselstadt mit einem Mal nicht mehr ausgespart bleibt, sondern sich im Nebel der Zeit in eine von vielen Möglichkeiten verwandelt. An einem Sommerabend wie diesem stellt sich der 17jährige zum ersten Mal vor, wie das wäre, seßhaft zu werden, und der Gedanke macht ihm keine Angst.

Ich erinnere mich an die Menschen, erdfarben, steinfarben, wie sie an Sonntagnachmittagen durch ihre Inselstadt spazieren. Der Hut schützt sie vor der anhaltenden Brise und dem Nieselregen, der vom Himmel schwebt. Man kennt sich und grüßt sich. Die Alten tun so, als lüfteten sie ihren Hut. Die Jungen nicken sich ernst und bedeutsam zu.

Ich erinnere mich an die Menschen der Inselstadt, denen man immer wieder begegnet. Die Penner im Park mit ihren vielzuroten Gesichtern, sie sind immer da, sehen einem aber nie in die Augen – warum sind sie die ersten, die mir einfallen, wenn ich an früher denke?; die Frauen in den Geschäften, die das, was sie nicht bieten können, auf dem Festland bestellen – zwei, drei Tage, nie wird es länger dauern, bis man die Ware in Händen hält; oder die Schüler, immer im Pulk vom Grandweg kommend, ausgelassen über die Brüderstraße schlendern bis zum Bahnhof, wo sie in Busse steigen, die sie nach Hause bringen – wer lange trödelt, muß während der Fahrt stehen, nie sind genug Sitzplätze für alle da; oder die jungen Mütter, die ihre Kinderwagen durch Lebensmittelläden schlängeln, sich zwischen den Regalen einfädeln, immer in Eile, für Gespräche mit anderen Müttern gibt es die Bänke im Bergenthalpark oder Rosengarten; die alten Frauen in ihren grünsandsteinfarbenen Mänteln, sie sind immer zu zweit unterwegs, untergehakt bummeln sie an den Schaufenstern vorbei, deuten einander die Auslagen wie Horoskope, ein Sweatshirt für das Enkelkind oder eine neue Kaffeekanne und zwischendurch einen halben Laib Graubrot oder ein paar Scheiben Pumpernickel, mehr wäre zuviel, und weggeworfen wird nichts; wer paßt gerade auf die alten Männer auf, oder sind sie vor langer Zeit gestorben?; vereinzelt jemand mit dunkler Haut oder dunklen Haaren, ein Bootsflüchtling vielleicht – auf hundert Soester kommen sechs von ihnen –, den Blick aufs Kopfsteinpflaster gerichtet, daß er nicht stolpert; oder die Aussiedler aus Rußland und Polen, immer in Gruppen unterwegs, am Anfang erkannte man sie an ihren unmodischen Hosen, Kleidern und Jacken, jetzt erkennt man sie nicht mehr; oder ein Langhaariger mit enger brauner Lederhose, sein Blick zielt in die Inselgesichter, die immer wegsehen – wenn man einen großen Hund auf einer Inselstraße sieht, dann führt ihn der Langhaarige an der Leine spazieren (sonst sind die Hunde klein in Soest und passen in eine Manteltasche); nicht zu vergessen die Taubstummen, die sich bei einer Tasse Kaffee im Stehen aufgeregt unterhalten – sie stülpen für unvergeßliche Augenblicke der Besinnung eine Glocke über die Insel, noch nicht einmal der Wind ist dann zu hören, und das Meer steht still; in der Mittagspause kommen die Männer in Anzug oder Strickweste hinzu und die dunkelblau behosten Frauen – in der Metzgerei gibt's einen Mittagstisch, das geht schnell und kostet nicht viel; wenn es dunkel wird, ist die Stadt wie ausgestorben, nie bin ich auf den Straßen Menschen begegnet, nur in den Kneipen und Restaurants, wo irgendwann plötzlich kein Platz mehr zu ergattern ist, wie sind die vielen Menschen hierher gekommen?

Menschen, die auf Inseln leben, entwickeln Eigenarten, die sie von Menschen, die auf anderen Inseln leben, unterscheiden. Mit den Soestern verhält sich das nicht anders. Selbstbewußt tauften sie ihre größte Kirche Dom, auch wenn dieser selbst in den Hochzeiten der Stadt nie Bischofssitz gewesen ist. Zum letzten Abendmahl servieren sie ihrem Jesus und seinen Jüngern in der Wiesenkirche anstelle von trocken Brot und Wein einen saftigen Knochenschinken, Pumpernickel und schäumendes Bier. Und aus einer Laune heraus setzten sie der alten Sankt Thomäkirche einen schiefen Turm auf den Hals, der heute eines von vielen Wahrzeichen der Insel ist. Auch in der Bestrafung jener, die nicht nach ihren Regeln handelten, waren sie eigen: Für die Nichtsnutze der Stadt legten sie ein eigenes Buch an, das nicht nur deren Namen, sondern auch die Art ihrer Bestrafung überliefert: außer dem wippenden Pranger auf dem Großen Teich auch das Einbrennen des Stadtwappens auf die Backe des Delinquenten. In ihren Herzen fühlen sich die Soester Inselmenschen noch immer als wilde Kerle, wie ihr Stadtwappen verrät – und doch geht es zwischen den Wällen heute ruhig und beschaulich zu. Niemand, so scheint es, traut sich mehr an die großen Entwürfe heran, deren Verwirklichung der kleinen Insel am Rande der Welt auch auf dem Festland zur Ehre gereichte.

Ich erinnere mich an eine Insel, die sich selbst zu groß geworden ist. So viele Völker haben diese Insel Heimat genannt. Marser und Brukterer legten auf ihrem Weg über den Hellweg hier an, Römer gaben die »Ehrenreiche« als die Ihre aus, der Soester Sage nach ankerten auch die Nibelungen vor den Toren der Stadt. Der

Frankenkönig brachte das Christentum mit und ließ himmelhohe Kirchen errichten, die die Zeit überdauern. Seinem Glauben verdankte die Insel ihren Reichtum und ihre Größe – doch sind die Zeiten, da der Glauben alleine Berge versetzte, lange vorbei.

Heilige Zeit des Mittelalters! Nie hat die Inselstadt ihre Größe von damals wiedererlangt. Als erste Bürger jenes Landes, das erst heute vereint ist, hatten sie sich eine eigene Rechtsordnung gegeben – 63 Paragraphen auf eine Kuhhaut gezwängt; sie prägten ihr Geld und trieben vom Volk die Steuern ein – Vorbild für viele andere Städte und nachfolgende Generationen. Nur den Kaufleuten war die Insel schon damals zu klein, sie gingen auf Reisen, gehörten auch ohne Schiffahrtswege und Häfen zu den Hanseaten der ersten Stunde, die ihre Waren bis nach Gotland und Rußland, England, Frankreich und Italien verschickten und auf diese Art dazu beitrugen, den Ruhm ihrer Heimat in die Welt zu tragen. Nach dem Schutzpatron der Seefahrer, Sankt Nicolai, benannten sie eine kleine Kapelle, die selbst aussieht wie eine Hansekogge, auf der sie wohl gerne fortgesegelt wären, um noch fernere Völker und Länder kennenzulernen und deren Schmuck in die Heimat zu schiffen.

Mit der Fehde, in der sich die Soester von der Herrschaft des Kölner Erzbischofs befreiten, kam die Zeit des Niedergangs. Die Entdeckung Amerikas erschloß dem Festland andere Handelswege, und plötzlich waren auch die einstmals unüberwindbaren Mauern viel zu niedrig, um dem Ansturm fremder Mächte standzuhalten. Vom Siebenjährigen Krieg hat sich die Stadt nie mehr erholt, zerstörte Kirchen und Kapellen, Wehrtürme und Stadttore, Wohnhäuser und Handwerksbetriebe – nur ein Drittel der Einwohner überlebte den Krieg, die Soester Legende wurde mit den Toten begraben. Seit über 350 Jahren leben fremde Garnisonen in der Stadt – vorgeblich, um sie vor anderen Fremden zu beschützen. Seit dem 5. Dezember 1944 aber wissen die Inselbewohner, daß dieses Versprechen von niemandem wirklich eingelöst werden kann.

Ich erinnere mich an das große Fest im November, wenn die Heiligen aus aller Herren Länder die Insel überschwemmen – auf die Gefahr hin, daß sie im Meer versinke. Inmitten der sieben Türme reckt sich für fünf naßkalte Tage das Riesenrad empor – wie die Türme schon von weither sichtbar, um dem Festland zu künden, daß die Inselbewohner feiern. Niemand spürt die Kälte wirklich in diesen Tagen. Eng drücken sich Fremde und Einheimische aneinander. Vom Riesenrad aus gesehen gleicht die Menge einem gewaltigen Lavastrom, der sich vorwärts wälzt, sich unaufhaltsam in jede Gasse drückt, und über allem die Körperhitze, die in der kalten Luft verdampft.

Einmal im Jahr erreicht die Insel europäisches Format. Selbst das Fernsehen berichtet jetzt über Soest – wie sonst nur über den Besuch der Queen oder die Verfilmung des Simplicissimus, den sein Schöpfer das »Jägerken von Soest« getauft hat und der in diesem Kostüm auch heute noch für das gigantische Spektakel trommelt.

Ich erinnere mich an jene Momente, da die Gondel im freien Fall an grünen Mauern und gebückten Fachwerkhäusern vorbeischrappt – gerade so hat sie die Kurve gekriegt und katapultiert sich schon wieder in den dampfenden Himmel, um sich erneut in die enge Tiefe zu stürzen, wo doch eigentlich kein Durchkommen ist.

Immer wieder tauche ich ein in das wogende Menschenmeer, das sich in alle Gäßchen und Winkel der Inselstadt ergießt, atme mit der Menge, lache mit ihr, nehme die Freunde bei der Hand, um eine Schlange zu formen, die sich selbst im Meer nicht verliert. Trinke Glühwein und Bullenaugen gegen den kalten Wind, der einen nur erwischt, wenn man allzulange steht. Kämpfe mich später zum Hydranten an der Freitreppe, wo sich jene, die ihre Insel vor langer Zeit verlassen haben, mit denen treffen, die geblieben oder zurückgekehrt sind.

Fünf Festtage im November: festgetretene Pommes auf buckeligem Kopfsteinpflaster, kandierte Äpfel und Zuckerwatte, weißbekittelte, traurige, alte Losverkäufer, überlebensgroße Kuscheltiere (jedes Jahr ein anderer Favorit), irgendwo eingezwängt eine Achterbahn, ein Fuß auf der Straße, und die Alte Liebe am Marktplatz, Töpfer- und Pferdemarkt, Schnäppchenpreise, überquellende Kneipen in abgelegenen Gassen – und dann der große Kater, die Straßen übersät mit blauen Nieten und weißen Würstchenpappen, das schmatzende Geräusch, wenn jemand in Senf oder Ketchup tritt, junge Männer, die die Karussels und Buden wieder abmontieren, Müllmänner, die das Kopfsteinpflaster sauberbürsten und viele kleine, vergessene Läden, die sich nach und nach von ihrer Holzverkleidung befreien wie die Ritter von ihrer Rüstung nach einer gewonnenen Schlacht.

Längst ist der 17jährige weggegangen, in die Fremde gezogen vor langer Zeit, um festzustellen, daß das Festland in Wirklichkeit nur eine andere Insel ist, größer zwar, sehr viel größer, aber eben auch nur eine Insel mit Grenzen aus Sand und einem weiten Meer rundherum. Aus der Ferne gesehen ist seine Heimatinsel immer kleiner geworden, und doch kehrten seine Gedanken immer wieder zu ihr zurück.

Ich stelle mir vor, wie das wäre: an einem Sommerabend anzukommen mit dem letzten Zug. Die Schienen durchschneiden die Ebene der Felder, ein weizengelbes Meer, das der Wind in Bewegung hält. Mittendrin die Insel der sieben Türme – acht Grad, sechs Strich östlicher Länge, einundfünfzig Grad, 34 Strich nördlicher Breite, 95 Meter über Normalnull. Verhangen der Himmel über der Stadt, weißgraue Wolken umspülen die Kirchturmspitzen, aber es regnet nicht, am Horizont klart es bereits wieder auf.

Vom Bahnhof sind es nur wenige Schritte ins Herz der Stadt, die mich empfängt wie einen der Ihren. Als wäre die Insel vor Ewigkeiten im Meer versunken und wieder aufgetaucht – algengrün die wuchtigen Mauern, die steingebauten Häuser und Kirchen, vom Meerwasser, das sie freigab, haben sie sich die Farbe geliehen.

Die Stadt ist dieselbe wie einst. Nur der Verkehr fließt mittlerweile um die Insel herum, und einige Läden haben den Besitzer gewechselt. Wie damals drücken sich die Fachwerkhäuschen aneinander, geben sich gegenseitig Halt und Wärme, und die versteckten Gärten hinter den Häusern stehen in voller Blüte. In den engen Gassen, auf den Wällen und in den grünen, ausufernden Gräften verliert sich die Zeit. Tausend Jahre sind vergangen, für Soest ein einziger Augenblick. Die hölzerne Burg von einst ist zu grünem Stein erstarrt, die matschigen Wege wurden trockengelegt und festgestampft, die verwitternden Mauern geflickt und versiegelt.

Ankommen, endlich ankommen. Meine Insel finden, eine Insel aus grünem Sand, der durch die Finger rieselt wie die Zeit, die vergeht. Gott oder anderen dafür danken, daß zwischen meiner Insel und dem Festland das Meer ist, das weite Meer, das die Insel umschwappt, unüberwindbar. Schiffe legen an, jeden Tag, verweilen eine kurze Zeit, kappen die Anker und verschwinden am Horizont. Drei Schiffe am Tag, zwanzig die Woche, tausend im Jahr. Tausend Möglichkeiten, sich zu entscheiden, und mit jeder Möglichkeit die Gewißheit, dableiben zu dürfen, eine kleine Burg zu bauen aus grünem Sand mit einem Garten und einem Wall drumherum, vielleicht einem Graben davor, um sicher zu gehen, wie ich es gelernt habe als Kind, eine Burg, der das Meer nichts anhaben kann, nur der Wind, der den Sand langsam abträgt und wegweht, wenn die Zeit gekommen ist.

Dieter Treeck

Vineta versinkt nicht*

Bergkamener Notizen über Wasser und Berge aus dem Nachlaß des Bergbaus

»Bauer Darenberg macht Strom!« sagt meine Begleiterin, als wir uns auf der A2 der Abfahrt Kamen-Bergkamen nähern. Die Rotoren des Windkraftwerkes auf der »Lünener Höhe« zeigen an, daß der Wind heute heftig weht. Er zwingt mich, das Steuer meines Autos fester zu fassen.

»Bauer Darenberg macht Heu!« hätte ich wohl in früheren Jahren gesagt, wenn an einem Sommertag der Duft trocknenden Grases durch die geöffneten Autofenster geweht wäre.

Zeitenwende.

Ich schaue hinüber zum größten Bild des Ruhrgebietes. Dem Dach des mächtigen Holzbaues einer ehemaligen »Kohlenwäsche« in Bergkamen. Anfang der achtziger Jahre in grün-gelb-braune Geometrie gehüllt vom Mainzer Urbanisten Dieter Magnus. Dahinter die bewaldeten Hügel aus der Vergangenheit des Bergbaus. Sie geben ehemals »plattem Land« ein neues Profil.

*

Ich stehe auf der »Adener Höhe«. Auf der Kuppe des Berges, der aus der Tiefe wuchs. Hundertachtundvierzig Meter über dem Meeresspiegel. Wie nah scheint das Meer, dessen frische Brise durch die Münsterländer Bucht herüberweht. In den Berührungen des Windes spüre ich die Stäube eines langen Weges.

Strand und Pollenflug.

Ich hebe einen Schieferbrocken auf und zerteile ihn in meinen Händen. Wie oft habe ich Abdrücke von Farn und Schachtelhalm nach Hause getragen. Nun zerbröselt der Klumpen zwischen meinen Fingern. Verwittert schon in zwanzig Jahren, seitdem die Haldenbauer »fertig« sagten.

Verweht auch die Duftmarke einer Heringsbräterei. Geschätzte Adresse dänischer Kühlraumwagen. Heringsfilets aus dem Skagerak. In Bergkamen veredelt, noch vor wenigen Jahren. »Sledz Lisnera« habe ich heute nicht selten im Handgepäck, Hering der Firma Lisner/Wenning, die heute in Polen produziert. Gekauft in Posen und Krakau. Triumph kleinlicher Sparsamkeit.

Unter mir dichtes Gehölz. Schwarzerlen, Birken, Seidelbast. »Schnellwachsend und anspruchslos«, sagt der Botaniker. Die Natur hat sich durchgesetzt auf steinigem Grund.

Mein Pilzgang im Herbst ist ergiebig. Hallimasch und Birkenpilz. Auch Boviste, von Pilzsuchern meist verschmäht.

Doch hier oben bin ich selten.

Der Weg herauf verdoppelt die Last der überflüssigen Pfunde.

In einer Silvesternacht stand ich hier inmitten vermummter Gestalten. In langem Fackelzug waren wir heraufgezogen, Bier und Korn im Marschgepäck. Der Zauber des Feuerwerkes über der Stadt rückte uns zusammen. Augenblicke der Verbrüderung um Mitternacht. Doch ich blieb allein zwischen den Grüppchen, in denen die Flaschen kreisten. Auf dem Heimweg schmerzten Füße und Gedanken.

Heute verschleiert der Dunst den Horizont. Nah nur das münsterländer Grün jenseits der Lippe.

Einen Steinwurf entfernt ist »Schöpfungsalltag«. Truck um Truck entleert sich in die graubraune Gesteinswüste. Was die Kohlenwäsche ausschied, hier läßt es neue Berge wachsen. Doch das Material wird knapp. Der Bergbau zieht sich zurück aus dieser Stadt, die viel länger mit der Kohle plante.

Kostbar die Last des Wertlosen. Exportartikel früher, als Bergkamener Waschberge per Schiff den Weg nach Holland fanden. Begehrtes Material beim Polderbau. Nun fehlt es an der Quelle, um Reißbrettvisionen zu vollenden.

Die nächtliche Geräuschkulisse der *Berge*transporte wird mir nicht fehlen. Eher schon die amüsanten Wortgeplänkel schlafloser CB-Funker mit den Cockpits der Trucks.

»Mach mal ´ne Pause und komm auf ´nen Kaffee vorbei! Mein Alter pennt. Hat wirklich den Kasten Bier geschafft, heute abend. Respekt, Respekt!« steht im Nächtebuch des indiskreten Zuhörers. Aber auch der Hilferuf »Verdammte Scheiße, uns ist wieder der Keller abgesoffen!«

Denn das Wasser kam, als die Landschaft tiefer und tiefer sank. Weil die Tunnel und Höhlen unter der Stadt in sich zusammenfielen, wenn die Kohlengräber weiterzogen.

Wenn Bilder von den Wänden fielen und das Bett zu hüpfen begann, brachte sich die Arbeit dort unten in Erinnerung. Meine Hundedame Julchen knurrte manchmal noch im Schlaf, wenn die Erde bebte und das Donnergrollen unter uns allzu bedrohlich klang.

Schwer vorstellbar, daß die Talfahrt mein Haus und alles, was mit mir auf dieser »Scholle« wohnt, schon fünfzehn, zwanzig Meter bewegte.

Schlag um Schlag.

Ich sehe hinunter und erinnere mich.

»Ohne die Pumpen wäre diese Landschaft ein Segelparadies«, sagte der Bergbauexperte. 28 Pumpwerke allein in dieser Stadt. »Wir haben alles im Griff!« versicherte der Chef der Stadtentwässerung. »Zweieinhalb Millionen Kubikmeter Wasser im letzten Jahr!« sagte er stolz.

Vineta versinkt nicht.

Doch die Technik hat nicht verhindern können, daß Wälder und Wiesen sich in Sümpfe und Seen verwandelten. Neuer Reichtum einer Landschaft, in der immer weniger an die Kohle erinnert, die jahrzehntelang hier das Leben bestimmte.

Kräftiges Schuhwerk erschließt mir die nassen Paradiese. Den Mühlenbruch entlang der B 61 an diesem Tage.

Ein lichtes Waldgebiet, durchsetzt mit verschilften Sumpfzonen, aus denen das Stimmengewirr der Wasservögel zu mir herüberschallt. Erst die Nähe der Autobahn, vom Waldrand nur durch ein Getreidefeld getrennt, drängt die Vogelstimmen zurück. Die Morgensonne flutet durch die weit auseinanderstehenden Stämme. Und sie hellt für Augenblicke die Melancholie des winzigen Privatfriedhofes auf, der zum nahegelegenen Gut der Familie von Bodelschwingh gehört. Kaum mehr als ein Dutzend Grabsteine.

Nur zögernd öffne ich das unverschlossene Tor und trete behutsam zwischen die Gräber. Namen aus dem Buche der Geschichte. Verwittert schon, doch nicht vergessen: Freiherr Franz von Bodelschwingh; Staatsminister Ernst von Bodelschwingh; Herbert, Freiherr von Richthofen; kaiserlicher Oberforstmeister, Franz von Bodelschwingh ...

Ich schließe das rostbedeckte Tor.

Leise.

Ein Jogger tankt sich dampfend durch den Wald. Noch auf der Stelle trampelnd, unterbricht er grüßend seinen Weg.

»Trainierst du für den Ruhestand?«

Das Ritual ist bedient. Die Antwort ohne Belang. Ich sehe ihm nach, ganz ohne Schuldgefühle.

Der Beversee im Norden der Stadt verweigert sich an diesem Apriltage. Er überflutet den Rundweg und führt das gelbe Warnschild ad absurdum:

»Verlassen der Wege (einschließlich Betreten der Eisfläche) verboten! Der OKD Untere Landschaftsbehörde«.

Im Winter schreckt dies Schild nur wenige, die knackende Eisfläche zu erproben.

Ich erliege nicht der Verlockung nasser Füße, obwohl ich noch den Zugang zu jener Stelle ertrotze, an der ich den hölzernen Aussichtssteg weiß. Der Steg ist verschwunden. Ich entdecke nur einige zerbrochene Latten im Gebüsch.

Die Informationstafel hinter einer derben Bank, die dem Vandalismus widerstanden haben mag, ist abgeräumt. Die Enten sind namenlos. Noch im letzten Sommer war ihre Artenvielfalt hier liebevoll dokumentiert.

»Naturerlebnis Nr. 7« verheißt ein blaues Schild auf wasserbeständigem Betonpfahl.

Die Natur löst dies Versprechen ein, obwohl der See an diesem Tag nur wenig preisgibt von seiner ausufernden Fläche. Von Büschen und Bäumen verdeckt.

Vor Jahren noch war dies ein ungeliebter Ort. Bis Naturkundige hier auf »Frauenschuh«-Orchideen stießen und brütende Eisvögel aufspürten. Das wertete das »Mückenloch« auf. Mehr und mehr Ausflügler begannen, diese einzigartige Idylle zu entdecken. Ihnen folgten die Wegebauer. Und ihnen immer wieder das Wasser.

Es setzt auch mir heute Grenzen.

Mein Rückweg führt vorbei an kreisrunden Teichen. Bombentrichter aus dem 2. Weltkrieg. Relikte alliierter Angriffe auf die nahegelegenen Chemischen Werke.

»Kriegswichtig« damals. SCHERING heute.

Zum Rünther Hafen sind es nur wenige hundert Meter. Der Datteln-Hamm-Kanal, der im Norden den Beversee begrenzt, wartet hier mit einer irritierenden Überraschung auf: der »Marina«.

Yachthafen mit Mallorca-Flair.

Auf fast zweihundert Liegeplätzen Schiffe von beeindruckender Präsenz. Motor- und Segelyachten aus allen Teilen Nordrhein-Westfalens. Von hier aus verbunden mit den Wasserstraßen Europas. Im Hafen maritimes Leben, Werft, Bootsbedarf und Gastronomie.

Attraktion für den Sonntagsausflug in die Nachbarschaft.

Ich lebe mit der Nähe des Kanals, der diese Stadt auf einem Damm durchzieht.

Einst Einschnitt in Wiesen und Äcker, verläuft die Wasserstraße heute hoch oben über den Dächern der Häuser, die früher die Ufer säumten. Dreiundzwanzig Meter tief war dieser Schiffahrtsweg vor Jahren hier. Heute füllen »Waschberge« aus der Kohleförderung den Schlund bis auf Kieltiefe.

Dennoch bleibt Unbehagen. Denn es sind nur hundert Meter von meiner Haustür zum »canale regionale«, wie ein Zukunftsprojekt der Landschaftsplaner heißt.

Aufrecht, wie ich hoffe

Mein Haus versinkt
von Tag zu Tag ein Stück
mit ihm die Landschaft,
deren Teil es ist
seit hundertvierzig Jahren.
Mein Haus versinkt
im Schatten der Kastanie
gleich hinter dem Kanal, auf dem

die Schiffe fahren über mir
und über einem Abgrund,
der dies Haus bedroht, mein Haus,
das hinter einem Deich aus Stahl
geschützt ist, bis tief unter mir
die Arbeit mich zehn Meter oder
mehr dem Mittelpunkt der Erde
näherbringt und auch mein Haus,
geschüttelt Tag und Nacht.
Bis es vielleicht davontreibt
eines Tages nach dem Bruch
des Damms. Doch aufrecht,
wie ich hoffe, während ich
im Wipfel der Kastanie überlebe.
(1983)

Mein Hund liebt die Spaziergänge am Kanal entlang. Und ich die taktlosen Blicke hinunter in die Gärten, aus denen der Duft des Grillfleisches heraufzieht.

Nur kurze Pausen bei den Anglern, die reglos hier mit dem Uferbuschwerk verschmelzen und selten reiche Beute machen, weil Schiffsabfälle reichlich Aal und Karpfen nähren. Wenn doch ein Fang am Haken zappelt, dann wandert er oft zurück ins Wasser. Denn erst nach tagelangem Wässern in der Badewanne soll der Kanalfisch genießbar sein. Feinschmecker bezweifeln dies.

Schlagzeilen machte ein Bergkamener Angler in den achtziger Jahren.

»Oh Schreck! Piranhas im Datteln-Hamm-Kanal« titelte eine Boulevard-Zeitung, deren Glaubwürdigkeit oft bezweifelt wird. Doch das Unglaubliche hatte sich ereignet.

Der Angler hatte (Zitat:) »zwei verkrüppelte Forellen«, die matt im Kanal auf ihn zu paddelten, mit dem Kescher an Land gezogen und zu Hause behutsam mit der Hand ins Aquarium gesetzt. In Sekundenbruchteilen hatten sich die zuvor so apathischen Fische im warmen Wasser in blutrünstige Ungeheuer verwandelt.

»Piranhas« befand der Arzt, der die Fingerkuppe wieder zusammenflickte.

Es blieb ungeklärt, wie die Amazonasbewohner in diesen Schiffahrtsweg kamen, der dem Lauf der Lippe folgt. Aber es liegt nahe, daß ein Freund exotischer Aquarienfische die kleinen Monster im Kanal entsorgt hat, als er mit ihnen Probleme bekam.

Seither hält sich hartnäckig das Gerücht von der Existenz einer Piranha-Kolonie im Schatten der Kühltürme des STEAG-Kraftwerkes. Hier ist das Wasser durch den Kühlkreislauf der Stromerzeugung immer einige Grade wärmer als an anderer Stelle.

Besonders ängstliche Mütter, die ihre Kinder hindern möchten, im Kanal zu baden, halten an der Fama fest. Und es heißt, daß Faltbootfahrer auf diesem Streckenabschnitt einen Paddelschlag zulegen.

Sicher ist sicher.

* VINETA war eine legendäre, vom Meer verschlungene Vielvölkerstadt an der Ostseeküste. Diese laut Überlieferung überaus reiche Stadt des frühen Mittelalters lag, wie Siedlungsfunde vermuten lassen, möglicherweise auf der – heute zu Polen gehörenden – Halbinsel Wollin. Vineta-Legenden und -Forschungen haben den Autor seit Kindertagen fasziniert.

Maria Sperling

Axis Mundi

Kindheit zwischen Haarstrang und Möhnesee

Das Vergangene ist nicht tot;
es ist nicht einmal vergangen.
(Christa Wolf: Kindheitsmuster)

Dies könnte eine unendliche Geschichte werden: an den Ort der Kindheit zurückkehren. Eine Versuchung, die es in sich hat. Sporadisch taucht dieser Gedanke immer mal auf, hakt sich an einem x-beliebigen Punkt fest, immer woanders zeitlich oder räumlich, immer aber außerhalb jeder erkennbaren Ordnung, und im Auftauchen schon setzt er etwas in Bewegung, das dann in ihr zu kreisen beginnt, zu einem Strudel anschwillt, der aus der Tiefe Bilder, Laute, Gerüche, Erlebtes, womöglich auch Geträumtes hochdreht, ein Strudel, der sich, wie vieles in ihr, am See festmacht: ein Stein, ein winziger nur, von der Versuchung ins Wasser geworfen, zieht Kreise, sich weitende Ringe, und während sie ihnen folgt, die doch irgendwann sich in der Weite des Sees, womöglich erst an seinem Ufer verlaufen müßten, schwingt ihr Blick zurück zur Mitte, bohrt sich in die Tiefe, spiralig, tiefer und tiefer, wirbelt schließlich den Seegrund auf mit Tang und Schlinggewächsen, die sich ihr um die Füße zu winden drohen, während sie wieder das Kind ist, schwimmend im See, dem See, der den Glanz dieser Kindheit, auch ihren Kummer, umso klarer in die Gegenwart reflektiert, je klarer sein Spiegel ist: einer Kindheit im Dorf. Sich freimachen oder sich in ihre Tiefe ziehen lassen. Ein Entweder-oder gelingt nicht. Oder besser: immer nur für kurze Zeit. Sie hat sich zwischen den beiden Möglichkeiten eingerichtet, was nichts anderes heißt, als: zwischen zwei sich parallel miteinander windenden Spiralen, Vergangenheit und Gegenwart.

Da ist das Dorf, wie es sich heute zeigt mit all den Veränderungen, Modernisierungen und vermeintlichen Fortschritten, die es ungleichgewichtig nach Osten auswuchern, wo alle Stilarten und -wirren, auch kunststoffsäulenverniedlichte Scheinarchitektur aus Zuckerbäcker-Baumarkt-Angeboten sich austoben. Und nahezu deckungsgleich damit läuft ein von Sonne und Alter leicht angegilbter Film der erinnerten Kindheit, das Dorf am See mit seinen überschaubaren konzentrisch gewachsenen Strukturen, zweifellos die gewichtigere der beiden fast kongruenten Spiralen, weil sie in den ersten Anfängen gründet, im zunächst Ungewußten, später im allmählichen Erwachen des Gewußten.

Sie ist überzeugt, daß Ort und Zeitpunkt der Geburt eines Menschen wichtige Koordinaten sind, in denen seine »Axis mundi« gründet, sein kosmischer Ort, um den sich erweiternde Kreise ziehen, wenn eine Kindheit einigermaßen ungestört verlaufen darf wie die ihre. Tatsächlich pendelt ihr Leben ständig zwischen Peripherie und Mitte und manchmal, wenn sie der Verdacht überkommt, sie könnte von der Zentrifugalkraft ausgeschleudert sein in irgendwelche Namenlosigkeit, wird sie wie von elastischen Fäden wieder zurück in diese Mitte gezogen, ein barmherziger Akt, woher gesteuert auch immer, der seinen Ort hat, festgeschrieben in den Koordinaten ihrer Geburt, Dreh- und Angelpunkt ihrer Unternehmungen, der ihr die Gewißheit gibt, zu Hause zu sein, wo immer sie sich befindet, der sie immer wieder zurückzieht ins Maß ihres Ursprungs.

Die Koordinaten ihrer Geburt laufen zusammen im alten Haus, fast in der Mitte des Dorfes gelegen, jedenfalls in kürzestem Radius zu seiner frühesten Mitte, der barocken Kirche, nach einem Brand auf den Mauern einer ersten romanischen Kirche errichtet. Das alte Fachwerkhaus, 200 Jahre alt schon damals, das Haus, das nicht vergißt, das alles in seinen lehmgeschlämmten Gefachen gespeichert hat, die es nicht mehr gibt. Hier und da beulen sie aus und bröckeln. Dann holt einer Dreckschüppe und Handfeger und fegt zerbröseltes Stroh und gelbbraunen Staub zusammen und beläßt es dabei. Büschel verstaubter Kräuter dämmen das Dach gegen Frost und Hitze und wo die Dachpfannen brüchig sind, fallen Gras und Stücke blaßroten Tons mit dem Regenwasser in zinkene Fäßchen, die auf dem Dachboden aufgestellt sind. Dann tropft der Regen plup, plup, tropft Geheimnisse in die Schüsseln und Windgeschichten und was er erfuhr zwischen Himmel und Erde, und das Kind lauscht. Da fangen die Dinge zu reden an, der Stubenwagen mit den gerüschten Volants aus geblümtem Kattun, die mürbe Bettspreite, aus Quadraten zusammengehäkelt, die Lumpenkiste aus geflochtenem Binsen, der Stuhl, dem irgendwann ein Bein brach. Später weiß das Kind die Buchstaben, kniet vor dem Vertiko, das schon der Großvater geerbt hatte, zieht Schubfach um Schubfach heraus, erliest die ersten Wörter auf dem Kopfbogen einer Rechnung (Heinrich F. Kurz-, Weiß- und Wollwaren), findet gesiegelte Testamente (Comparanten erkannten den ihnen vorgezeigten Umschlag, in welchem sich der Überschrift gemäß das gedachte Testament befindet...), Poesiealben (...das eben ist der Liebe Zaubermacht: daß sie veredelt, was ihr Hauch berührt...), Totenbriefe (Den Heldentod starb für Kaiser und Reich in Feindesland Herr Lehrer August F., Leutnant der Reserve und Inhaber des Eisernen Kreuzes...), Briefe der Töchter aus dem Kloster in Übersee mit geistlichen Blumensträußen an ihre Eltern (10 Vater unser, 10 Ave Maria, 10 Ehre sei dem Vater ...), findet Gedichte, die einer in seiner Jugend geschrieben (Habt ihr den alten Lindenbaum, den Tollpost nicht gekannt, der an der alten Heeresstraß` seit grauen Zeiten stand...), die er später zurückließ wie ein Hemd, dem man entwachsen ist.

Und irgendwann sind die Finger klebrig von Druckerschwärze und Staub. Da läuft das Kind die Bodenstiege abwärts durchs Bodenstübchen, wo die Servante steht, von der Großmutter mit in die Ehe gebracht und seit langem ausgemustert, aber von geheimer Anziehungskraft der Bücher wegen (Eichendorff-Gedichte, Das Zupfgeigenhansl, Zigarettenbilder-Alben: Aus Wald und Flur ...) und der Zeitschriften, die sich darin stapeln, teilweise schon zerfleddert (Kindheit-Jesu- und Stadt-Gottes-Hefte mit den fremdartigen Erzählungen aus fernen Ländern und den unheimlichen Geschichten um Harun al Raschid und Ali Baba und die schwarze Kali Durga ...).

Im Badezimmer wäscht sich das Kind den schwärzlichen Staub von den Händen über der Badewanne, die auf vier emaillierten Löwenfüßen steht, kann der Versuchung nicht widerstehen, übers Fußbänkchen, auf einen Stuhl gestellt, durch die Dachluke aufs Flachdach zu steigen (der Vater hat`s verboten, weil die Dachpappe brüchig ist, der Vater ist heute nicht da), von oben die Welt zu sehen, das Höfchen vorm Haus, einen Blick in Nachbars Küchenfenster zu tun, zur Seite in des anderen Nachbarn Hühnerhof und ein Stück des Posthofs im Blick zu haben, wo der Postbote gerade aufs Fahrrad steigt. Die Teerpappe, weich von der Sonne, versucht bei jedem Schritt, die Schuhe festzukleben, da entschließt es sich zum Ausstieg zurück durch die Dachluke. Die wacklige Konstruktion hat ihre Tücken, das Bänkchen rutscht vom Stuhl, nimmt das Kind mit in den Sturz vorbei an der Stuhlkante, der endet mit ein paar Schürfwunden am Knie, über die schnell der Strumpf gezogen wird, weil man Verbotenes tat. Aber das Hochgefühl bleibt, etwas gewagt zu haben, was die größeren Geschwister längst früher wagten.

Die Hobelstube des Großvaters, zu kalt im Winter, zu warm im Sommer und doch von unwiderstehlichem Zauber, ist nur durch eine schmale hölzerne Stiege zu erreichen. Da werkelt der Großvater an der Hobelbank, greift mal nach dem Zollstock, mal nach der Wasserwaage, prüft, ob der Bienenkasten im Lot ist. Dann ist er so mit seiner Arbeit befaßt, daß man nur auf der Stiege sitzen, vielleicht noch neben ihm stehen und zusehen darf, wie er aus dem Sägemehl auf der Erde ein Stück Holz aufliest, mit dem Kopierstift Zahlen darauf schreibt und hoch- und runterrechnet, wie er die Brille von der Nase nimmt, die Gläser behaucht und mit dem großen Taschentuch blankreibt, wie er zwischen allem möglichen Kram in der Schublade die Hanewacker-Dose sucht und sich einen lakritzschwarzen Prim hinter den Zahn steckt. Und ab und zu greift er zur Flasche auf dem Podest neben dem gipsenen Hl. Josef und genehmigt sich einen kleinen Korn, den er über dem grauen Kräuselbart ansetzt und mit einem einzigen Schluck, begleitet von einem genüßlichen Seufzer, erledigt. Dabei zwinkert er dem Kind zu, als wollte er sagen: das Leben ist schön.

Es gibt die Hobelstube nicht mehr. Vor mehr als einem halben Jahrhundert wurde sie abgerissen; das war leichte Arbeit, weil sie nur aus Holz gebaut war und ein Flachdach hatte, von dem Kinder herunter auf die Welt schauten, wenn der Vater nicht im Hause war, und der Streifen, den sie einnahm, ist so schmal, daß man sich gar nicht vorstellen kann, daß da einmal eine Hobelstube gestanden haben könnte. Aber das Haus vergißt nicht, daß ihm eines Tages dieser Teil wie ein Arm amputiert wurde. Amputierte Teile geben nicht auf, machen von sich reden, als wären sie noch, bleiben am Leben.

Auch den Großvater gibt es lange nicht mehr, länger als ein halbes Jahrhundert gibt es ihn nicht mehr. Und es gibt ihn doch, weil das Haus nicht vergißt, wer darin geboren wurde, geatmet, gelebt, geliebt hat. Und es gibt auch das Kind noch, das die schmale hölzerne Stiege abwärts in die Hobelstube läuft, in der der Großvater werkelt und Bilder sammelt, kleine und große, häßliche und originelle, Photos seines Bernhardiners (Cilla von der Petersburg), auch fromme Bilder (das einzig wahre Bildnis unsres Herrn Jesus Christus), und wo er manchmal selbst malt mit Farben aus bunten Tuben und Tigeln, Stilleben mit Speckbirnen und rotbackigen Äpfeln, wo er hämmert und hobelt und manchmal auf der Ziehharmonika spielt (Zwei Zigeuner fand ich einmal ...), und alle im Haus stöhnen, weil man sein eigenes Wort nicht versteht, und wo er manchmal sitzt und leicht die Lippen bewegt, wenn er betet.

Das Haus vergißt nicht. Auch nicht, daß eines Tages Männer bestellt werden, Keller auszuschachten. Da zeigt es ihnen den felsigen Grund, auf dem es steht. Sie kommen im Blaumann mit Spitzhacken, hacken sich vom kleinen Lehmkeller aus zentimeterweise durch den unerwarteten Fels, den sie in Eimern über Leitern ans Licht und draußen auf den Pferdewagen tragen. Das Haus verliert nichts, sagen die Leute. Auch nicht Geheimnisse, auch nicht den Beutel voll alter Münzen, den irgendwer irgendwann in einer mit Lehm zugeschaufelten Grube unter dem Haus versteckt hatte, der einem der Blaumänner plötzlich an der Spitzhacke hängt. Die Blaumänner seien sich rasend schnell einig geworden, wird gemunkelt, und niemandem sonst ist auch nur eine einzige Münze zu Gesicht gekommen.

»Das Geld muß im Dorfe bleiben«, heißt es. »Der Schornstein muß dampfen«, heißt es, »sonst jagen sie uns über die Haar«. Der Schornstein raucht, wenn auch der Dauerbrenner an Wintertagen sich mühen muß, den Laden zu heizen. Da kommt die Mutter öfter in die Küche und wärmt sich die Hände über dem Herd. Und manchmal sitzt sie oben und näht Gardinen oder Inletts für Betten oder Fahnen für Schützenfeste und Prozessionen. Und die Kinder nähen und basteln mit Musterlappen und malen auf Pappen, die von Stoffballen übrigbleiben. Die darf jeder sich aus dem Laden holen, und wenn niemand drin ist, schaut man mal hier und mal da. Und irgendwann probiert man, wie die Kassenlade sich öffnen läßt. Man muß nur die Fingerkuppen in die messingnen Mulden unterhalb legen und gleichmäßig die Hand zusammenziehen, als wollte man die Faust machen. Mit leisem Klingeln springt dann die eiserne Lade auf, und sauber getrennt liegen Einer, Fünfer, Groschen ... Und irgendwann hat das Kind Hunger auf Salmiakpastillen oder Karamellen oder Himbeerbonbons, aber kein Geld. Dann muß alles schnell gehen. Der Trick mit der Hand gelingt, das Klingeln, lauter als erinnert, trifft wie ein Donner, blind greift es eine Handvoll Fünfer, läuft durch den Ladenhintereingang, die Haustür, ums Haus herum, das Herz klopft bis in den Hals, in den Kopf, es läßt die Pfennige aus der krampfenden Hand in die Schürzentasche fallen, einige kleben, brennen in den feuchten Fingern, als es sie im Kolonialwarenladen gegenüber auf die Theke legt für Säuerlinge mit Himbeergeschmack, eine ganze spitze Tüte voll. Aber jetzt brennen auch die Säuerlinge auf der Zunge und schmecken auf einmal nicht wie sonst und sind doch zum Lutschen da, aber nur, wenn niemand merkt, was man auf der Zunge hat, und die Reue lutscht mit, wenn man sich im Bodenstübchen allein zu schaffen macht.

Und in der Nacht, wenn der Wind von Osten kommt und sich im Schornstein fängt, hört man es weinen, und manchmal hört man es lachen, und manchmal singt es. Und wenn der Regen vom Dach tröpfelt und sich den Kindern vor den Schlaf drängt, rufen sie den Vater. Was er sagt, das ist wahr. Das ist nur »das Vibrieren des Hauses«, sagt er. Da schlafen sie ruhig ein.

Wenn sie aufwachen am Morgen, sind die Eltern schon aufgestanden, und die beiden Kleinen dürfen in die noch warmen Betten. Der Vater zitiert Max und Moritz von vorn nach hinten und von hinten nach vorn und Maus und Molli und Selbstgereimtes. Im Winter erzählt er vom Sommer, von reifen Erdbeeren und goldenem Honig und wie weich und saftig die Reineclauden, wie rot die Äpfel sind am alten Baum im Garten. Im Sommer erzählt er Schlittengeschichten und wie leicht die Schlittschuhe gleiten auf dem zugefrorenen See. Und manchmal spielt er mit Wörtern und verdreht und verzaubert sie, und immer verzaubert er die Welt mit, wenn er erzählt. Im Advent macht er aus Spekulatien Spazelekien, Spalezekien, Spelezakien. Und manchmal setzt er die Füße wie Charlie Chaplin und legt die Glatze in Falten und wackelt mit den Ohren, und dann muß man lachen, ob man will oder nicht.

Und manchmal hört man Stimmen aus der Kneipe nebenan. Auf dem schmalen Streifen zwischen Straße und Haus hat nämlich eine Kneipe gestanden. Man kann sich gar nicht vorstellen, daß auf so einem schmalen Streifen mal eine Kneipe gestanden haben kann, die geräumig und groß war. Gelegentlich schwappt Musik aus dem Grammophon aufs Haus über und Stimmen dazwischen, die lauter und lauter werden, aber man schläft drüber ein. Nur manchmal wacht das Kind auf, weil die Stimmen zu laut sind, und dann horcht es. Es hört die Stimme des Vaters heraus und kann nicht weiterschlafen und wartet, bis der Schlüssel sich in der Haustür dreht, und manchmal wartet es lange. Dann flötet der Vater fröhlich und leise vor sich hin und flötet durch alle Zimmer unten und schließt jede Tür zu und auf und zu. Und das Kind schläft erst wieder ein, wenn es gar nichts mehr hört, und dann ist schon zu bald Morgen.

Das Haus vergißt nicht. Auch nicht, daß irgendwann der Laden leer ist und nichts mehr zu kriegen, das man hätte verkaufen können, weil der Krieg die Fabriken zerbombt hat. Da liegt in den Regalen nur ein Stapel rosa Schneiderkreide, die niemand kauft, weil es keinen Stoff gibt, den man schneidern könnte. Aber die Bienen sind fleißiger als früher, weil der See ausgeflossen ist und zugewuchert von blühenden Kräutern, die zentnerweise Honig bringen. Da hat der Vater in der Bienenhütte im Garten alle Hände voll zu tun, muß die vollen Waben mit dem Kratzer entdeckeln und in die emaillierte Schleuder hängen. Anschließend dreht er, bis der Honig schwer in den Kübel fließt. Dann schiebt er die Kübel auf der Schubkarre durchs grüne Tor in der Weißdornhecke, hebt sie dort in den alten Opel P4, fährt sie zum Haus. Da sitzt die Mutter dann nachmittagelang vor der gußeisernen Waage, läßt den Honig in Eimerchen und Gläser laufen. Und manchmal ruft sie die Kinder, sie abzulösen und immer im richtigen Moment den Hebel nach unten zu ziehen, wenn die Waagschale sich zu neigen beginnt. Überall im Haus riecht es nach Honig, und hier und da klebt es.

Und für Honig, nicht für Geld, kann man Backsteine kaufen und dem alten Haus stabile Wände geben. Da werden eines Tages die Lehmgefache ächzend von innen nach außen gestoßen. Das ist leichte Arbeit, weil die Wände alt sind und lebenssatt. Wenn nicht der gelbe Jahrhundertstaub wäre, der sich einem auf Arme und Haare und in die Augen legt und die Kehle zustaubt. Die Maurer stützen mit Pfosten die Decken, wo die Fachwerke morsch sind. Das Haus ist zugig, und es dauert eine Weile, bis die Wände Backstein für Backstein wieder hochgezogen sind. Die Familie wohnt eine Zeitlang im Laden, weil ja außer Schneiderkreide nichts zu verkaufen ist, und Schneiderkreide haben die Leute inzwischen genug. Da fällt einem manchmal ein, wie voll die Regale früher waren, als es noch Gerstenkornleinen mit roten Streifen gab und Damast mit Nelken- und Rosenmuster und Manchesterhosen, Kommunionanzüge, Bleylekleider, Socken, Leibchen mit Strumpfbändern, Knöpfe und Zwirn und Litzen und Spitzen und sattweiße glänzende Leichenhemden und Stopf- und Sticknadeln. Da fällt einem ein, wie die Bauern am Sonntag mit Kutschwagen von den Dörfern ringsum kamen, mancher kam auch zu Fuß, und sobald das Hochamt zu Ende war, schrillte die Ladenschelle, und Frauen in schwarzen Mänteln und Hüten standen vor der Theke und plauderten später in der Küche bei Kaffee und Streuselkuchen. Da fällt einem ein, wie einer jeden Sonntag 5 Mark brachte und manchmal auch ein paar Eier, um aus den Büchern zu kommen. Und wie der Vater den Musterkoffer hinten auf seine NSU schnallte und über die Dörfer fuhr, solange noch kein Auto da war.

Aber zum Kaufen kommt niemand jetzt in den Laden, höchstens auf einen kleinen Schwatz. Und gegen Abend, wenn überall im Dorf der Strom ausfällt, sitzt die Familie um die Ladentheke herum oder, wenn es kalt ist, um den Dauerbrenner und betet den Rosenkranz für den Ältesten, der, gerade 18, noch kurz vor Ende des Krieges zur Wehrmacht muß. Der Vater will ihn verstecken, doch das geht ihm gegen die Ehre. Aber Rosenkränze und Tränen bringen ihn nicht zurück, bringen nicht mal ein Lebenszeichen, nie mehr.

Und irgendwann hat das Haus rundherum neue Wände und schließlich ein neues Dach. Der Schreiner mißt die größeren Fensterhöhlungen und schreinert passende Fenster und eine neue Haustür. Später bekommt das Haus ein ganz neues Gesicht aus weißem Putz und sieht aus wie die vielen Häuser im Dorf, die man neu baute, weil einem die alten nicht mehr gefielen. Nun sieht das Dorf aus wie alle Dörfer, die man modernisiert hat, weil einem das Alte nicht mehr gefiel. Aber das Dorf vergißt nicht, wie es einmal ausgesehen hat mit den schwarz-weißen Fachwerkhäusern und den Bauernhöfen bis in seine Mitte und den Linden hier und da auf dem Hof und der Bank.

Auch das Haus vergißt nicht, nicht seine lehmgeschlämmten Gefache und eichenen Balken, auch nicht die Schrecken im Gesicht der Eltern, als sie einen der Briefe geöffnet haben, die das Kind jeden Tag von der Post holt. Sie nehmen den Brief mit ins kleine Büro, schließen leise die Tür hinter sich zu, und man hört lange nichts, höchstens ein Flüstern, wenn man den Atem anhält. Und irgendwann kommen die Eltern bleich aus dem Büro und sehen ratlos aus, und das Kind weiß nicht warum.

Mehr als ein halbes Jahrhundert später kniet das Kind, als es kein Kind mehr ist, vor der alten Servante, zieht die Kiste heraus, in die der Vater die Briefe gelegt hat, als sie längst ihren Schrecken verloren hatten, liest die vergilbten Papiere:

H. F. W. M. Wirkwarenfabrik / Neumünster
Fa. Karl F. : Wir kommen auf Ihre Karte vom 14. 9. 1938 zurück und teilen Ihnen mit, daß wir aus weltanschaulichen Gründen nichtarische Firmen nicht mehr beliefern können. Heil Hitler!
H. F. W. M.

Geheime Staatspolizei/Außendienststelle Hamm, den 22. Nov. 1944
Herrn Karl F. : Sie haben sich am Donnerstag, dem 30. 11. 1944, vormittags, auf der hiesigen Dienststelle einzufinden. Mitzubringen sind Arbeitszeug, Wolldecken, sonstige Reiseutensilien für unbestimmte Zeit und die Lebensmittelkarten.

Das Haus vergißt nicht, auch nicht, daß irgendwann später ein Jeep vorfährt mit Uniformierten, die Kaugummi kauen und den Vater sprechen wollen. Amis, sagen die Kinder, was wollen die Amis bei euch? Der Vater ist Bürgermeister, erfährt das Kind später beim Brotholen im Dorf und erschrickt, weil es nicht weiß, was ein Bürgermeister zu tun hat. Bis jeden Tag Flüchtlinge in armseliger Kleidung und mit Rucksack vor der Tür stehen, abgehetzt und ausgehungert, und manchmal sind Männer darunter in gestreiften Kattunanzügen mit ausgemergelten Gesichtern. Dann klemmt der Vater einem der Kinder ein paar graue Wolldecken unter den Arm und schickt es mit den Leuten durchs Dorf zu den Bauern mit der Bitte, den Leuten Unterkunft zu geben für eine Nacht wenigstens, in einer Stube vielleicht, sonst in der Scheune, und einen Teller Suppe vielleicht. Da sagt der erste Bauer Nein, und noch einer sagt Nein, und beim dritten sagt die Frau: Heute nicht. Und da geht das Kind weiter, und wenn niemand Ja sagt, bringt es die Leute in die Gemeindebaracke mit den Doppelstockbetten. Aber bald weiß das Kind einen Hof, da sagen sie immer Ja und haben immer einen Teller Suppe oder einen Becher Milch oder Bratkartoffeln. Und nun geht es immer zuerst dahin mit den Leuten. Aber manchmal sieht es vom Fenster aus die Leute schon kommen, und da ist es manchmal noch früh genug, aus dem Haus zu flüchten oder auf den Dachboden. Dann kriegt eine der Schwestern oder der Bruder die Wolldecken unter den Arm geklemmt.

Und wenn Sommer und Sonne ist, laufen die Kinder den Weg zum See, der entsetzlich lang ist und am Abend mit nassen Haaren und leerem Magen noch länger. Sie schauen sich von den größeren ab, wie man mit Armen und Beinen kreisen muß, um im tiefen Wasser nicht unterzugehen, und auf einmal haben sie's begriffen und schwimmen und tauchen, bis die Füße den Grund berühren und schnellen wieder hoch. Dann gehören sie dazu und schmieren sich mit Schlamm ein und glitschen über den Steg und schreien: Hurräh die Waschfrau! Und dann drehen sie sich wie ein Kreisel im Wasser und holen Schlinggewächse und Tang nach oben und Schlamm und Geschrei und blaue Lippen und wirbeln immer neue Schlingpflanzen hoch, die sich um Hände und Füße winden.

An den Ort der Kindheit zurückkehren. Einen Stein ins Wasser werfen, seinen Kreisen folgen, die irgendwann in der Weite des Sees, womöglich erst an seinen Ufern, verlaufen müßten. Den Blick in die Tiefe bohren, da wo der Stein den Spiegel traf, spiralig, tiefer und tiefer und Tang und Schlinggewächse heraufwirbeln und Geschichten vom Haus, das nicht vergißt, und vom Dorf und vom See. Weil das Vergangene nicht tot ist und nicht einmal vergangen.

Dies könnte eine unendliche Geschichte werden.

Levent Aktoprak / Klaus Goehrke

Fremde Heimat Hellweg

Wie Sarazenen, Tataren, Türken, Russen und andere hier heimisch wurden

Levent besucht mich. Wir sitzen auf der Terrasse und plaudern. Über uns in der Tanne gurrt es heftig.

»Eine Türkentaube.« - Wir sagen es wie aus einem Mund.

»Die war früher nicht hier heimisch, die Art ist erst vor wenigen Jahrzehnten zugewandert.«

»Wie meine Familie«, lacht Levent.

Wir wollen über den Hellweg sprechen und die Fremden, die hier heimisch geworden sind. Unsere Region heißt nach einer Straße, ist Schnittpunkt von Straßen, gleichsam eine einzige Kreuzung: Verbindung, Vermischung von Nah und Fern, von Hüben und Drüben. So hat unsere Heimat dem Neugierigen stets den Weg in die Fremde gewiesen, daß er ausfahre, die Heimat in der Fremde lieben zu lernen. Aber wir wollen von denen reden, die als Fremde hierher gekommen sind, als willkommene Partner in Handel und Gewerbe, Fremde, die wir gern beherbergen, wenn sie ein Heim suchen; auch von jenen, die uns hier heimsuchten als unheimliche Eindringlinge, als Unbeheimatete, auf der Suche nach Brot und Obdach. Überall haben sie ihre Spuren hinterlassen.

»Guck mal, was ich beim Umgraben hinten im Garten gefunden habe.« Ich ziehe eine Kupfermünze aus der Tasche, die Levent ins Licht hält.

»1895«, liest er, »Magyar Királyi Váltópenz«.

»Die wird einem ungarischen Bergarbeiter gehört haben, der hier in den Stallungen des Gutsbesitzers von der Becke untergebracht war und auf der damals frisch abgeteuften Schachtanlage Königsborn II gearbeitet hat.«

Levent nickt: »Der Bergbau hat die Fremden hierher geführt. Meinen Vater auch, sonst säße ich nicht hier, sondern in meiner Geburtsstadt Ankara.«

»Ich bin auch nicht hier geboren, meine Eltern sind Preußen und stammen aus Berlin.«

»Preußen?« Levent holt ein Blatt hervor. »Das hat mir Muhammad Salim Abdullah geschickt, der Leiter des Soester Islam-Archivs: *Preußen und der Islam.* Türken waren schon zur Zeit der Preußenkönige in Deutschland. Viele Menschen gehen noch immer davon aus, daß erst mit der Immigration von muslimischen Arbeitskräften und ihren Familien der Islam nach Deutschland kam. Aber die Geschichte des Islam in Deutschland beginnt nicht erst in den 60er Jahren, die Spuren lassen sich bis in die Regierungszeit des Preußenkönigs Friedrich Wilhelm I. zurückverfolgen. Er war es, der für seine türkischen Soldaten ein Gebetshaus herrichten ließ. In Zeiten der Aufklärung sollten »seine Mohammedaner« auch ihren religiösen Pflichten nachgehen können. Im Jahr 1739 kam es dann zur Gründung der ersten islamischen Gemeinde. Urkunden und Dokumente dazu sind im ‚Zentralinstitut Islam-Archiv Deutschland' in Soest zu finden.«

Levent reicht mir einen Romanauszug, den ich erstaunt überfliege:

Nun kamen sie auch von den anderen Kirchen her, denn es war der Wunsch und das Gebot des Königs, daß Gott in Potsdam in allen Zungen und jedem Glauben der Erde zu der gleichen Stunde angebetet werde. Der Dominikanerpater, welcher für die katholischen Grenadiere des Königs Italienisch und Madjarisch, Französisch und Spanisch, Portugiesisch und Polnisch hatte lernen müssen, führte aus der neuen Kirche Marienkinder und Musketiere heran, die ihre Rosenkränze in den Händen hielten. Die französisch-reformierte Gemeinde der Refugiés und Hugenotten … schritt gemessen einher; und jeder hatte noch die frommen und fleißigen Hände gefaltet. Der Pope, dem für die Moskowiter eine griechisch-orthodoxe Kapelle am Langen Stall erbaut worden war, wies mit Stolz auf seinen frommen Chor … Die zwanzig türkischen Riesen des Herzogs von Kurland beteten und sangen indes noch in einem Saal … ihr Allah il Allah! Denn der König hatte sie freundlich gefragt, ob ihnen nicht der preußische Sonntagmorgen für ihren osmanischen Freitag gelten könne; es liege ihm sehr viel daran.

Ich erinnere mich den Roman im Bücherregal meines Vaters gesehen zu haben. Der Autor Jochen Klepper fand mit seinem christlichen Geschichtsroman »Der Vater« 1937 viel Zustimmung, bis er dann 1942 mit seiner jüdischen Frau in den Freitod ging.

Levent erzählt:

»Im Soester Islam-Archiv werden auch die Unterlagen zu den islamischen Gemeindegründungen aus den Jahren 1922, 1945 und 1971 bewahrt. Inzwischen hat das Institut selbst eine über 70jährige Geschichte in Deutschland. Anfang der 60er Jahre bekam der Leiter Salim Abdullah über den Generalsekretär des Islamischen Weltkongresses den Auftrag, das 1927 in Berlin gegründete und nach dem Krieg zerstörte Islam-Archiv wieder aufzubauen. Er mußte dazu viel Zeit und Engagement aufbringen. Es gab weder Unterlagen noch Bücher. Das einzige, auf das er aufbauen konnte, war seine eigene Sammlung, die er als muslimischer Journalist über den Islam angelegt hatte. In den Jahren 1965 bis 1970 gelang es ihm unter großen Anstrengungen, das Archiv wieder aufzubauen, nicht in Berlin, sondern in Saarbrücken, wo er damals lebte.

Dann zog es den in Westfalen geborenen Deutschbosniaken in die heimatliche Region zurück, und mit ihm übersiedelte 1982 das Islam-Archiv ins Westfälische, nach Soest. Es sei anfangs sehr schwierig gewesen, Material zu beschaffen. Er habe sich an die Regierung der damaligen DDR wenden müssen sowie an die amerikanische Kongreßbücherei. Man habe ihm zwar keine Originale zukommen lassen, aber selbst für Kopien der Akten habe er enorme Geldmittel aufbringen müssen.

Geht man zurück in die Geschichte des Archivs, dann stößt man unweigerlich auf den Namen des syrischen Journalisten Mohammed Nafi Tschelebi, der am 4. November 1927 in Berlin das *Islamische Zentralinstitut* (Ma'had-ul-Islam) gründete. Er war der Meinung, daß alle in Deutschland lebenden Muslime eine Institution haben müßten, in der sie ihre Identität finden könnten. Sie sollte im Dienst des Islam und der Muslime stehen und nicht eine Einrichtung über den Islam sein. Für den liberalen Journalisten und bekennenden Muslim Tschelebi war es auch wichtig, daß dieses Institut eine Brückenfunktion zwischen Deutschland und der arabischen Welt wie auch zwischen den verschiedenen muslimischen Gruppen in Deutschland einnahm. Die Aufmerksamkeit galt zunächst vor allem den kulturellen Fragen, später nahm auch das Interesse für Wissenschaft und Wirtschaft zu.

Heute sind die Aufgaben des Instituts größer und vielschichtiger geworden. Schließlich leben 2,7 Millionen Muslime in Deutschland. Davon stammen über zwei Drittel aus der Türkei, so gesehen ist der Islam in Deutschland vorwiegend von der türkisch-osmanischen Kultur geprägt. Deshalb sieht es das Institut auch als seine Aufgabe, zugewanderte muslimische Arbeitnehmer und ihre Familien bei der Lösung sozialer und kulturell-religiöser Probleme zu unterstützen. Das bringt es mit sich, daß das Islam-Archiv in Soest zu ganz bestimmten gesellschaftlichen Entwicklungen Stellung bezieht. Das Planen und Durchführen von Bildungsveranstaltungen, das Begleiten und Betreuen muslimischer Vereine und Organisationen, das Publizieren von Büchern, Dokumentationen, Monatsschriften – all das steht genauso auf dem Programm des Instituts wie die tagtägliche Kleinarbeit, wie sie in jedem Archiv anfällt und von Salim Abdullah und seiner Frau Amina unermüdlich erledigt wird. Deshalb ist es beider Wunsch, das Institut in eine Stiftung umzuwandeln. Denn das Archiv droht aus allen Nähten zu platzen, ist es doch im Privathaus der Abdullahs in Soest-Deiringsen untergebracht. Allein die Bibliothek umfaßt 6000 Titel.«

Ich gehe das örtliche Telefonbuch holen. Annähernd 4000 Ausländer leben allein in Kamen, rund acht Prozent der Bevölkerung – von A wie Angola bis Z wie Zaire reicht die Palette der 89 Herkunftsländer. In der großen Mehrzahl sind es Türken. Immerhin auf Hundert bringen es, von den Rußlanddeutschen abgesehen, Polen, Serben, Kroaten, Griechen, Italiener.

Ich schlage die erste Seite auf und lese vor: »Abali – Abdülkadir – Abel – Abrolat – Achenbach – Achtabowski – Ackermann – Adam – Adamczek – Adamski – Adelt – Adhami – Adler.«

»Gehen wir«, schlage ich nun vor, »ein paar Schritte durch den Ort.«

In der Märkischen Straße dringt aus einer Kneipentür Lärm herüber, es ist der »Bergkeller«, in dem sich die Zecher vergangener Zechenzeiten erinnern.

»Hat hier nicht Max von der Grün gelebt?«

»Gleich um die Ecke, und an seinem Erstlingsroman *Irrlicht und Feuer* geschrieben.«

Wir passieren weitere Lokale mit Namen wie »Akropolis«, »Bistro Kemer Kebab«, »China-Restaurant Mayflower« oder »Pizzeria La Belezza«, ein Bild, das wir in allen Hellwegstädten finden, deren Ausländeranteil bei 10 Prozent liegt.

Am zünftigen »Schloßeck« überqueren wir die Heerener Straße. Auffällig stattliche Bäume, Rotbuchen, Eschen und Akazien, umgrünen die kleine Kirche aus Bruchsteinen.

Ich zeige zum Turm: »In der Stube oben zeigt der Archivpfleger seit neuestem Schriftstücke aus der Geschichte der Kirchengemeinde. Er weiß von allerlei Verheerungen zu erzählen, besonders im Dreißigjährigen Krieg, als der Hellweg als Durchmarschstrecke für die Söldnerhaufen der verschiedensten Könige und Fürsten diente. Ein Trupp spanischer Soldaten ist 1622 in das Kirchdorf Heeren eingedrungen und hat den gesamten Kornvorrat gestohlen. Den spanischen folgten italienische und schwedische Besatzungen. Immer wieder wechselten die Ortschaften den Besitzer und die Hausstellen lagen verlassen. Ich habe einmal im ältesten Kamener Kirchenbuch geblättert. Da steht zum Beispiel, wie 1625 in Bergkamen eine Frau, deren Mann verstarb, den Toten, weil die Bewohner wegen der Spanier die Höfe verlassen hatten, allein zu Haus liegen lassen mußte.«

Wir biegen neben der Heerener Kirche in die Lindenallee ein und blicken auf den Schloßhof. Der Freiherr, so kündet ein Schild vor dem Torhaus, heißt jeden Besucher willkommen.

»Bitte jetzt keine Schloßbesichtigung.«

»Keine Sorge«, antworte ich.

Wir wenden uns nach links und treten durch eine Pforte auf den kleinen Friedhof hinter der Kirche. Hier, wo unter den Baumschirmen der Blick weit übers Feld geht und sich die Zwillingstürme von Kamen nur fingerklein über den Autobahndamm recken, liegen die Plettenbergs begraben.

»Schwerin von Krosigk –«, wundert sich Levent, »Hitlers Finanzminister?«

»Er war mit einer Plettenberg verheiratet. Unter diesen Buchen hat ihm 1977 Großadmiral Dönitz die letzte Ehre erwiesen.«

Achtundzwanzig gräfliche Gruften zählen wir, und der Hain wirft Schatten auf klingende Namen. Erinnert wird auch an Männer, die nicht hier ruhen, sondern in fremder Erde.

»Buchenwald?« Levent ist überrascht.

»Gestorben 1947, also nicht gegen, sondern wegen Hitler im Lager.«

Hinten ein mächtiger Stein mit dem Trostspruch, der Toten werde gedacht *an der Zufluchtsstätte derer, die Euch lieb haben.*

»Ein Wasserschloß laß ich mir als Zufluchtsstätte gefallen.«

Schloßmauern und Schloßbuchen haben auch das Schachtgerüst überdauert, das längst auf die stillgelegte Förderstätte gestürzt ist.

Die ehrwürdigen Buchen tragen reiche Frucht. Wir sammeln, bevor wir die Heerener Straße erneut überqueren, ein paar Bucheckern auf. Dann erreichen wir den Friedhof der Gemeinde. Auch hier gibt es einen Gedenkstein.

»Kyrillische Buchstaben?«

»Namen russischer Arbeiter, die hier begraben liegen.«

Zu ihrem Gedenken kein Granitblock, ein kleiner Obelisk nur, auf dem der Putz mit den Lettern blättert.

»In faschistischer Gefangenschaft gestorben«, übersetze ich, »leider ist der rote Stern an der Spitze verschwunden.«

Kein imposanter Hain drum herum, nur ein paar dünne Birken. Auch achtundzwanzig Tote, fällt uns auf.

»Aber nicht in Einzelgruften – namenlos verscharrt.«

Menschen ohne Zufluchtsstätte. Drüben die klingenden Namen, derer gedacht wird, auch wenn sie irgendwo in Rußland liegen; hier die Grube mit den Namenlosen, in fremder Erde, von niemand beweint. Hüben wie drüben fern der Heimat, aber gleich im Tode. Blätter bedecken die Gräber, Blätter von Buchen und Birken.

»Manchmal liegen frische Blumen auf den Gräbern, am 8. Mai oder im November, wenn ›Volkstrauer‹ angesagt ist.«

Während wir zurückgehen, ergänze ich: »Hier ringsum liegen Hunderte von russischen Kriegsgefangenen und Zwangsarbeitern, in Einzel- und Massengräbern. Ich habe die Zahlen addiert, es sind neben den 28 Heerener Toten 102 Opfer in Altenbögge,

25 in Bönen, 19 in Kamen, 39 in Methler, 33 in Bergkamen, 147 in Weddinghofen, weitere in Rünthe.«

»Alle verhungert?«

»Ich habe die Sterbelisten eingesehen. Allgemeine Schwäche ist dort eingetragen, Herzmuskelschwäche oder auch unverblümt Unterernährung. Manche mögen als Arbeitssklaven Krankheiten, Unfällen unter Tage und Luftangriffen zum Opfer gefallen sein, die Mehrzahl aber ist verhungert.«

»Und keiner hat etwas dagegen unternommen.«

»Zuständig war das Oberbergamt, und das wurde 1943 vom Wehrkreiskommando Münster, das für die Kriegsgefangenen zuständig war, darauf hingewiesen, bessere Bedingungen zu schaffen: *Der Gesundheitszustand der sowjetischen Kriegsgefangenen habe sich so erheblich verschlechtert, daß, wenn diese Entwicklung sich weiter fortsetze, ›Ausfälle wertvoller Arbeitskräfte‹ einträten. Im Interesse der für die deutsche Kriegführung entscheidend notwendigen Steigerung der Arbeitsleistung der Kriegsgefangenen sei eine angemessene Fürsorge, zudem die Unterlassung von Mißhandlungen erforderlich.* Diese Ermahnung zu beherzigen galt dann als ›Anbiederung‹ und wurde, wie im Fall des Kamener Bergmanns Karl Goll, der einem russischen Kumpel ein Butterbrot zusteckte, hart bestraft. Auffallend oft ist auch der Eintrag *auf der Flucht erschossen* zu lesen.«

»Das heißt doch nichts anderes als ermordet.«

»Ja. Ich habe den Bericht eines Bergkamener Augenzeugen gelesen: *Wir konnten das Russenlager einsehen und beobachten, wie drei Russen, teils schwere Eisenstangen über dem Kopf haltend, teils einen schweren Holzbalken haltend, vor dem Wachlokal standen. Die übrigen russischen Lagerinsassen mußten nun ein Karree bilden. In dieses hinein wurden die drei Russen von mit Karabinern bewaffneten Wachtmännern geführt … Kurze Zeit darauf knallte eine Salve.*

Besonders in der Landwirtschaft wurden sogenannte Fremdarbeiter eingesetzt, vor allem Polen. Sie waren und blieben *Fremdvölkische*, die nicht zur *Volksgemeinschaft* gehörten, von denen Abstand zu halten war. *Verachtet die tierische Triebhaftigkeit dieser Rasse! Seid rassenbewußt und schützt Eure Kinder.* So stand es im Merkblatt *Wie verhalten wir uns gegenüber den Polen?* Als die

NSDAP-Kreisleitung des Kreises Hellweg, wie er auch damals hieß, 1942 eine Meldung über die *in deutschen Haushalten wohnenden Ausländer* verlangte, wurden 33 Polen und Ukrainer, darunter 11 Frauen, genannt, die auf Kamener Bauernhöfen Zwangsarbeit zu verrichten hatten. Auch von ihnen liegt mancher hier begraben, wie die Gedenksteine auf den Friedhöfen verraten, allein hier in Heeren sieben. Und es sind nicht nur Menschen aus osteuropäischen Ländern; du findest auf dem Friedhof Bergkamen neben den Namen von Russen und Polen auch die von Franzosen, Belgiern, Holländern und Italienern, die als Arbeitssklaven hier ihr Leben ließen. Und überall sind auch Kinder unter den Toten, Kinder in Gefangenschaft geboren und gestorben.«

»Sie haben wenigstens ihren Seelenfrieden gefunden«, meint Levent. »Die meisten Türken, die heute hier sterben, finden keine Seelenruhe in fremder Erde. Fast alle türkischen Arbeitnehmer und Arbeitnehmerinnen der ersten Generation haben sich mit ihrem Schicksal, fern der Heimat alt geworden zu sein, abgefunden, jedoch nicht mit dem Gedanken ›Sterben in der Fremde, begraben sein in der Fremde‹. Dieser Gedanke ist für sie wie ein Alptraum, und deshalb lassen die meisten Muslime ihre verstorbenen Angehörigen ins Heimatland überführen. Denn sie können die Verstorbenen hier in Deutschland nicht vollständig nach islamischem Ritus beisetzen. Zu einer würdigen islamischen Bestattung gehören die Waschung des Leichnams, das Hüllen in Leichentücher, Sprechen des Totengebets und die Grablegung. Ein ewiges Ruherecht, wie es der Islam, ebenso wie das Judentum, gebietet, wird grundsätzlich nicht gewährt.«

»Gibt es denn«, frage ich, »in Deutschland noch überhaupt keine Möglichkeit für eine islamische Bestattung?«

»Doch, es gibt muslimische Friedhöfe in Hamburg oder Berlin, und die ersten Grabfelder auch schon bei uns in Westfalen, in Ahlen, Hamm, Schwerte und Dortmund. Aber auch auf diesen Friedhöfen sind die Ruhefristen beschränkt und Bestattungen ohne Sarg nicht möglich. Nicht nur das Leben in der Fremde kann schwer sein, sondern auch das Sterben. Sicherlich gilt das aber nicht nur für die Muslime aus der Türkei. Auch für die Polen, die ersten Arbeitsimmigranten, war das nicht einfach.«

»Sie kamen um 1880, als die Abwanderungsbewegung der ostelbischen Landbevölkerung einsetzte und preußisch-polnische Landarbeiter im Ruhrbergbau Beschäftigung fanden. Wie schwer es die ›Polacken‹ hatten, hier heimisch zu werden, davon zeugt ihr Zusammenschluß in Traditionsvereinen, ja die Kandidatur einer eigenen Polen-Partei, die noch zu den Reichstagswahlen 1924 antrat und in Stadt und Amt Kamen über 100 Stimmen gewann.«

»Das würde ein Geschrei geben, wenn die Deutschtürken mit einer eigenen Partei zu Wahlen antreten würden.«

»Das Geschrei gab es damals auch. Der Kamener Bürgermeister meldete dem Landrat: *Der hier bestehende polnische Turnverein wird, da er in seiner Tätigkeit sowohl innerhalb wie außerhalb seines Vereinsbereiches die großpolnischen Ideen verfolgt, zu den politischen Vereinen gerechnet. Der Gebrauch einer nichtdeutschen Sprache wird in öffentlichen Versammlungen nicht zugelassen.*

Daß das Polnische dennoch bei der Ruhrbevölkerung und ihrer Sprache Spuren hinterließ, das belegen so geläufige Wörter wie dobsche (gut), Mottek (Hammer), Pinunsen (Geld), pitschen (Schnaps trinken) oder schisskojenno (egal). Zahlreich sind auch dem Polnischen nachgebildete Begriffe wie die auf -ek: Bischek (Schlitzohr), Hatschek (Alter), Ipschek (süßer Junge), Oschek (unangenehmer Mensch), Eschek (abgelehnte Person).«

»Eschek?« wirft Levent ein, »das heißt auf türkisch Esel.«

»Neben den polnischen stehen nur wenige russische Wörter wie Mattka (dicke Frau) oder Rabotti (Arbeit). Die Anwesenheit der Russen kannst du übrigens bis auf das Jahr 1813 zurückverfolgen, das Jahr der Völkerschlacht bei Leipzig, als die verbündeten Preußen, Österreicher und Russen über Napoleon siegten. Damit ging die Zeit der als drückend empfundenen Fremdherrschaft auch im ›Ruhr-Departement‹ zu Ende. Sie hatte begonnen, als im November 1806 an die 10.000 Soldaten der französischen Nordarmee in Kamen und Umgebung lagerten, nachdem Preußen auf thüringischen Schlachtfeldern besiegt worden war. Die hiesigen Rathäuser wurden zu ›Mairien‹, und viele wehrfähige Bewohner wurden in die französische Armee gesteckt. Aber in Rußlands Schnee- und Eiswüsten wurde Napoleons Siegeszug gestoppt. Der überstürzte Rückmarsch der aufgelösten und geschlagenen Armee führte sieben Jahre nach ihrem ersten Auftauchen 2.500 Franzosen nach Kamen, wo sie mit ihren offenen Feuern auf dem Marktplatz die Bevölkerung in Angst und Schrecken versetzten. Den Franzosen saßen die Russen auf den Fersen, und so rückten am nächsten Tag Kosaken als Befreier in Kamen ein.«

»Kosaken?«

»Ja, von den Turktataren abstammende Reiterkrieger aus den Steppen am Don.«

»Tataren? Brüder der Osmanen?«

»Das kannst du noch heute in den Kamener Archivalien nachvollziehen. Es haben sich nicht nur allerlei Histörchen über ihre rauhe Lebensweise, ihre Vorliebe für rohes Sauerkraut mit Zwiebeln und Pfeffer, genannt ›Russenkost‹, erhalten, sondern auch Quittungen von Kosaken des 6. Jägerregiments, Belege für Versorgung mit Proviant, Fleisch und Wein, und Pferdefutter – sogar in arabischer Schrift und osmanischer Sprache, die an die entfernten Heimatgebiete erinnern. Sie waren wohl die ersten Muslime am Hellweg, noch weidlich bestaunt und wenig geheuer.«

»Nein, nein«, sagt Levent. »Ich komme auf Muhammed Salim Abdullah zurück, den ausgewiesenen Kenner arabischer Quellen. Der weiß von einem arabischen Geographen Qazwiri zu berichten, der schon im 9. Jahrhundert den Hellwegraum bereist und beschrieben hat. Über Soest sagt er: *Susit ist ein Castell im Lande des Slaven (Germanen). Dort giebt es eine salzige Quelle, während es sonst durchaus kein Salz in dieser Gegend giebt. Wenn die Leute Salz brauchen, nehmen sie von dem Wasser dieser Quelle, füllen damit die Töpfe, stellen sie in einen Ofen aus Steinen und machen darunter ein grosses Feuer an, so wird es dick und trübe. Dann lässt man es, bis es kalt wird, und es wird festes weisses Salz.«*

»Wenn du solche Quellen meinst«, wende ich ein, »kannst du auch ins Jahr 12 vor Christus gehen, als Kaiser Augustus bekanntlich den Versuch unternahm, sich die östlich des Rheins wohnenden Germanen untertan zu machen, so daß in Oberaden für knapp 20 Jahre, bis zur Niederlage gegen Arminius, das größte Römerlager nördlich der Alpen bestand. Oder denk an die Funde im Westicker Feld, die belegen, daß im Seseke-Körne-Winkel eine bedeutende germanische Siedlung bestand. Hunderte von römischen Münzen mit Prägungen, die bis nach Konstantinopel weisen, bezeugen einen engen Kontakt zwischen dem römischen Rheinland und dem germanischen Hellweg.«

»Das sind doch nur geschichtliche Episoden.«

»Gut, wenn man von Fremden sprechen will, die sich auf Dauer am Hellweg niederließen, dann wird man an die Juden denken müssen.«

»Willst du sie zu den Fremden rechnen? Waren sie nicht länger hier ansässig als viele der nicht als fremd angesehenen christlichen Familien?«

»Ja, als Schutzjuden der Grafen von der Mark. 1413 gab Graf Adolf nicht weniger als fünf jüdischen Familien Geleit nach Kamen, wohl die größte Gruppe, die im Mittelalter für eine märkische Stadt bezeugt ist. Aber sie blieben eine geduldete, schlecht angesehene Minorität, wenn sie sich auch behaupten konnten und zur Zeit des Großen Kurfürsten, des Landesherren seit 1614, über Synagogengemeinden in Hamm, Kamen, Unna und Soest verfügten.«

»Da haben es die Juden in Istanbul besser gehabt.«

»Im Zeitalter der Aufklärung begann es ihnen auch hier besser zu gehen und sie gewannen schrittweise an Ansehen. Um 1800 stellte die jüdische Gemeinde mit über 40 Personen in Kamen fast drei Prozent der Einwohner. 1813, nach der von den Franzosen gewährten Gleichstellung der Juden, war der jüdische Pferdehändler Herz Moses imstande, die gesamten in Kamen kampierenden französischen Einheiten mit Viehfutter zu versorgen und somit die Stadt vor weiterer Heimsuchung zu bewahren. 1846 nahmen die Juden bürgerliche Namen an, und im Jahr darauf erhielten sie die Bürgerrechte. In wenigen Jahrzehnten vollzog sich ihr Aufstieg in die bürgerliche Gesellschaft, was sich auch im Erreichen hoher Positionen niederschlug.«

»Zum Beispiel?«

»Ich denke an den Kamener Chemiker Dr. Bernhard Heymann, den Erfinder des gegen die tropische Schlafkrankheit wirksamen Medikaments Germanin. Er wurde Vorstandsmitglied der Bayer AG in Leverkusen. Und 1920 nahm der jüdische Uhrmachermeister Josef Kupperschlag in Kamen sogar die Position des Vorstehers der Stadtverordnetenversammlung ein. Aber dann begann der moderne Antisemitismus zu wirken. Schon 1920 forderte der Regierungspräsident die Hellwegstädte auf, die Zuwanderung von Ostjuden im Ruhrgebiet im Auge zu behalten. Es sei gemeldet worden, *daß von der linksradikalen Leitung beabsichtigt sei, 4000 russische Bolschewisten, hauptsächlich Juden, als Agitatoren und Kämpfer auf das ganze Industriegebiet zu verteilen.* Indem die Zuwanderung von Ostjuden erschwert wurde und sich mit der Inflation 1923 und erst Recht der Wirtschaftskrise von 1929 die Existenzbedingungen jüdischer Geschäftsleute rapide verschlechterten, wandten sich viele von ihnen in die Großstädte. Die hier blieben, waren es zufrieden. Auch die erhalten gebliebenen Gräber auf den jüdischen Friedhöfen zeugen von dieser friedlichen Zeit. Warst du schon einmal auf dem alten jüdischen Friedhof in Unna? Eine wahre Oase der Ruhe. Auch in Kamen kannst du noch jüdische Gräber finden, Zeugnisse einer lebendigen jüdischen Gemeinde.«

»Hat eigentlich ein Kamener Jude die Deportation überlebt?«

»Ja, zum Beispiel Hannelore Jacoby, die 1942 als Neunjährige nach Riga verschleppt worden war und Vater und Mutter sterben sehen mußte. Ich habe mit ihr telefoniert: *Wie haben Sie mich um Gottes Willen gefunden? Wir überlebenden Juden wollen nur eins: Unseren Frieden. Denk ich an Deutschland in der Nacht, dann bin ich um den Schlaf gebracht.«*

»Keiner, der hier wieder gelebt hat?«

»Ein einziger, der Metzger Karl Stern, der aus Theresienstadt zurückgekehrt und hier in Heeren heimisch geworden ist. Wer wollte schon in seine inzwischen ›arisierte‹ Wohnung zurück!«

»Ich wohne in einem Haus, das zum jüdischen Kaufhaus Wallach gehört hat.«

»Es gibt etliche Häuser, an denen wir täglich vorbeigehen und nicht mehr wissen, daß sie bis 1938 in jüdischer Hand waren. Wer von den türkischen Jungen, die sich täglich in der Spielhalle in der Kamener Weststraße treffen, weiß, daß hier der Metzgerladen von Hugo Jacoby war, der in Riga ermordet wurde? Weiß der türkische Wirt der Gaststätte ›Marmaris‹ in der Bahnhofstraße, daß hier vor hundert Jahren der Viehhändler Abraham Jacoby zu

Hause war, der im Haarlemer Exil verstarb? Seine Frau wurde dann in die Gaskammer von Sobibor getrieben.«

»Na ja, vielleicht muß er es auch nicht wissen, er ist fremd. Die Deutschen selbst müßten schon ihre Geschichte kennen. Salim Abdullah, dem Deutschbosniaken, ist diese Geschichte vertraut, auch die Geschichte seines Instituts in der Zeit zwischen 1933 und 1945. Für diese Zeit mußte er sich bei der jüdischen Gemeinde entschuldigen. Denn mit der Machtübernahme der Nationalsozialisten 1933 und dem Tod des Institutsbegründers Tschelebi änderte sich auch die Situation des Instituts und der Muslime in Deutschland. Die islamischen Gruppen vereinigten sich notgedrungen, und das Institut begrüßte die neue Entwicklung. Man erwartete von Hitler, daß die islamischen Völker frei würden von Englands und Frankreichs Herrschaft. Man kann auch nicht wegleugnen, daß die Institutssatzung geändert wurde und Juden plötzlich nicht mehr aufgenommen wurden.

Das hat Salim Abdullah veranlaßt, anläßlich des 70. Geburtstages des Instituts 1997 sich bei den jüdischen Gemeinden zu entschuldigen: *Wir haben bei der Wiederbegründung großen Wert darauf gelegt, daß unser Institut sogleich Kontakte zu jüdischen Gemeinden und Institutionen aufnahm. Wir haben das Gespräch mit dem Judentum als Verpflichtung in unsere Satzung aufgenommen. Und wir sind froh, daß dieses Gespräch Wirklichkeit werden konnte. Wir hoffen aufrichtig, daß unsere jüdischen Mitbürger unsere Entschuldigung akzeptieren.*

Salim Abdullah macht dabei auf ein ernsthaftes Problem aufmerksam. Ihm sei aufgefallen, daß in den Bibliotheken der Moscheen Bücher antijüdischen, antizionistischen Inhalts zu haben seien. Er wolle mahnen, daß man sie aus den Regalen nimmt und daß man auch die Predigten davon frei hält.«

»Juden, Moslems und Christen passen doch zusammen, sind desselben Ursprungs.«

»Ja. Die Geschichte kennt auch viele Beispiele dafür. Im Jahr 777 berief der Frankenkönig Karl nach seinem blutigen Sieg über die Sachsen den Reichstag nach Paderborn. Nicht nur er kam mit seinem Heerbann den Hellweg langgezogen. Die Reichsannalen bezeugen, daß zu diesem Reichstag auch Sarazenen aus Saragossa in Spanien, nämlich der Emir Sulayman al-Arabi und weitere maurische Würdenträger, geladen waren. Karl gedachte sich mit dem Emir zu verbünden und im nordwestlichen Spanien Fuß zu fassen. Als Vermittler des diplomatischen Kontakts zu diesem Emir, wie auch später zum Kalifen Harun al-Rashid in Bagdad, waren Juden tätig, in Person ›der Jude Isaak‹, so die Reichsannalen. Einzig Juden war es damals möglich, zwischen Orient und Okzident ungehindert zu verkehren. Al-Arabi, Karl und Isaak – eine Dreierrunde, Lessings Akteuren im Drama ›Nathan der Weise‹ ebenbürtig.«

Wir verlassen soeben den Schattweg, wo das Haus der Schwiegereltern Levents steht, und biegen wieder in die Märkische Straße ein.

»Was sind das eigentlich für Bäume?« fragt Levent und zeigt auf die andere Straßenseite.

»Gingkobäume, aus Fernost.«

»Was hat es denn damit auf sich?«

»Das Blatt ist zweigeteilt: *Dieses Baum´s Blatt, der von Osten / Meinem Garten anvertraut, / Giebt geheimen Sinn zu kosten, / Wie's den Wissenden erbaut.*«

»Und was sagt uns dieses Goethe-Zitat?«

»Fremde und Heimat gehören zusammen.«

Linde Rotta

Den Preis von allem kennen und den Wert von nichts

Recherche auf und zu Cappenberg

Jeder Stein dieses Hauses atmet Geschichte, aber die Erinnerungen daran sind ein wenig müde geworden und beginnen, das Gedächtnis der Menschen zu verlassen.

Der Hauptflügel birgt ein Museum, die beiden Seitenflügel sind bewohnt, der östliche von Graf Carl-Albrecht von Kanitz, Ur-ur-urenkel des Reichsfreiherrn vom und zum Stein. Der hatte ihn renovieren lassen, weil ihm die Westseite zu kalt und zugig geworden war. Viel Geld und Mühe waren hineingesteckt worden, nun endlich, gerade noch vor Winteranbruch 1830, konnte er die behaglichen hellen Räume beziehen. Lange, das ahnte er, würde er ihre Bequemlichkeit nicht mehr genießen.

Teestunde. Sonne füllt den Salon und verbrennt eine Kerze im Spiegel. Schattenspiele an den Wänden, auf dem Boden. Sparsam ist er möbliert, um dem großflächigen Gobelin den nötigen Atem zu lassen. Ein Wort findet das andere. Bis ins tiefe Mittelalter lasse sich die Geschichte des Schlosses zurückverfolgen, sagt der Graf, aber diese Stätte sei bestimmt sehr viel früher besiedelt gewesen. Vielleicht schon zur Keltenzeit. Oder davor.

Denkbar wäre es. Auch an Lünen führte der Hellweg vorbei, jene vermutlich noch aus vorrömisch-germanischer Zeit stammende Verbindung zwischen Rhein und östlichem Westfalen, der heute zu Teilen die Bundesstraße 1 folgt. Während der Sachsenkriege baute sie Karl der Große zur Heeresstraße aus und überwachte sie durch Burgen und Königshöfe. War Cappenberg ein solcher *Curtes*? Der Kaiser soll nicht nur einmal hier Gast gewesen sein. Strategisch war sie bedeutend, genoß Ansehen – ein Herrensitz, keine Flucht- und Trutzburg. *...castrum, quod dominatum penitus Westphaliae tenuerat – über fast ganz Westfalen herrschte sie...*, heißt es rückblickend in der Vita des heiligen

Norbert, dem ersten Probst des Prämonstratenserstifts, welches Cappenberg im Hochmittelalter in ein neues Kapitel seiner Geschichte führen sollte. Mythen – die Zeit hat sie gehen lassen.

Ob mir je, da ich doch so viele Jahre hier lebte, aufgefallen sei, daß unter allen Schlössern und Burgen des Münsterlandes dieses als einziges auf einer Anhöhe liege? Der Hausherr erhebt sich und öffnet die Tür zum Balkon. Groß, schlank, das Gesicht feingeschnitten und schmal – das Klischeebild eines Lords. Und ein paar Tropfen englischen Bluts fließen ihm tatsächlich in den Adern. Der Schwiegervater des Freiherrn, Johann Ludwig von Wallmoden-Gimborn, war ein illegitimer Sohn des englischen Königs Georg II.

Hier, sagt er mit leichter Bewegung als breite er mir ein Geschenk vor die Füße, hier habe der Freiherr nach dem Morgengebet gerne gestanden. Doch ich, als wäre ich plötzlich der Sprache verlustig, verstumme angesichts der Landschaft. Ihr Licht entnimmt sie den Bäumen. Vögel. Ein Lockruf. Über den Himmel ziehen Wolken in zarten Streifen …*Weil es eine Stätte ist, von der man weit hinaus ins Land schauen kann auf eine gar liebliche Idylle.* Cappenberg – von *gapfen,* gaffen käme der Name. Andere Legenden erzählen anderes. Bis an den Horizont schreibt ein Meer von Grün den Text dieser Idylle. Schattiges und saftigsattes und silbriges, Waldinseln umspülendes Grün. In ihm untergegangen sind Fördertürme und Schlote, die zernarbte Erde versunken. Ein in sich geschlossenes Paradies ist sie, die uralte Methode des Verschweigens, augenscheinliche Perfektion, eine Lüge ist sie – wie jede Idylle.

Wäre mir dieser Blick, geht es mir durch den Kopf, doch vor dreißig Jahren vergönnt gewesen!

Immer ist ja das Auge den entscheidenden Bruchteil zu langsam, Blendungen zu verhindern, wie auch die Seele (eines der Wörter, die einem schon nicht mehr aufs Papier wollen), die sie unentwegt mit Vergangenheitsbildern abmischt in einem Maße, daß die Erinnerung zur intensiveren Art des Erlebens wird als das Erlebte selber: Auf dem Stein'schen Balkon stehend, sehe ich mich im selben Augenblick auf einem kleinen, schäbigen Bahnhof. Es ist der 10. Januar 1967 – die Fahrkarten belegen das Datum.

»Kennen Sie das: Einsteigen, aussteigen, und plötzlich ganz woanders sein? Nein, wir hatten nicht den falschen Zug genommen, wir hatten ihn auch an der richtigen Station verlassen, schließlich war die Reise gründlich vorbereitet, nur hatte ich mir alles anders vorgestellt, auch wenn ich nie wirklich versucht hatte, mir ein Bild vom Ziel meiner Reise zu machen. Alles, was ich darüber wußte, war dem Lexikon entnommen und kaum der Rede wert: *Nordrhein-westfälische Stadt an der Lippe; Steinkohlenbergbau, Elektro- und Aluminiumindustrie, 70.000 Einwohner.* Ausführlicher waren auch die dreihundert Jahre alten Angaben des Matthäus Merian nicht: *Lünen liegt an der Lippe nahend Werne und ist ein fürnehmer Paß über den Lippstrom ins Stifft Münster. Man rechnet von hinnen eine grosse Meil bis Dortmund....* In Österreich gilt eine Stadt mit solcher Einwohnerzahl fast schon als Großstadt, hier ist sie Provinz. Aber ist Provinz nicht überall, sogar in Madrid?«

So beschrieb ich zwanzig Jahre später in einem Rundfunkessay meinen Salto von der brodelnden spanischen Metropole nach Lünen und nannte ihn unumwunden was er war: ein Kulturschock:

»Reisen als Metapher – wo habe ich das bloß gelesen? Mit vier kleinen Blagen im Schlepptau hätte ich ins Grübeln kommen können über einen solchen Satz, wäre mir genügend Zeit dafür geblieben. Aber das Ankommen war wichtiger, *gutes* Ankommen. Jetzt, im nachhinein, drängt sich mir unsere Ankunft als schlechtes Omen ins Gedächtnis: Zwei Bahnsteige, vier Gleise, in der Unterführung stank es nach Urin und die Wände waren mit Ho-Chi-Min-Parolen beschmiert. Düster und zugig die Schalterhalle, doch versicherten Plakate, Lünen sei *die aufstrebende Stadt am Rande des Ruhrgebiets.* Draußen schüttete Regen die Straßen zu. Eine Liebe würde das nie.

›Ist das eine Stadt?‹ fragten die Kinder, ›oder ist das ein Dorf? Mammi, *was* ist das?‹

Ja, was? – Vor allem war sie kein Wundergarten. Diese Stadt barg weder Schönheit noch Geheimnisse, nichts mußte entdeckt, nichts enträtselt werden. In Kinderschritten war sie innerorts in knapp einer halben Stunde durchmessen: Zugeparkte Gehsteige, Läden ohne Pep, nirgendwo ein gemütliches Café, ein Buchladen immerhin. Ein ausgedientes Straßenbahngleis endete vor einer

Blumenhandlung wie abgeschnitten im Asphalt, und Merians *Lippstrom* entpuppte sich als übelriechendes öligschwarzes Gerinnsel. Nebenstraßen weiter der Versuch, der Stadt ein modernes Gesicht zu verpassen, indem man ihr das alte nahm: Parkhaus, Kaufhaus, Stadthaus - das angeblich höchste des Landes. Schon in Kürze sollte sich ein weiterer Superlativ hinzugesellen, *der höchste Schornstein Europas*, nur noch von den *Giganten Lünens* war künftig die Rede - ach, schon immer geriet hier alles eine Spur zu groß oder zu klein.

Im Rathaus verband ein Paternoster die einzelnen Stockwerke, *die* Attraktion für Kinder. Von oben gesehen duckte sich's um Rathaus und Kirche, ansonsten fanden sich Wohnsiedlungen wie willkürlich ins Grüne gestreut, lose verbunden mit weit auseinanderliegenden Ortsteilen die planlos ins Weite flossen. Dazwischen räudige Flecken unbebauten Landes, haldenumschattet und eingeengt von Fördertürmen und Schloten: *Rote Erde*, wundgerissene Erde, Erde, die nicht mehr heilt. - Nur zum Norden hin brachte sanft gebreitetes Grün Ruhe dem Blick. Und Trauer. Eine Trauer, die jetzt schon zu viele Namen trug. (...)«

»L.«, schrieb ich, »weckt nichts. L. ist eine Stadt, die sich indifferent verhält, nicht entgegenkommt, sich nicht zurückzieht - sie *ist*. Das ist schon alles«.

Und ich erinnerte an einen Artikel, in dem sein Autor sie mit einer robusten Dame verglich, die keine Vergangenheit haben wolle...

»Als eine vielgelesene TV-Zeitschrift eine Umfrage zur Wohn- und Lebensqualität deutscher Städte startete, rangierte L. mit Abstand an letzter Stelle. Die Stadtoberen wehrten sich: Man dürfe einen Ort, dessen Entwicklung seit einem Jahrhundert hauptsächlich von Bergbau und Industrie bestimmt worden sei, nicht mit einer Stadt wie Lübeck vergleichen. - Warum nicht? Gehörte nicht auch L. der Hanse an und war es nicht wie Lübeck nach dem Freiburger Modell geplant und sorgsam errichtet worden? Kreuzte hier nicht der große Hellweg? Führte nicht die alte Salzstraße von Königsborn über L.? War die Stadt dereinst nicht Kurort, Wallfahrtsstätte? (...)

Nichts ist windiger, als vorherrschenden Moden zu folgen. Was über die Jahrhunderte Feuersbrünste und Überschwemmungen nicht erreichten und auch Kriegen nicht gelang, schafften in wenigen Jahren Stadtplaner und Architekten durch konsequenten Abriß und Neubau. *Nicht renovierbar* hieß es bündig, wenn wieder einmal Platz für Beton und Glas gebraucht wurde. So verschwand das schöne alte Rathaus samt seinem Bogengang aus dem Stadtbild und bald auch die Post. Nur mich, die Zugereiste, die ›Gastarbeiterin‹, schien das zu bekümmern, die Bürger nicht. Und doch begriff auch ich nur allmählich die gewaltige Formungskraft der Zerstörung. Erst als es chic wurde, sich wurmstichiges Fachwerk wohnlich zu richten, brach Schonzeit an für das wenige Alte, das noch geblieben war, heute L.s bescheidene Renommiereckchen.«

»Das Schönste an Lünen«, so schloß ich meinen Essay, »ist Schloß Cappenberg mit seinen Wäldern. Aber das gehört ja bekanntlich zu Selm.«

Mein Gedächtnis gaukelt mir Cappenberg als eine Stätte vor, die *immer* im Licht lag. Es ist wie auf den Bildern jener alten Meister, die die Düsterkeit malten, aber von *einer* Stelle kam Glanz – von einer Stirn, einer Schulter – und der Glanz dieser Stelle war die Wirklichkeit auf die er verwies. – Wollte ich Lünens Tristesse entfliehen, reichten fünf Gehminuten bis zum Waldsaum, und die »Stadt der Giganten« lag *meilen*weit hinter mir. Mein HELL-Weg führte damals, führt in meinem Kopf jetzt wieder, am Kriegerdenkmal vorbei, zum Struckmannsberg hoch und weiter zum Schloß, zwischen Bäumen und verworrenem Strauchwerk mehr zu ahnen als zu sehen. Im Gehege Rotwild, eines der Tiere mit erhobenem Haupt, unbeweglich, jetzt ein Rudel. Pferdegetrappel hinter der Waldzunge, die den Weg krümmt. In gemächlichem Schritt nähern sich Reiter. Sie grüßen, so ist es Brauch, ziehen gelassen vorüber, eine Weile hängt das Schnalzen der Zügel in den Zweigen, danach

... gibt es nur noch den Weg und den Wald
die Farne gibt es und Brombeeren, Brombeeren.
Die Formen der Steine gibt es
die Spuren der Tiere, Höhlen und Nester.
Den Schrei des Bussards gibt es, das Rotkehlchenlied

und den Wind, den Wind.
Das Lärchenbett unter den Füßen gibt es
den Bach und das Schaumkraut
und die Lichtung sich weitend zum abgeernteten Feld.
Auch den Nebel gibt es, die Trauer, die Trauer
und manchmal gibt es die Gnade des Lichts…

Zwanzig Jahre später hatten Odysseus und Penelope die Rollen getauscht. Odysseus blieb, Penelope begann ihre Irrfahrt ohne den Wunsch, die verlassene Heimstatt wiederzusehen, die schon im Augenblick des Verlassens zur Fremde geworden. Kein Sirenengesang war nötig, sie von der Rückkehr abzuhalten. Alle Sehnsucht hatte sich in einer Notwendigkeit erlöst.

Unverändert wie Stein ihn habe errichten lassen sei der Balkon, das Geländer schönste westfälische Schmiedekunst jener Zeit, sagt mit feinem Lächeln der Hausherr, als hätte er meine Absence durchschaut. Von der Ruhe, dem Frieden, die von diesem Ort ausgingen, *und* zutiefst von seiner Geschichte berührt, habe er sich als Nachfolger der einstigen Stiftsherren verstanden, als Brückenschläger zum Mittelalter.

Das Mittelalter! Geht es darum, wird aus dem nüchternen Protestanten Stein ein nahezu romantischer Nostalgiker. *Ohne das Mittelalter zu vergöttern, so herrschte doch Kraft, Tapferkeit, Treue und Frömmigkeit, und seine Fehler, seine Roheit, Trunkliebe usw. ekeln mich weniger an als die Genußsucht, Gewinnsucht, Lügenhaftigkeit des (jetzigen) Zeitalters.* Als er in den Wirren des Befreiungskampfes gegen Napoleon über eine Neugestaltung des Reiches nachzudenken beginnt, erscheint ihm das hochmittelalterliche Kaisertum als nachahmenswertestes Vorbild. Mit den Jahren erweitert er sein Idealreich Jahrhundert um Jahrhundert zurück bis in des Großen Karls Zeit, in dessen Eroberungssucht, Ausschweifungen und Grausamkeit er früher nur *selten den Geist des großen Gesetzgebers* hatte entdecken können. Nun wünscht er, wie damals sollte das Reich von der Rhone bis zur Weichsel wieder unter *einem* deutschen Fürsten vereint sein. *Ich kenne nur ein Deutschland und das ist das ganze Deutschland, nicht ein Teil davon* wird ein Lebensbekenntnis. Nur unter Preußens, nicht unter Österreichs Führung scheint ihm dieses Ziel erreichbar, zu viele außerdeutsche Interessen hat die Vielstaaten-Monarchie.

Ein Deutschland, *Kraft, Treue, Tapferkeit* - schrill pfeifen die Worte in unseren Ohren. Natürlich wurden solche Aussagen von den Nazis für propagandistische Zwecke mißbraucht. Aber nicht nur sie, von den Deutschnationalen bis zu den Linksradikalen pickten sich Politiker jedweder Couleur aus dem reichhaltigen Fundus Stein'scher Schriften, was ihnen gerade in den Kram paßte. So mancher von ihnen wähnte sich schon in den Fußstapfen des Freiherrn voranmarschierend und irrte doch gründlich in Richtung und Gangart, wenn er der Vorstellung folgte, in der Politik sei *Gesinnung wertvoller als Können,* das Rechte zu *wollen wichtiger, als das Richtige zu tun.*

Beileibe kein Don Quijote, doch eine Art »letzter Ritter« ist er. Er legt hohe Maßstäbe an sich und an andere. Verantwortungsbewußtsein ist eine seiner stärksten Tugenden - *noblesse oblige.* Stein ist ein analytischer Denker und großer Pragmatiker, der bei allem, was er anpackt, mit einem Minimum an Kosten, ein Maximum an Ergebnissen zu erzielen sucht - und erzielt. Mit scharfem Besen will er überflüssigen Bürokratismus aus den Amtsstuben und fauliges Fürstengewäsch aus den Regierungskabinetten fegen - das bringt ihm nicht nur Freunde. Was jüngst über einen Politker gesagt wurde, als er unerwartet zurücktrat, träfe noch genauer auf Stein: *Da hing einer an dem, was er meinte, und da sagte einer, was er dachte.* Und was er denkt, führt er aus, vorausgesetzt man läßt ihn. Das ist jedesmal dann der Fall, wenn der Staatskarren tief im Schlamm steckt. Danach geht man wieder auf Distanz. Am Ende seines Lebens wird er seine politischen Vorstellungen nur zu einem kleinen Teil durchgesetzt haben.

Auf Cappenberg fühlt Stein sich frei, hier ist er gern. Längst ist ihm der Familienbesitz in Nassau verleidet. Die Aufdringlichkeit der Emser Kurgäste. Die Enge. Vor allem liebt er ... *die Leute nicht, die sich dort für einen Gulden außer Atem laufen.* Katzbuckelei und Untertanengeist sind ihm in tiefster Seele zuwider. Bei *seinen* Westfalen begegnet ihm derlei nicht. Immer öfter und länger hält sich der geborene Hesse und Wahlpreuße in seinem *alten westfälischem Vaterland* auf.

Ob es der Rückzug aus der aktiven Politik ist, der ihm nun Zeit für anderes läßt, ob ihm die Geschichte des säkularisierten Prämonstratenserstiftes, das er 1818 im Tausch gegen sein Gut Birnbaum in Posen erworben hat, ein ganz besonderer Anreiz ist - er selbst will seine Tochter Therese in mittelalterlicher Geschichte unterrichten. Und weil ihm das vorhandene Lehrmaterial nicht genügt, beginnt er, ein eigenes Lehrbuch zu verfassen. Zurück zu den Quellen will er, und ihm wird klar, wie wenig brauchbares Material vorhanden ist, unzureichend jedenfalls für seine pädagogischen Absichten, noch unzureichender für jede wissenschaftliche Forschung. So konstituiert sich unter seiner Führung am 20. Januar 1819 die »Gesellschaft für ältere deutsche Geschichtskunde«. Intensiv betreibt und organisiert er das Zustandekommen einer »Monumenta Germaniae Historica«, die einmal die wichtigste Sammlung mittelalterlicher Quellen zur deutschen Geschichte sein wird.

Cappenberg, sagt neben mir der Graf, sei ein spiritueller Ort, sei es immer gewesen. Und meinen Blick auffangend fügt er hinzu: Spirituell im Sinne energetischer Phänomene. In allen Hochkulturen der Erde, ob in Ägypten, in Mittelamerika bei den Mayas oder in Asien, überall habe man solche Plätze im geistig-spirituellen Sinne gepflegt und sie als heilig empfunden. Auf einer Reise nach Ägypten habe er einen Ägyptologen gefragt, wer einst die Standplätze der Pyramiden und Tempelanlagen bestimmte? Gott, sei dessen Antwort gewesen.

Erst bin ich erstaunt, dann irritiert. Schließlich ist man, ganz allgemein gesehen, nicht mehr so schnell mit göttlichen Zuschreibungen.

Wochen später - zu spät, um den Grafen danach zu befragen, und an jenem Nachmittag am Balkon weist er von sich aus mit keinem Wort darauf hin - lese ich in einem jahrealten Bericht der Westdeutschen Allgemeinen von energetischen Phänomenen im Zusammenhang mit Cappenberg:

Nicht nur den menschlichen Körper durchziehen feine Ströme der Bio-Energie, (...) auch den Planeten Erde müsse man sich als lebenden Organismus vorstellen, der von vergleichbaren Kraftlinien durchzogen und belebt wird. Ihnen ist der slowenische Bildhauer Marco Pogacnik in Cappenberg auf der Spur. In enger Zusammenarbeit mit dem Grafen Carl Albrecht von Kanitz stellte er im östlichen Teil des Wildparks (...) 1989 eine Landschaftsskulptur auf,(...) die vorhandene, unsichtbare Aspekte (...) wahrnehmbar macht. Der Künstler setzt (...) seine Fähigkeiten zur Heilung der Natur ein. M.P. beschreibt seine Arbeit so: Die Steine bezeichnen den Fluß einer der feinstofflichen Energielinien, die man im Englischen ›Ley-Linien‹ nennt und die Akkupunkturmeridiane der Erde darstellen (...)

Auf dem begrenzten Terrain des Schlosses kreuzten gleich fünf solcher Akkupunkturlinien, mit der Setzung eines Megaliths im Zentrum der großen Wiese habe der Künstler die Kreuzung zweier Linien sichtbar gemacht. Achtzehn Steine verdeutlichten den Verlauf sich weiterer kreuzender Linien, sieben davon zeigten bildhauerisch gestaltet die sieben Planeten und träten so in Resonanz mit den Planeten. Dadurch nähmen sie die Vibrationen spezifischer kosmischer Kräfte auf, die durch die kristalline Struktur verstärkt über die Steine abgegeben würden.

Mit moderner Kunst ist's wie mit des Kaisers Kleidern: Das Bemerkenswerteste an ihr ist die Zungengewandtheit ihrer Schöpfer, die phantasievoll formulieren, was kein Betrachter von sich aus in ihren Werken zu erkennen imstande wäre. Ob M. P. ein ernstzunehmender Künstler ist, kann ich nicht sagen, ein bemerkenswerter Werbestratege und ein außergewöhnliches Verkaufsgenie seiner Ideen ist er mit Sicherheit. Von Rom bis Hamburg, von Holland bis Leipzig weiß er sie geschickt an den Mann zu bringen, an den zahlungskräftigen versteht sich (oder auch an die Stadt). Wer könnte schon seine Energielinien- und Erdakkupunkturphilosophien widerlegen? In Villach, wo ich aufgewachsen bin, hat er vor nicht allzugeraumer Zeit den unschuldigen Boden genadelt, auf daß dort wieder Touristenströme flössen. Versiegt sind sie der reichsten Gemeinde Österreichs, weil allzu habgieriges Geschäfts- und Gastronomenvolk an Gäste und Einheimische miese Qualität zu Höchstpreisen verscherbelten. Vielleicht hätte man besser diesen Burschen die Ohren pieksen sollen und rechtzeitig. Kürzlich hat der Meister seine Kunst der Stadt Leipzig offeriert, um auch hier Energetisches sichtbar und nutzbar zu machen. Ob auf diese Weise den leerstehenden Bürobauten endlich Mieter beschieden sein werden?

Über die Theorien des Künstlers möge man denken, was immer man wolle, versichert mir die Verfasserin des Artikels, die ich als kluge und sachlich argumentierende Frau schätze, doch seit die Steine dort stünden, habe sich der Ärger mit dem Kohleabbau unter Cappenberg wie von selber erledigt.

Cappenberg und die Kohle, ein Kapitel, das über Jahre die Gemüter erregte, die Justiz beschäftigte und die Medien mit Stoff versorgte. Als bekannt wurde, daß die Zeche Haus Aden das Nordfeld erschließen und bis 2030 insgesamt 16 Flöze abbauen wolle, liefen Umweltschützer und Bürger Sturm gegen das Vorhaben.

Wer auf Cappenberg lebt, muß sich in seine Geschichte integrieren und sich für sie verantwortlich fühlen. Der Schloßherr wehrte sich, klagte beim Verfassungsgericht – vergeblich. Von den Bergarbeitern wurde er zum Feudalherrn abgestempelt, bereit, siebenhundert Kumpel um ihre Existenz zu bringen. Und die Gewerkschaft schürte. Wie würden sie wohl reagiert haben, hätten sie gewußt, daß es just der Ahnherr des Grafen war, der als erster eine Festsetzung der Löhne für Bergleute gefordert, für Verbesserungen des Grubenbaus gesorgt und die Wahl von Knappschafts-Ältesten empfohlen hatte, *...denn es sei der Sache angemessener, wenn die Bergleute selbst sich diejenigen wählen könnten, denen sie ihr Interesse und die Mitaufsicht über eine für sie gemeinnützige Anstalt anvertrauten...*? Das war 1784, der Siebenundzwanzigjährige eben zum Direktor der Westfälischen Bergämter und der Mindenschen Bergwerkskommission ernannt. Sie wußten es nicht. Woher auch? Und ebensowenig wird ihnen bekannt gewesen sein, daß ausgerechnet ein Freund dieses Mannes der Erfinder der Grubenlampe war: Alexander von Humboldt. Zum Lehrsstoff in den Schulen zählt heute anderes. Heimatgeschichte wird nicht mehr gelehrt, Geschichte nur in gröbsten Zusammenhängen. Wen wundert da, daß tausend Jahre deutscher Geschichte, aufgewogen gegen 700 Arbeitsplätze unter Tage, nicht zählten.

Anfang '89 wurde mit dem Abbau der Kohle begonnen.

Nicht allein Cappenberg sollte buchstäblich der Boden unter den Füßen weggezogen werden, mit ihm waren weitere 800 Objekte - Kirchen, Schlösser, Burgen, Bürgerhäuser und historische Ortskerne - vom nordwärts wandernden, auf Halde produzierenden, hauptsächlich durch Subventionen aufrechterhaltenen Ruhrbergbau bedroht.

Der Graf gab nicht auf. Mit preußischem Pflichtbewußtsein und ererbter (Stein'scher) Zähigkeit kämpfte er gegen die allgewaltige Ruhrkohle AG und ging vor Gericht. David gegen Goliath. Bürgerinitiativen unterstützten ihn. Grüne, FDP und ein großer Teil der CDU standen nun geschlossen hinter ihm, auch zunehmend SPD-Mitglieder. Zum ersten Mal stand die Glaubwürdigkeit sozialdemokratischer Umweltpolitik auf dem Prüfstand. Das Fernsehen schaltete sich ein, bezeichnete den Umgang mit einem Kulturdenkmal solchen Ranges als beschämenden Tiefpunkt deutschen Geschichtsverständnisses und als Schwabenstreich.

Im Winter 1990 lud Kanitz an die 50 Journalisten und Umweltexperten zu einem Symposion »Cappenberger Forum« auf's Schloß. »Verändern durch Bewahren« lautete das Motto. Die FAZ berichtete in Auszügen - es waren grimmige Reden, die da gehalten wurden.

Ich war Mitverlierer so vieler Kämpfe um Moore und Auwälder, Watten und Sände. Und um gemächlich dahinmäandrierende klare Bäche, deren grüne Ufer sie in Beton faßten, um sie für den schnellen Geradeauslauf zu »ertüchtigen« - zu schaumbedeckten Vorflutern. Gerade so, wie sie die Cappenberger Stiftskirche des heiligen Norbert von Xanten mit einem in die alten Mauern eingezogenen Stahlkorsett für die zu erwartenden bergbaubedingten Verwerfungen unter ihren Fundamenten »ertüchtigten« - dies ihr Wort für die technische Verfremdung eines Sakralbaues aus dem 12. Jahrhundert. (Wer so redet, dachte ich, kaltschnäuzig im Jargon der Macher, der reiht sich ein bei Leuten, die nach einem Wort Oscar Wildes den Preis von allem kennen und den Wert von nichts), schrieb Horst Stern, der sich nach eigenen Worten zum »Bettelorden amtierender Umweltschützer« zählt.

Und Michael Engelhard, ehemaliger Redenschreiber der Bundespräsidenten Scheel und von Weizsäcker:

Die Silhouetten einer Landschaft, einer Stadt, sie erhalten ihre tiefste Bedeutung dadurch, daß sie Gegenstand der Liebe von Menschen sind und über viele hundert Jahre waren. Das heißt nicht, daß man sie nicht verändern dürfe... Jedes Gebäude verändert die Linien der Landschaft. Schloß Cappenberg war ursprünglich ein Prämonstratenser-Kloster. Bis heute beherrscht diese Anlage die sie umgebende Landschaft. Aber sie zerstört sie nicht, sondern sie vollendet sie.

Der Graf gewann seinen Prozeß nicht. Das Verfahren wurde eingestellt, weil Ende '97 der Kohleabbau eingestellt wurde. Nicht einmal eine Dekade hatte es gedauert, da war er *zu teuer* geworden, weil die geologischen Gegebenheiten weit weniger günstig waren als ursprünglich angenommen. Müßig die Frage im nachhinein, ob die Experten das nicht durch die Voruntersuchungen hätten herausfinden müssen. Ein teures Narrenspiel war in Gang gesetzt, mehr als eine Milliarde Mark hatte der Aufschluß des Nordfeldes verschlungen! Wie viele Kumpel hätten mit ihrer Familie von dieser Summe *wohl*-leben können! Mehr als eine Milliarde Mark in die Erde geschürft, in die Landschaft gegraben! Unter dem Schloß- und Parkbereich waren bis zur Stillegung bereits drei Streben auf einer Länge von insgesamt 1,2 km abgebaut. Inzwischen zeigt das Hauptgebäude Risse. Im Terrassensaal sind die Wandmalereien beschädigt. Senkungen bis zu 70 cm sind aufgetreten, das Gefüge des Mauerwerks lockert sich.

Wenn die freiheitliche Demokratie Deutschlands sich auf einen Deutschen als ihren Ahnherrn berufen kann, dann auf den Freiherrn vom Stein. Ausgerechnet an dem Ort, wo er sich der Aufgabe widmete, die Kulturdenkmäler der Nation zu sichern und zu retten, weil er um die Bedeutung der Geschichte für die Identität eines Volkes wußte, hat sich die Ignoranz unserer Wirtschaftspolitiker ihr häßliches Denkmal gesetzt.

Die Geschichte des Bergwerkspräsidenten ist eine andere als die des Staatspolitikers, und die des Gutsherrn ist eine dritte. Wo er die *Seligkeit der Einsamkeit* zu finden hofft, muß vieles auf Vordermann gebracht, müssen alte Rechte eingefordert werden. Wälder, Landwirtschaft, Schloß – alles ist heruntergekommen.

Mehr ihrem Wohlleben hatten die Stiftsherren gefrönt denn der Arbeit. Die ursprünglich von den Gründern geforderte strenge Lebensweise war schon im Verlauf des 13. Jahrhunderts einer immer verschwenderischen gewichen. In einem Bericht nach Rom beklagte 1653 Bischof Christoph Bernhard von Galen: *Die Praemonstratenser von Cappenberg (...) sind nachlässig in Erhaltung und Wiederherstellung der Disziplin, Kirche und Klostergebäude voll Schmutz und Unordnung, kurz, sie leben offenbar nicht so sehr für Gott und die Kirche als für die eigene Bequemlichkeit, Gelage, Jagd und dergleichen.*

Dem Waidwerk huldigt auch Stein. Die List der Füchse erinnert ihn an die Diplomaten, die Furcht der Hasen an die Franzosen. Gern lädt er Freunde zur Treibjagd. Ist die *Schlacht geschlagen*, bittet er zu Tisch. Es gibt Geflügel und Wildpret in Fülle, und Wein von den eigenen Hängen am Rhein. Ansonsten gestattet Stein sich keine unnützen Vergnügungen. Nicht im Genießen liege das Glück, sondern im Streben, so ist er erzogen, puritanisch bis ins Mark. Der Tagesablauf ist streng geregelt. Er administriert, inspiziert, Oberförster und Rentmeister erhalten genaue Anweisungen, müssen täglich Bericht erstatten, selbst wenn er auf Reisen ist. Nichts, um das er sich nicht kümmert. Die Wege läßt er in Ordnung bringen. Sie sind in einem so schandbaren Zustand, daß sie zeitweilig *nur mit Leibesgefahr und großer Beschwer zu gebrauchen sind.* Es lag ja nie im Interesse der ersten Stände Adel und Domkapitel, durch gut befahrbare Straßen im Münsterland Handel und Industrie zu fördern und dadurch die niederen Stände Bürger und Bauern zu stärken. Stein mißachtet soviel Engstirnigkeit, er sieht und denkt weiter, beschließt, auch den Weg von Cappenberg nach Lünen in Ordnung zu bringen, ... *damit eine zu allen Zeiten fahrbare Verbindung mit Lünen dargestellt werde.* Freilich sollen die Bauern für die Mitbenutzung Wegegeld einbringen. Verschenkt wird nichts.

Um den Holzbestand zu heben, läßt er minderwertige Baumsorten entfernen, bessere pflanzen, Lärchen zum Beispiel, die es bisher in dieser Gegend nicht gibt. *Die Lerche (...) ist schnellwüchsig und gibt ein vortreffliches Bauholz.* Nützlich ist alles, was einträglich ist. Instandsetzung und Unterhalt des Besitzes kosten Geld, viel Geld, und das will erwirtschaftet sein. Seinen überaus tüchtigen Verwalter Poock beauftragt er, eine Forstbaumschule anzulegen. Samen läßt er, wenn's sein muß, sogar aus Paris kommen. Von seinem Freund, dem Historiker Pertz, erbittet er *Pfropfreiser von Ihren amerikanischen Eichen.* Setzlinge und Samen unbekannter Baumarten aus der Neuen Welt bringt ihm Humboldt. Was in der Baumschule gezogen und nicht für den Eigenbedarf gebraucht wird, läßt der umsichtige Gutsherr der Dorfschule zukommen, *damit auch die Jugend auf diesem Gebiet unterrichtet würde.* Auf seinen Reisen beobachtet er aufmerksam Felder und Witterung. Wie steht das Getreide? Wird die Ernte gut, fallen die Preise. Daß Kriege sie in die Höhe treiben, weiß der einstige Staatsmann und spekuliert, als in Frankreich die Julirevolution ausbricht: *In Cöln war starke Nachfrage nach Waitzen für Frankreich, er ging die Mosel hinauf.* Die Welt von Angebot und Nachfrage – hier ist das Fundament: Holz, Getreide, Vieh. Holz wird gebraucht für den Krieg, Holz fürs Unnaer Gradierwerk. Holzkohle für die neue Eisenhütte Westfalia bei Lünen. Also läßt er in den Waldungen Kohle brennen. Die Entwicklung der Eisenindustrie verfolgt er mit Spannung: Durch die Senkung der englischen Einfuhrzölle für Eisen und den Bau von Eisenbahnen sind die Preise an Rhein und Mosel bis zu 30 % gestiegen. *Die Eisenhütten gehen alle sehr schwunghaft, es steigen also auch die Holzpreise.* Sofort setzt er sich für die Freigabe der Rheinschiffahrt ein. *Die Freiheit der Rheinschiffahrt in das Meer (...) wird das Verkehr beleben.* Eine Beziehung zu allen Dingen will er unterhalten, aber nicht immer zeigt er eine glückliche Hand. Eichen und Buchen als Nutzholz sind in der waldreichen Umgebung kaum abzusetzen. Stein läßt sie zu Flößen gebunden die Lippe abwärts zum Rhein und von dort nach Holland bringen. Dieses Geschäft zieht manche Unannehmlichkeit nach sich, weil er auf Händler angewiesen ist, die durch geheime Absprachen ständig den Preis zu drücken versuchen, und nicht selten sind die Käufer säumige Zahler. Ebenso unpünktlich liefern die Pächter ihre Abgaben ab. Oft muß gemahnt werden, manchmal sogar prozessiert, obschon Stein Prozeßkosten vermeidet wo immer es geht. Besonderen Ärger bereitet ihm immer wieder die Alstedder Bauernschaft, allen voran der Schulte-Alstedde. Über Jahre liegt er mit ihm wegen einer Schafhude im Streit. Einen *Chicaneur* nennt er ihn. *Die Sache mit Sch. Altstädte muß von uns mit den Kosten gewonnen werden, der Sch. hat sich gar zu nichtswürdig benommen.* Der denkt nicht daran, sich dem *Halsabschneider dort oben auf dem Schloß* so mir nichts, dir nichts zu fügen. Zwei Dickköpfe stehen einander gegenüber und keiner will nachgeben.

Viel ist geschrieben worden über den Reichsfreiherrn Heinrich Friedrich Karl vom und zum Stein, in wenige Sätze läßt sich sein Leben nicht fassen, nicht einmal in den Lexica: Geboren. Gestorben. Wann. Wo. Studium … 1804 preußischer Finanz-, Wirtschafts- und Handelsminister. Seine finanz- und wirtschaftspolitischen Maßnahmen dienen der Vorbereitung des Kampfes gegen Napoleon. Nach der preußischen Niederlage 1806, lehnt er es ab, das Außenministerium zu übernehmen, die Kabinettsregierung sagt ihm nicht zu. Worauf ihn der König entläßt. Ein Jahr später wird er erneut zum Staatsminister berufen. Sofort beginnt er mit der Durchführung früher geplanter Reformen. Durch ein Edikt hebt er die bäuerliche Erbuntertänigkeit in Preußen auf und beseitigt alle ständischen Beschränkungen; die Städteordnung führt die Selbstverwaltung ein; ein anderes Edikt schafft ein modernes Staatsministerium mit Fachressorts. Weitere Reformgesetze werden vorbereitet, doch nicht mehr durchgeführt. Als die Franzosen einen Brief Steins abfangen, in dem er Aufstandspläne andeutet, bittet er im Interesse des preußischen Staates um seine Entlassung. Von Napoleon geächtet, lebt er für Jahre als Flüchtling in Brünn, Troppau und Prag, bis ihn Zar Alexander I. 1812 als Berater nach Rußland beruft. Nach Napoleons Niederlage im russischen Feldzug überredet Stein vorausschauend den Zaren, den Kampf gegen den Usurpator über die russische Grenze hinaus fortzusetzen. Das führt schließlich zum Sieg über die Franzosen bei Leipzig. Beim Wiener Kongreß ist er zwar Vertrauter des Zaren, darf aber an den Verhandlungen selbst nicht teilnehmen. Zu vielen deutschen Fürsten sind seine Forderungen nach einem *ganzen einigen Deutschland* nicht genehm, sie sehen ihre Vorteile und Rechte gefährdet. Vor allem aber suchen die Großmächte Österreich und Rußland die Verwirklichung eines deutschen Bundesstaates zu verhindern. Enttäuscht zieht Stein sich aus der Politik zurück und widmet sich Cappenberg.

Auf dem rechten Auge sieht er nicht mehr: Schwarzer Star. Das Übel befiel ihn wenige Monate vor seinem 60. Geburtstag. Zwei Jahre später stirbt seine Frau. Er fühlt sich von Schicksalsschlägen heimgesucht und sehnt sich nach Stille und Einsamkeit. Seinen Adelsstolz pflegt er nun wie ein kostbares Erbe, dabei hat er freilich einen moralisch aufgewerteten Aristokratismus im Sinn. Nicht durch Pferde, Tabakspfeifen und starres Vornehmtun werde sich der Adel den ausgezeichneten Platz im Staat erhalten, sondern durch Bildung, Teilnahme an Großem und Edlem, unerschütterliche, treue Anhänglichkeit an Vaterland und an die Sache des Rechts. Der Gutsherr von Cappenberg beginnt zu ignorieren, was einst der Reformminister gefordert hat. Aber nach wie vor bockt er vor Bürokraten, käuflichen Fürsten und Zentralisten, nach wie vor wettert er *gegen eine sich in alles mischende, alles vorschreibende Regierungstätigkeit.* Noch einmal kehrt er 1826 in die Politik zurück als Marschall der ersten drei westfälischen Provinziallandtage. Was er allerdings von der Teilnahme des untersten Standes im Landtag hält, zeigt folgendes Anekdötchen: Ein Unnaer Gastwirt, zum Abgeordneten aufgestiegen, fragt Stein, was er denn als solcher zu tun habe. Die Antwort*: Sich hinsetzen und zuhören, was klügere Männer sagen.*

Sein Gesundheitszustand verschlechtert sich, Ohnmachtsanfälle häufen sich. Vier Monate vor seinem 74. Geburtstag stirbt er am 29. Juni 1831 auf Cappenberg. Westfalen trauert.

Ausgangspunkt, Schnittpunkt, Zielpunkt, das alles war Cappenberg durch die Jahrhunderte. Von zwei Grafengeschlechtern ist die Rede, wenig weiß man vom *älteren* aus der frühen Phase des Mittelalters. Seine Genealogie scheint im Lauf der Jahrhunderte ein wenig durcheinandergeraten. Auch wenn unsereins es gewohnt ist in Bildern zu denken, in diesem Fall bleiben alle Figuren hinter Schleiern und hübsch auf Distanz zueinander, als wüßten auch sie so recht nicht, zu wem sie nun wirklich gehören. Als stimmten Komposition und Perspektive nicht überein mit dem, was sie darstellen sollen.

Über des Ersten Heinrich Gemahlin, soll das Geschlecht von Widukind dem Sachsenführer abstammen und durch mindestens fünf Generationen im Besitz Cappenbergs gewesen sein, erzählt eine Version. Eine andere weiß, daß zur Zeit Ludwig des Deutschen just jener Liudolf Herr der Burg war, der zum Stammvater des berühmten sächsischen Geschlechts gleichen Namens wurde, aus dem später die Ottonen hervorgingen. Diesem Liudolf, einem wahren Jahrhundertkopf, gelang es, die sächsischen Stämme im Kampf gegen die immer wieder aus Norden und Osten einfallenden Wikingerhorden zu vereinen. Damit leitete er einen Konsolidierungsprozeß ein, der Sachsen unentbehrlich für das gesamte Ostfrankenreich machen sollte und seinen Höhepunkt mit der Erhebung seines Enkels Heinrich zum deutschen König erreichte.

Daß Heiraten einträglicher ist als Kriege zu führen, haben ja nicht erst die Habsburger entdeckt. Wer wann wo wie und mit wem auch immer – durch die Nachkommen aus der Ehe Heinrichs mit Mathilden wurde ein wahres Netz verwandtschaftlicher Beziehungen über Europa gezogen, bis Frankreich und Ungarn reichte es, bis Bayern und Burgund, Lothringen und Italien, und – was mir natürlich besonders gefällt – sogar bis Kärnten. Einer der wichtigsten Herzöge in der Geschichte Kärntens ist Otto, ein Urenkel des fruchtbaren Paares.

Wie sich's doch manchmal so schickt: Schon einmal gab es einen Kärntner, der in der deutschen Geschichte Furore machte: Arnulf, ein illegitimer Enkel Ludwig des Deutschen. 896 in Rom zum römisch-deutschen Kaiser gekrönt, fand das fränkische Reich in ihm noch einmal einen taktisch äußerst gewandten und klugen Herrscher – seinen letzten. Seine Nachfolger blieben bedeutungslos. Erst dem Liudolfinger Heinrich I. gelang es, an Arnulfs hegemoniale Politik anzuknüpfen. – Es scheint, als liefen bei Heinrich alle Fäden zusammen, sogar die auf Cappenberg gesponnenen.

Kaum meint man, daß sich die Nebel nun lichten und klare Konturen erkennbar würden, ist alles wieder vorbei. Als hätte einer die Löschtaste gedrückt, fallen zwei Jahrhunderte ins Nichts, und so ausdauernd man sich auch durch die Programme klickt, sie tauchen nirgendwo auf. Wo aber Geschichte abhanden kommt, erblühen Geschichten:

Es starb der alte Graf Hermann auf Cappenberg und alle trauerten sehr, Mägde und Knechte, Dienstmannen und Edelfreie, am meisten seine drei Söhne. Nachdem sie ihn beigesetzt, gingen die

Brüder daran, sich das Erbe zu teilen, gemäß dem Wunsche des Vaters. Sitte und Brauch verlangten, daß die neuen Herrn den Treueeid ihrer Ministerialen entgegennahmen. Als das geschehen war, lud einer der Lehensmannen, Eckerich hieß er, die Brüder mit schönen Worten nach Lünen. Doch der Jüngste, Gottfried, hatte sich einen Fuß verletzt und ritt nicht mit. Es rettete ihm das Leben, denn Eckerich, der den jungen Grafen nicht länger zu dienen gedachte, überfiel in einem Wald nahe der Lippe mit Gefolgsleuten die Brüder und tötete sie. Eckerich wurde für seine Tat enthauptet und zur Warnung für andere mit dem Kopfe nach unten an einem Baum aufgehängt . Grevenhol – Grafenholz heißt seit jener Zeit der üble Ort.

Durch diesen Meuchelmord fiel Gottfried das gesamte Erbe zu. Seiner Ehe mit Beatrix von Schweinfurt entsprossen vier Kinder, Gottfried II., Otto, Gerberga und Beatrix. Mit ihnen erlosch dieses *jüngere* Grafengeschlecht.

Gottfried II. wurde 1097 geboren. Noch sehr jung mußte er das Vermächtnis seines Vaters antreten. Er heiratete Jutta, eine Tochter des reichen Friedrich von Arnsberg, der ohne Söhne geblieben war und durch diese Verbindung die Grafschaften Arnsberg, Rietberg und Cappenberg mitsamt den Besitzungen im Paderborner Land in einer Hand vereint sehen wollte. Ein so stattliches Herrschaftsgebiet hätte auch seinen Einfluß in Westfalen erheblich gestärkt. Aber der unberechenbare Eidam machte alle schwiegerväterlichen Pläne zunichte. Die Begegnungen mit Norbert von Xanten bewogen Gottfried und seinen Bruder Otto, Cappenberg in ein Stift umzuwandeln.

Gottfrieds Ministerialen erklärten ihn für verrückt, das Gesinde schmähte, Friedrich tobte. Mit allen ihm zur Verfügung stehenden Mitteln ging er gegen den Schwiegersohn vor, der in seinen Augen einem religiös-fanatischen Schwätzer auf den Leim gegangen war. Selbst vor gerichtlichen Klagen schreckte er nicht zurück, ja nicht einmal vor Waffengewalt. Auch Dietrich II., Bischof von Münster, zeigte sich wenig erfreut über den Entschluß des Grafen. Er sah in Cappenberg einen militärstrategisch wichtigen Punkt und wollte, schon zum eigenen Schutz, die Burg in diesem Sinne erhalten wissen.

Ob Gottfried ein Traumtänzer, Schlitzohr oder Narr war, ob er aus Berechnung handelte oder aus Reue – die frommen Biographen, stets göttlichen Wundern verpflichtet, wischen solche Fragen vom Tisch und reden von »Bekehrung«. Es war eine friedlose Zeit, der Investiturstreit tobte. Als auf der Synode zu Reims der Papst erneut den Bann gegen den deutschen Kaiser verhängte, schlug sich der Arnsberger auf dessen Seite, während die Cappenberger mit dem Münsteraner Bischof im päpstlichen Lager blieben. Doch Dietrich wurde vertrieben, Weihnachten 1119 besetzte der Kaiser die Stadt, im Frühjahr eroberten sie die Papstanhänger zurück. Bei den Kämpfen wurde der Stadtteil rechts der Aa mitsamt dem alten Dom vollständig zerstört, es gab zahlreiche Tote. In einem Bericht heißt es, die jugendlichen Grafen seien die Urheber dieses Desasters gewesen. Sie wurden des Hochverrats angeklagt. Die Verhängung der Reichsacht drohte und damit Enteignung und Lebensgefahr. Es gab nur einen Weg aus dieser Misere: Den gesamten Besitz in eine gemeinnützige Stiftung einzubringen und einer kirchlichen Organisation beizutreten.

Der Kampf um Münster beendete den Jahrzehnte währenden Streit. Der Kaiser söhnte sich mit den deutschen Fürsten aus, das Wormser Konkordat besiegelte den Frieden zwischen Kaiser und Papst. Zu diesem Zeitpunkt bemühte sich Gottfried bereits um die kaiserliche Bestätigung seiner Stiftung, die Heinrich V. als eine Übergabe Cappenbergs an Norbert von Xanten 1123 bekräftigte und unter kaiserlichen Schutz stellte. Den Grafen wurde ausdrücklich verziehen, auf jede Forderung nach Vergeltung gegen sie verzichtet.

Wer die Welt zum Besseren hin ändern und sich für immer von ihren *kriegerischen Taten und Untaten distanzieren* will, muß bei sich selber anfangen. Genau dafür entschieden sich Gottfried und Otto. Fortan lebten sie konsequent in Armut und christlicher Demut. Die ersten Prämonstratenser Deutschlands verteilten nicht mildtätig Almosen, sie solidarisierten sich mit den Armen und suchten sie in die Gesellschaft zu reintegrieren. Gebildete und Ungebildete, Adelige und Nichtadelige hatten nun gleichberechtigt am Leben in der Gemeinschaft teil. Damit wurden alle ständischen Schranken durchbrochen und die bisherige Gesellschaftsordnung in Frage gestellt – eine soziale Revolution, ein Skandal! Und ein Glücksfall für Norbert, dessen religiöse Vorstellungen sich ohne das Engagement der hochangesehenen und reichen Cappenberger vermutlich nie durchgesetzt hätten. Innerhalb von nur siebzig Jahren zog sich ein Netz von mehr als 500 Ordensneugründungen über Europa. Von hier aus wurde missioniert, gelehrt. Doch gegen Ende des 13. Jahrhunderts hatte sich die ursprünglich Geist und Gesellschaft verändernde Avantgarde zum gesellschaftlich zwar hoch angesehenen Establishment gewandelt, mit der Idee einer wahren Nachfolge Christi hatte sie nichts mehr gemein.

Gottfried erlebte den triumphialen Aufstieg des Klosters nur noch in Ansätzen.

1127 starb er knapp dreißigjährig in Ilbenstadt.

Schön in ihrer Schlichtheit ist die Stiftskirche. Daß sie nach der Säkularisierung des Klosters den Cappenberger Katholiken erhalten blieb, verdanken sie den Bemühungen des Protestanten Stein. Bemerkenswerte Kleinode birgt sie: Das Chorgestühl ist ein Meisterwerk spätgotischer westfälischer Schnitzkunst. Der Flügelaltar von Jan Baegert, dem »Meister von Cappenberg«, stammt aus der Zeit der Reformation, aus der ersten Hälfte des 14. Jahrhunderts die Deckplatte einer Tumba, die die Brüder Gottfried und Otto darstellt. Vielleicht das wichtigste, sicherlich das beeindruckendste Werk ist das »Cappenberger Kruzifix« aus dem frühen 13. Jahrhundert, kein Triumph-, ein Passionskreuz. Kostbarkeiten ganz besonderer Art finden sich wohlverschlossen in einem Tresor: Barbarossakopf, Taufschale, Ottos Testament. Spätestens seit der großen Stauferausstellung ist der aus Kupfer gegossene und vergoldete Kopf, *AD IMPERATORIS FORMATUM EFFIGIEM – nach dem Bildnis des Kaisers geformt*, europaweit bekannt, fotogen zierte er Plakate, Postkarten, Broschüren. Daß das Kunstwerk untrennbar mit Cappenbergs Geschichte verbunden ist, bezeugt die lateinische Inschrift auf einer Taufschale: *Der Kaiser und Mehrer Friedrich gab diese Geschenke seinem Paten Otto, jener überreichte sie Gott.*

Von diesem Kopf, erzählt der Hausherr und stellt ihn behutsam in den Tresor zurück, habe man lange nicht gewußt, wo er geblieben sei. Wohl zur Zeit der Franzosenkriege, vielleicht aber auch schon im Dreißigjährigen, habe man ihn vor der plündernden Soldateska versteckt. Gefunden worden sei er schließlich in einem Reliquienschrein. Achtzehnachtundsiebzig. Von Vikar Hüsing. Um einiges spannender sei hingegen die Irrfahrt der silbernen Taufschale:

Auf einer gemeinsamen Rheinfahrt im Sommer 1815 unterbrachen Goethe und Stein ihre Reise in Godesberg, um den Kanonikus Pick zu besuchen. In dessen Kunstsammlung hatte eine silberne Schale Goethes besonderes Interesse geweckt. Eine Gravur in der Mitte zeigte vier Personen, die einen Täufling aus dem Taufbecken hoben. Um die Darstellung war in doppelter Reihe ein Spruchband gelegt: *CESAR ET AUGUSTUS + HEC OTTONI FRIDERICUS MUNERA PATRINO + CONTULIT ILLE DEO.* Und: *QUEM LAVAT UNDA FORIS + HOMINIS MEMOR INTERIORIS + UT SIS QUOD NON ES + ABLUE TERGE QUOD ES.*

Der Geheime Rat kaufte das Stück dem Kanonikus ab, der immer wieder versicherte, es stamme aus dem aufgelösten Stift. Just das wollte der Dichter nicht glauben. Gleich mehrere Gutachten holte er ein, die alle einander widersprachen. Das Hin und Her verleidete ihm schließlich seinen Erwerb, auch war er von dessen Wert nicht recht überzeugt. Er überließ die Schale Stein. So kam sie zurück nach Cappenberg.

Wer mit so viel Geschichte und Tradition aufgewachsen ist wie Carl Albrecht von Kanitz, fühlt sich seinem Erbe verpflichtet. Dabei geht es nicht nur um Verwaltung der weitläufigen Stein'schen Besitzungen, zu denen auch eines der besten Weingüter Deutschlands zählt, den Graf beschäftigt die Frage, was denn die Aufgabe eines Ortes wie Cappenberg in der heutigen Zeit sei. Eine Botschaft, davon ist er überzeugt, kulturelle Impulse sollen, *müssen* von hier ausgehen, weil doch ein solcher Ort eine wichtige Funktion für die Allgemeinheit habe.

Im Gegensatz zu seinem Ahnherrn Stein, der wohl ein pragmatischer, aber bestimmt kein Mann mit musischen Neigungen war, fühlt sich der Graf durchaus den schönen Künsten zugeneigt, der Musik besonders. Mit Musik ist er aufgewachsen. Seine Mutter – sie entstammte einer alten Lüner Familie – hatte Gesang studiert, Künstler gehörten zum engeren Freundeskreis. In der langen Kanitz'schen Ahnenreihe, die bis ins zwölfte Jahrhundert zurückreicht, finden sich nicht nur Minister und Attachés, auch ein Dichter ist unter ihnen, bedeutend genug, daß Lexica heute noch auf ihn aufmerksam machen: Friedrich Rudolf Freiherr von Canitz (1654 - 1699).

Das Symposion »Cappenberger Forum« habe ihn, gesteht der Graf, auf die Idee gebracht, in ähnlicher Weise weiterzumachen und Kunst, Kultur, Wissenschaften in diesem Ambiente ein Forum zu geben. Der ehemalige Pferdestall – über sechzig Jahre diente er der evangelischen Kirchengemeinde als Gottesdienstraum - wird zu einem Theater umgebaut mit 200 Plätzen und allen bühnentechnischen Finessen. Besonderes Augenmerk wird der Akustik gewidmet, denn auch Konzerte sollen aufgeführt werden, erlesene Konzerte, das erste schon diesen Sommer. Architektonisch fügt sich der Bau. Und einzig ist der Blick auch von hier.

Carl Albrecht vertritt, wenn man so will, das dritte Grafengeschlecht auf Cappenberg. Die weibliche Linie geht auf den Freiherrn vom und zum Stein zurück, die männliche, 1178 zum ersten Mal urkundlich erwähnt, entstammt sächsischem Ur-Adel und hatte ihren Stammsitz in Canitz nahe Riesa. Ein Zweig der Familie zog nach Ostpreußen und wurde dort, vermutlich im 16. Jahrhundert, in den Grafenstand erhoben.

Kürzlich habe er auf der Fahrt von Dresden nach Bautzen ein Hinweisschild gesehen, das die Richtung nach Canitz wies, und einen Augenblick, sagt der Graf, habe er gezögert, aber dann sei er doch nicht abgebogen.

Abgebogen bin ich. An einem Vorfrühlingstag:

Salzgrau das Dorf
salzgrau die Sonne
die Straße ein Wellental.
Hinter den Häusern der Wind
pfeift die Ballade des Elends. Zweimal
sterben die Lebenden hier, und die Toten
die Hände gefaltet
ziehn fort. Aus geborstenen Schädeln
türmen sich Mauern
unüberwindbar.

Nein, nie sei er in Canitz gewesen…

Warum nicht wie früher noch einmal den Weg gehen, den Stein immer ging, sonntags, zur Stadtkirche nach Lünen. (Sie wenigstens trutzt seit Jahrhunderten jedweder Veränderung, auch wenn ihr Gartenzwerg-Mentalität ein bronzenes Brünnlein vors Tor gesetzt hat: St. Georg, den Namenspatron.) Geteilt ist der Baumschatten durch die *zu allen Zeiten fahrbare Verbindung mit Cappenberg.* Laue Luft, nicht von den Wipfeln herunter, vielmehr von den Auspuffrohren der vorüberbrausenden Autos. Also kein Bücken nach Erdbeeren, keine Buchenhallenschritte, auch wenn die Bäume hoch stehen wie die Säulen eines Doms, und keine Rast auf der Bank, auf der sich der alte Herr ausgeruht haben soll, später, als ihm das Gehen von Mal zu Mal beschwerlicher geworden.

Der Friedhof, die ersten Häuser, Verdichtung zum Ort.

In Dekaden mißt die Erinnerung. Wo nicht einmal drei Jahrzehnte zurück Koppeln und Felder grünten, blüht es bunt um Häuschen hinter sauber beschnittenen Hecken. Aus Schößlingen wurden Bäume. Gesichter, die Kindern gehörten, gehören nun Leuten mit Kindern. Geschichten von einst, zusammengesponnen in Schatten und Licht. Und alles hat seine Ordnung: Die Fußgängerbrücke einen Zebrastreifen. Der »Lippstrom« sein künstliches Bett. Die Fahrradfahrer den Lippedamm. Das Zentrum eine Fußgängerzone. Die Fußgängerzone Deichmann, Tchibo und ein Straßencafé. Das »höchste Rathaus« ist aus Altersgründen geschrumpft.

Ist die Stadt schöner geworden seither? Grüner bestimmt, bekehren wird sie mich nicht. Zwanzig Jahre, länger als sonstwo, habe ich hier gelebt, ein Haus gebaut, Kinder großgezogen, Freundschaften gepflegt – und doch spürt mir nichts nach. Alles was ich hatte und war, trug ich vor langer Zeit fort in einer Wunde.

Ulrich Land und Winfried Sträter

Eine blasse Spur – der Hellweg

Sechs Meilensteine einer Expedition.
Von Experten und ganz normal sterblichen Hellweganrainern erörtert, vom Hellweg persönlich kommentiert.

Ein gräßlich grelles Telefonfiepen, Sträter greift zum Hörer.
»Mein Name ist Land, Land wie Wasser. Ministerium für Arbeit, Soziales und Stadtentwicklung, Kultur und Sport, Abteilung Museumswesen. Ich habe da ein interessantes Projekt an der Hand: Den Hellweg, diese Uraltmeile, den wollen wir reanimieren!«
Sträter schweigt.
»…den wollen wir wiederbeleben.«
Sträter schweigt.
»Na, diese Straße aus Methusalems Zeiten, ich meine, die hat doch nicht nur Geschichte, die ist doch die Geschichte selbst. Und wissen Sie, wir in NRW, grade in NRW, da muß man doch dringendst ein bißchen was tun, damit das Land wieder von sich reden macht. Jetzt, wo man im Ruhrpott die gute Kohle absaufen läßt. Und das mit Bonn. Wo die dem Rhein die Hauptstadt abspenstig machen. Also, man muß was auf die Beine stellen, wo alle Welt wieder sagt: Mensch, die in Nordrhein-Westfalen! Und wo die Leute in Scharen kommen und der Rubel wieder rollt. Wir machen den alten Hellweg wieder lebendig! Ich meine, Sie heißen doch Sträter, wenn ich recht informiert bin. Und Sie sind mir annonciert worden als heimatverbundener Geschichtsfreund und Straßenexperte.«

Daß mir die Katz den Buckel läuft hinauf! Ich fasse es nicht! Mich, den Hellweg, wollen die Toren lebendig machen. So tot, wie es manchem scheinen mag, bin ich denn doch noch nicht. Fuchsschwänzer, Prahlhans der. Das Hemd von Seide, fein akkomodiert. Stoppeln im Gesicht. Nicht glatt barbiert und doch kein Bart.

Sträter mit einem dürren »Und was führt Sie zu mir?«
»Nomen est omen.«
»Wie? Ach so, doch ja, nach allem, was ich weiß, mein Name, also Sträter, soll tatsächlich etwas mit Straße, mit großer Straße zu tun haben.«
»Und was haben Sie für'n Verhältnis zum Hellweg.«
»Ich baue gerade ein Straßenverkehrsmuseum in Geseke auf, ein Haus für die hiesige Verkehrs-, Straßen- und Wirtschaftsgeschichte.«
»Ist mir bekannt.«
»Wir stecken da aber noch mitten in den allerersten Vorbereitungen«, beeilt sich Sträter.
»Macht nichts, macht nichts. Darum geht's im übrigen ja auch gar nicht, aber Sie wohnen doch in Langeneicke oder wie das heißt, das liegt doch an der B1, am neuen alten Hellweg.«
»Doch ja, ja doch, freilich. Ach, Sie meinen ...«
»Erfaßt.«
»Nun ja, wenn Sie meinen, Herr Land, wenn es denn sein muß, Recherchen, Besichtigungen vor Ort, ja, da werde ich mich selbstredend nicht querstellen. Ja ja, ich werde mich bei den anstehenden Exkursionen zur Verfügung halten, wenn es denn dem Fortschreiten der Heimatgeschichtsschreibung dient.«

Meilenstein, der erste

wo wir dem rothaarigen Geschichtsfreund und dem modisch-flotten Museumsfreund begegnen, wie sie guter Dinge ihre Spurensuche über den Hellweg bis hinab in ferne Vergangenheit aufnehmen, zunächst den Blick frei schweifen lassend, aber schon bald auch Experten und Passanten auf der Straße befragend.

Passant I: Ich seh hier nichts Historisches.

... Herrenhaus Fischer, Sanitätshaus, Quelle, Westmöbel, ...

Passant II: Das ist eine uralte Straße?
Passantin III: Sehen Sie was Historisches?

… Büker, Brinkmann, Bitter, Wüstenrot, Buchhandlung Lensing, Ruhrnachrichten, Happy Floor, Saturn Hansa, Dortmunder Union Bier, Henckels/Solingen, Daily, Italia, Sport, Appelrath-Küpper, McDonalds, Inlingua Sprachschule, Apollo Optik, Böhmer, Nordsee, Deichmann, Woolworth, Beate Uhse, Yves Rocher, …

Ein Wirbelwind, neben dem westfäl'schen Biedermann, dieser Gokkel aus dem fernen Düsseldorf, wunderwerklich wild zerstrobelt. Woher des Wegs, wohin? Was treibt den Narr, die Straß' so wirr hinauf, hinab zu hasten? Vorwärts, rückwärts, her und hin?! Hirnschellig der! Fieberkrank? Was, was will der rasende Fatzvogel?

Professor Hans Müller, Dortmund, Historiker:

Der Hellweg ist ein Rennweg. – Ich hatte einen Sonntag vor Weihnachten eine Führung von der Geschichtswerkstatt mit Russen, mußte dann von der einen Seite des Hellwegs auf die andre, das war ne richtige Massenrauschdemo. Kam man nicht rüber. Die Leute, die haben nichts als das nächste Geschäft im Sinn. Das ist derart depriminierend. Also dieses besessene Daherrennen.

… Karstadt, Eduscho, Sinn, Hettlage …

Professor Hans-Georg Kirchhoff, Historiker:

Den Hellweg müssen wir uns vorstellen als so eine Serie von Fahrspuren nebeneinander. Wenn die eine ausgefahren war, dann nahm man ne neue einen Meter daneben, und das drückte dann die andere, die alte Spur wieder zu. Kieswege. Mehr war das nicht.

Das Gebiet war großenteils fruchtbare Lößzone, und Löß hat immer die Bauern angezogen. Im 6./7. Jahrhundert war es von Brukterern bewohnt, die war'n fränkisch nach ihrer Kultur. 695 dann ist das Gebiet vom Norden her von den Sachsen unterworfen worden. Also die Hellwegzone wurde sächsisch, westfälisch. Denn die Westfalen waren ein Teilstamm der Sachsen. Und diese Eroberung eines fränkischen Gebietes durch die Sachsen ist der Ursprung der späteren Sachsenkriege.

Es ist sehr auffällig, daß hier am Hellweg die Städte wie an einer Perlenschnur aufgereiht sind, in regelmäßigen Abständen, etwa alle 16 km ein Ort. Und vermutlich geht diese regelmäßige Folge auf die Sachsenkriege Karls des Großen zurück, der in diesem Abstand eines Tagesmarsches für das fränkische Heer Unterkünfte, also Königshöfe bereitgestellt hat.

»Sagen Sie,« Ministerialemissär Land beginnt nervös zu werden, »sagen Sie, Herr Sträter, woher eigentlich der Name Bratkartoffel? Ich meine, 'Hellweg' – das muß doch irgendwas heißen!«

Die große Historia, Historia der Großen, die ist übern Weg gefahren, gerollt, chauffiert worden, mitten über mich. Allein, am Wegessaum die, die haben sie erlitten, die Geschichte.

- Hell, weil über helle Bördenböden führend.
- Seitlich geneigter Weg, wodurch das Ablaufen des Wassers erleichtert, der Weg also heller als andere, benachbarte Wege wurde.
- Landschaftsbeschreibung für fruchtbare Ebene, nördlich des Haarstranges und des Ardeys.
- Von mittelhochdeutsch ‚helleweg', gleich Landstraße, Heerweg.
- In Westfalen – laut Grimms Wörterbuch – ursprünglich der Weg, auf dem die Leichen gefahren wurden.
- Etappenstraße Karls des Großen. Die Etappenstationen, Königshöfe, konnten sich durch Schallsignale (daher »Hallweg«) untereinander verständigen.
- Von älter »Hallweg«, zu mittelhochdeutsch ‚Hal', gleich Salzwerk, also Salzweg.
- Im Mittelalter »Weg zur Hölle«, vergleiche englisch »hell«.

Ach wie gut, daß niemand weiß, daß ich Rumpelstilzchen heiß!

Professor Müller:

Wenn man lang genug forscht, findet man noch achtzig weitere Varianten. Ich neige eigentlich zu keiner einzigen. Ich persönlich erzähle den Leuten die Variante vom Hallweg, von dem Salzweg, der eben von den Salinen und Salzquellen in

Ostwestfalen an den Rhein geführt hat. So kann man das einbinden in einen Gesamtzusammenhang. Sonst läßt mich das ziemlich kalt, welche Bedeutung von den acht oder achtzig richtig ist.

Ach wie gut, daß niemand weiß, …

Müllerin Toni Holle:

Hier is dei oale Hiällweg. Is alles tauschött jetzt, ne, un da is bloaß noch diese Furche, die erinnert noch an, daß er'n Weg wesen is.

»Scheint ja'n mühseliges Geschäft zu werden.«
»Ich hab Sie gewarnt, Herr Land.«
»Aber was nicht ist, kann ja noch werden. Jetzt ne Ackerfurche, aber soll'n mal sehen! Das wird ne Supermeile! Wenn die Bauern den auch noch so tief untergepflügt haben, graben wir alles wieder aus. Diese Geschichte: die Brukterer, die Missionare, Karl den Großen mit den Königshöfen, Pferde, Wagen, Karren. – Der Hellweg als Missionierungsachse, als Handelsweg, als Siedlungsleitlinie. Runter mit der Grasnarbe, die die Geschichte hat darüber wachsen lassen!«

Pah! Längst eingegraben, untergepflügt, als Ackerfurche hüt ich mein Geheimnis. Trefflich, trefflich, sollen sie suchen, wo ich bin und wer ich war! Und jetzt, sieh da, als hätten diese Laffen meine Worte grad ganz recht verstanden, machen sich's commode in dieser donnerdröhnenden Karosse ohne Rösser.

»Kann man doch nicht einfach wieder aus dem Boden stampfen, so eine alte, uralte Geschichte,« gibt Sträter kleinlaut zu bedenken.
»Mein Gott, Geschichte, Geschichte! Heute muß man Geschichte anfassen können. Das muß man groß anlegen. Da kommen Sie mit ihrem Gassen- und Gossenmuseum nicht mit!«

»Verkehrs-, Straßen- und Wirtschaftsmuseum! Da ist jedes Detail sauber recherchiert, chronologisch sortiert und seriös aufbereitet. Das hat höchstes museumspädagogisches Niveau ...«

»Histörchensammlung, Sträter! Schlichte Heimatkunde! Viel zu niedrig aufgehängt. Da muß was anderes her. Das längste Museum Europas! Von Duisburg bis Paderborn. Wissen Sie, jetzt da ich Sonderbeauftragter des Ministeriums bin, da kann ich endlich aus dem Vollen schöpfen, da stehen mir sämtliche Fleischtöpfe Ägyptens offen. Jetzt, wo Europa und seine Geldbörsen Zug um Zug zusammenwachsen, laufen im Gegenzug zahllose Projekte, Programme, Promotion-Aktionen zur Regionalisierung an. Und was würde da besser passen als eine regional verankerte Museumszeile quer durch Europa. Und der Kern, Herr Sträter, der Kern des Museums hier vor Ihrer Tür, in der klassischen Kern-Hellwegzone! Wissen Sie, Geld spielt keine Rolle. Hier wird nicht gekleckert, hier wird geklotzt!«

Nicht daß dieser Tellerlecker mit fettgem Maul eines schönen Tags aus mir tatsächlich seinen musealen Tempel fabriziere! Vitrine im Schlaraffenland. Ach, daß ihn mit seiner eitlen Narretei ewig Finsternis umhülle! Der Tage, der Jahre hab ich wahrhaftig viele kommen sehn und gehn, allein dergleichen Simpel sucht vergeblich seinesgleichen. Dabei hab ich ungezählte Füß von allerlei Tölpeln über mein Rückgrat ihres Wegs geführt: Römische Legionen in Armis begriffen, fränkische Bauern, sächsische Adlige und Schnapphähn jedweder couleur Betteltänz aufführend, Salz-, Pelz- und Tuchhändler in die wirrsten Krämpeleien verknotet. Und Soldaten, Soldaten, Soldaten. Aufrechte und zerkarbeitschte. Auf dem Vormarsch, auf dem Rückweg.

Einen ganzen Weg, all seine Spuren in einen Museumskarzer zwingen!! Jetzt, da ihnen ein neues Jahrtausend schlägt, da schicken sie rasch dem alten eine illustre Schar Museen hinterher.

Allein, was laß ich mir von diesen einfallskecken Wegelagerern das Blut ins Antlitz treiben? Als wärn die Schrunden der langen zerzausten Jahr nicht tief genug.

Meilenstein, der zweite

wo das ungleiche Paar weiter in die Fußstapfen des tausendjährigen Feldwegs stapft, der sich Zug um Zug als Chimäre entpuppt.

Professor Müller:

Es war eine der großen Verkehrsadern zwischen Frankreich und Ostdeutschland, rüber bis Polen. Dann war er wichtig für die Kriegszüge seitens der Römer, der Germanen, bis zu Napoleon hin. Und im Dritten Reich ist auf der Reichsstraße 1, dem Hellweg, auch das ein oder andre an Kanonen und Panzern transportiert worden.

»Wissen Sie, Herr Land, diese pulsierende Verkehrsader, da wechselten sich selbst im achtzehnten Jahrhundert noch bloß Schlammsuhlen und Rumpelfurchen ab.«
»Tausend Jahre Feldweg, Mann Sträter, ist doch großartig! Ein Blick die Straße zurück, das wird der Blick zurück ins Mittelalter. Time-Machine!«

Historiker Müller:

Also in Dortmund ist der Westenhellweg immer wieder mit Steinen gepflastert worden. Aber wir wissen aus Ausgrabungen, alle 50 bis 100 Jahre wurde eine neue Steinschicht draufgepackt. So was war natürlich außerhalb der Stadt gar nicht möglich.

Chistian Fürchtegott Gellert nach einer Postkutschenfahrt:

»Den linken Arm trage ich in einer Binde, und ich wäre glücklich, wenn ich den Kopf auch in einer tragen könnte, so zerschlagen ist mir. Ich hab binnen acht Tagen kein vernünftiges Wort denken können, und wer weiß, ob ich es jemals wieder lerne.«

Historiker Kirchhoff:

Der Ferntransport war auf dieser Straße ja eine sehr teure, sehr schwierige, sehr unsichere Sache. Also krach, war eine Achse kaputt, ein Rad gebrochen, schon hing man wieder fest.

Und das obwohl die Fuhrleute zur Schonung des Wagens neben ihrem Gespann einherzugehen pflegten. Das heißt, es lohnte sich nicht, Allerweltssachen zu transportieren, sondern nur kostbare Waren. Und dazu zählten Gewürze. Oder auch Tuche, Festtagskleidung. Deshalb sind die Tuchhändler, sind die Gewürzhändler, die Fernkaufleute, das ist immer die maßgebende Schicht in den Hellwegstädten gewesen. Wenn's gut ging, konnte man also riesige Gewinne machen, wenn's schief ging, dann hatte man den Einsatz verloren. Auch deshalb taten sich oft Kaufleute zusammen, um Geschäfte auf gemeinsames Risiko zu machen.

1783, Straßenzustandsbericht des Zollhebers Kemptner:

»Es haben mir verschiedene frequente Karrenführer, welche die Straße fast zu jeder Jahres-Zeit passieren undt damit ein florichantes Commercium der Staaten gegeneinander unterhalten, mit vielen leydtwesen geklaget, daß die Straße in dero großhochgräflichen territorio besonders schlecht undt dergestalt unfahrbar, daß sie zum öfteren, um durchzukommen, zwanzig undt mehrere Pferde vor eine Karre sparren.«

»Wer sein Fuhrwerk liebt, der schiebt. Ich meine, dieses florichante Commercium auf dem Hellweg, das müßte doch ne wunderbar idyllische museale Inszenierung hergeben, was Sträter?!«

Annette Hennigs, Historikerin aus Detmold:

Es ging so weit, daß die Wagen ganz kaputt brachen, daß auch die Pferde stecken blieben, nicht wieder herauskamen, vielleicht erschossen werden mußten. Und daß durchaus auch Menschenleben gefährdet waren.

»Ist doch absolut up to date! Das ist doch wie bei dieser Lümmeltrophy, wo die jetzt im Zeichen des Rauches mit Riesenaufwand durch die Dschungel der Dritten Welt heizen.«
Sträter wird blaß.
»Morast- und Schlammpflügen. Die supermodernen Vierradkarren mit Winden und ungezählten Pferdestärken aus dem Schlammassel ziehn. Bis zum Hals im Modder stecken, Lagerfeuer und

Nachtlager, den Kopf auf's Moospolster, Hunger, Durst und Hundewetter, und weiter vorwärts. Tausend Meilen! Und ganz nebenbei bißchen Reklame absolvieren für die und die Lungenbrötchen. Ich meine, der Hellweg und seine Verlängerungen in Ost und West, das waren doch auch tausend Meilen.«
»Das ist nicht wahr. Das ist ein Mythos.« Jetzt ist Sträter wieder in seinem Element. »Köln-Königsberg, meinen Sie, die alte Reichsstraße. Die hat es in alter Zeit nie gegeben. Das ist eine Erfindung der Nazis. Schon wenn man hinter Paderborn weiter nach Osten fährt, zerfasert der Hellweg. Da gibt es einen großen und einen kleinen. Und bis heute streiten sich beispielsweise in Horn-Bad Meinberg die Geister, wo die Hellwege denn nun tatsächlich langführten.«
»Der Hornsche Wegestreit, wie?! Lächerlich.«
»Und überhaupt, der Hellweg ist ja eigentlich nie ne Hauptschlagader gewesen für Verkehr und Wirtschaft. Die klassischen Handelszentren in Deutschland hat er jedenfalls rechts und links liegen lassen: Frankfurt, Leipzig, Bremen, Lübeck, Nürnberg.«
»Egal egal, die Idee ist doch toll: so ne zweitausend Jahre alte, tausend Meilen lange Straße. Da ne Trophy-Ralley drauf, vor Mittelalterkulisse. Die ganze Museumsstrecke lang. Hellweg – way to hell! Das zieht!!« Herr Land ist desgleichen in seinem Element.
Sträter weiß nicht recht.
»Action, wissen Sie, volles Galopp, Leben ins Museum. Da passiert doch was!«
Sträter weiß nicht, weiß nicht, wie er's sagen soll, aber …

Potztausendschlag, was zaudert er? Weiß noch *nicht, was er sagen soll! Schlappsack aus der Börde, der feine Heimhistoriker. Hasenherz! Was beschwert ihm die Zunge? Ein Trophäenlauf der Raucherlungen, ein solch Spectacul fehlte noch auf meinem Rücken!*

Willi Schröder, Realschuldirektor a.D. aus Horn:

Die Reparaturen am Wege, die waren ja von einzelnen Bauernschaften auszuführen. Waren Dienstleistungen, die von den Untertanen des Landes erbracht werden mußten, für die sie nicht bezahlt wurden. Das waren entweder Handdienste oder Spanndienste, wenn sie etwas reicher waren und Pferde hatten. Das war natürlich eigentlich kein richtiger Straßenbau, das war nur eine Art Ausfüllen von Löchern.

1764, Wegekommissar Ludwig Knoch:

»Seit zweynhundert Jahren her haben die Unterthanen alle Wege und Straßen im Land nicht mit Stein, sondern mit Holtz und Bracken beständig gebessert. Es sind also die Wege seith zweynhundert Jahren her nicht verbessert, sondern verschlimmert worden. Daß Holtz und Mergel zur Weg-Besserung ganz ungeeignet, solches wird wohl kein Mensch außer ein Beamter negieren können.«

Meilenstein, der dritte

– der Silberwölkchen, Stechschritte und Leichenzüge gleichermaßen ungerührt passieren läßt, sich allerdings maßlos über die Stiefel auf dem Kaffeetischdeckchen echauffieren muß.

Bauer Anton Schulte-Hampe:

Hoi verlopp der oale Hiällweg. Un Napolleon, der hätt'n begradigt, 1813, jau. Do trock hä gegen Rußland, un die Russen hattn ne geschlagen, do kom hä wieder trücke.

»Wo haben Sie mich denn jetzt hingeführt?« Der Düsseldorfer Museums-Großmogul kann sein nervöses Augenzucken nicht länger verbergen. »Hier ist doch gar nichts mehr.«
»Sie haben mir doch gesagt, Sie sind dem alten Hellweg auf der Spur. Da müssen wir schon mal ein bißchen hin- und herfahren.« Dem braven Herrn Sträter beginnt die Sache Spaß zu machen.
»Schön und gut. Aber lauter Grünzeug! Steht man plötzlich im Gebüsch, überwuchert und verwachsen. En alter rostiger Stacheldraht querbeet.«

Kunibert Mawick, Lehrer in Büderich bei Werl:

Dies ist die alte Zollstation an der Grenze zwischen Kurköln und der Grafschaft Mark. Dieser kleine Hügel wird gekrönt von einem kleinen Heiligenhaus, und am Fuße dieses Hügels

haben wir eine, ich möchte fast sagen, Kostbarkeit, denn hier ist der alte Hellweg im Urzustand noch erhalten. Die B1 wurde vor fast zweihundert Jahren südlich des Hellwegs, parallel zu ihm gebaut. Napoleon wollte seine Truppen gen Rußland darüber führen, und das ging hier einfach nicht über den Hellweg, dafür war der nicht mehr geeignet. Darum wurde von ihm beziehungsweise von seinen Truppen und seinen Ingenieuren die B1 gebaut, die ja auch etwas höher liegt als der alte Hellweg. Das heißt, sie liegt in trockenerem Gebiet, und das macht sich natürlich vor allen Dingen im Frühjahr und im Herbst bemerkbar.
Der Hellweg, der hier in ost-westlicher Richtung seit Tausenden von Jahren sein Band zieht, wurde zwar auch als Handelsweg genutzt, vornehmlich jedoch als Weg für Soldaten. Die Bevölkerung, die eben hier am Fuße des Haarstranges wohnte, hatte seit eh und je immer unter kriegerischen Auseinandersetzungen zu leiden. Denn, wenn irgendwo in Deutschland, wenn irgendwo im Westen oder Osten, ob's im Mittelalter war oder vorher oder später, ein Krieg stattfand: die Heere zogen hier her.

Maria Mawick:

Die ganzen Armeen zogen hier vorbei. Von morgens bis abends. Und nachts auch. Immer man zu, immerzu. Auf der Straße, die war nur halb so breit wie heute, waren die schweren Sachen, un hier anner Seite waren's mehr so diese Reitereien, ne. Un die ham dann, die Soldaten, die Pferde ham dat alles zertrampelt, ne. Alle vonner Front, von Frankreich. Die warn ja froh, dat der Krieg vorbei war, ne, alle. Das war ja, im zweiten Kriege war das ja noch schlimmer wie damals, ne.

Malermeister Franz-Ferdinand Mawick aus Büderich:

Im Zweiten Weltkrieg war die Reichstraße 1 im wesentlichen sogar von Militärfahrzeugen befahren. Aber die alliierten Luftstreitkräfte, denen war das ziemlich gleichgültig, ob das nun en Militärfahrzeug war oder der Küster von Dortmund, der hierher kam. Wer fuhr und einzusehen war, wurde auch angegriffen. Also rette sich wer kann, war meistens angesagt, raus

aus dem Auto, rein in den Graben, und dann laß man brennen, das war's Beste.

Müllerin Toni Holle:

Nachem Kroige, das war ja so was Furchtbares, wat wei erlewet hätt. Ach nää nää. Dat war ganz schrecklich. Diese ganzen Flüchtlinge un diese ganzen Fremdarbeiter, ja die kam'n doch alle aus'm Industriegebiet, kamen doch alle über die B1 hier un kamen bis Schmerlecke, un dann, hier warn Buren, wurde doch alles geplündert. Ja. Als der Krieg da vorbei war, da was ja die reinste Völkerwanderung. Da was ja alles Mögliche do op de Stroate, ne. Alles, ne.

Das, das ists, was ins Barthaar mir die grauen Strähnen trieb. Nicht Postillione mit Trara, nicht Fahrensleut gemeiner Art und auch das quirlige Geschmeiß von hochmodernen Museumsgeistern nicht - die rauhen Furchen fuhrn General und Kanonier mir in die Stirn! Ihr zwei blasierten Schnarcher Ihr, meine Hand ins Feuer, daß Ihr um diese langen Schatten wißt; allein in Eurem Tempel, hör ich Euch proklamieren, hat dergleichen nichts zu suchen!

Nein - mein Gesicht, wies war, wies ist, glatt und rauh, tief zerfrucht, das faßt Ihr nicht.

Bauer Schulte Hampe:

Ganz gewaltig, ganz gewaltig, ne. Also mit allen zur Verfügung stehenden Mitteln fuhrn un tröcken de Liute üwer'n Hiälwiäg. Mit Handwagens, mit Fahrräder, mit Kinderwagens, mit Piärd un Wagen, verhungerte Gäule dovür, jao.

Müllerin Holle:

Als de Amerikaner hier einrückten, ja, da nahm'n se von unse Wohnzimmer Beschlag, ja, un dann ging't los, wollten se ma erst or'ntlich futtern, ne. Un dann hättn se sich do Kaffei koket, un dann den Kettel setten se im Wohnzimmer mitten om Disk, den schwatten Kettel, von unten sollt wohl schwatt wer'n, der stand doch om Feuer immer, ne, un dann tranken se ganz gemütlich Kaffei, un dann ächterher legten se sich hin. De Fäote op meine schoine Decke! Om Disk, Fäote owen drop!

wo uns die Gegenwart wieder einholt. Wo krächzend Krähen wie Geier kreisen, um sich im entscheidenden Augenblick auf das Gewimmel einherziehender Ameisen, Käfer, Enten und Mantas zu stürzen.

»Radio 2 PS, mit einem wichtigen Verkehrshinweis für alle Fuhrwerke, die auf dem Hellweg von Soest in Richtung Geseke unterwegs sind: Vorsicht! Zwischen Schmerlecke und Störmede kommt Ihnen ein Falschtraber entgegen. Bitte bleiben Sie in Ihrer Spur. Halten Sie die Zügel straff und überholen Sie keine anderen Fuhrwerke!« – Land läßt triumphierend die Kassette aus dem Autoradio springen. »Na, was halten Sie davon?«
»Unwissenschaftlich,« knurrt's vom Fahrersitz.
»Sie müssen verdammt auch mal über Ihren Schatten springen, guter Mann! Wissen Sie, wenn man die Leute ins Museum holen will, dann muß man sie da abholen, wo sie stehen. Und deshalb schicken wir sie mit so ner Verkehrsmeldung ab ins Mittelalter. Wissenschaftliche Korinthen kann man woanders kacken.«
»Der Hellweg ist ja keineswegs nur untergepflügte Geschichte! Bevor Sie mich weiter mit Ihren Phantasia-Museums-Phantasien traktieren, sollten wir uns damit beschäftigen, was die Leute heutzutage da bewegt.«
»Hab ich mir so flotte Sachen einfallen lassen – irgendwie seid und bleibt Ihr doch alle begriffsstutzig hier.« Lands Gesicht wird ziemlich lang. Aber dann drückt er den Rücken wieder durch, knetet mit dem linken Zeigefinger energisch den Schaltknopf neben dem Beifahrersitz und läßt frischen Wind durchs Seitenfenster hereinplatzen.

Bauer Schulte-Hampe:

Froer, in moine Kinnertid, Boskoppäppel standen da dran am Hiällwäge. Un nau, wie de Verkehr upkam, un die verdriewen dann de Singvügel. Un en Singvugel, dä fritt jo die Riupen vonne Baime. De Baime, däi worn kahlfritten van de Riupen. Da war Schluß, vollkommen Schluß mit'm Obst, jao.

Heimatdichter Karl Brüggemann aus Bad Meinberg:

Ich kann mich noch giut entsinnen: *Wenn* do mol'n Auto herkam, dat man ganz schwankend de Fenster täumaken tat, dat dä Staub, also dä Mülm von ner Stroate nicht in de Bude reinkam.

Müllerin Holle:

Bey uis ane Stroate, da vorne, da is's doch furchtbar. Wir hätt ja jetz niuwe Finster bekomen, ne, alle ganz mit'm dicken, ne, Glas. Un jetz is's bei uis em Hius en bitschken zum Uthalden. Äwwer froer war's jo schrecklich. Schrecklich also werklech. Man konnt em Hius 's eigne Wort manchmal nit verstohn.

Ha, einmal, wie'ck hier't ganze Hius voll Verletzte liegn hatt! Die ganze Stiuwen, alles lag vull. Am Schützenfest. Do sind se or'ntlich zesammenkrambuliert, ne. Do brächten se dann mei'm Mann en Ständchen, ne, ja un da stann alles vull Leut do, ne, un en Auto kam von Horn un siuste op einmal he einem op de B1 drin, ne. Ja, alle ham se wat avkriegen. Dat war'n Knall, ne. Ja. Da was unsen Hius en Lazarett. Do lagen se alle rum; eck häw bis tein Uhr abends häw eck't Hius wieder sauber geschrubbt. De ganzen Glasspliddern, alles lag drin, ne.

Un dann: en Laster hatt'n wir bey uis oppe Trappe stonn, einmal. En Laster op de Trappe. Weiß nich, hatt er op de Bremse tredden, un was natt op de Stroate, hatt sich ume eigene Achse dregget, op einmal stand e bey uis oppe Trappe.

Un paar Kinder hant se hier direkt däot fahrn. Dei sin hier vört Auto läopen, ja, un was sofort däot, ne. Hier spielt sich alles ab, direkt vüre Nase.

»Also mit anderen Worten«, Meister Land holt zu einer Art Zwischenresümee aus, »früher war das Problem, den Hellweg längs, von Ost nach West, zu überwinden, heute: quer, von Nord nach Süd, von einem Ufer ans andre.«

»Glück auf! Nun machen Sie Ihren Hellweg mal zu einem hübschen action-Museum.«

Maler Mawick:

Die Massenmotorisierung, die kam ja dann nach der Währungsreform, die war ja erstmal auf Motorräder, auf das Zweirad spezialisiert. Und in den 60ern sah dann jeder zu, daß er vier Räder unter'n Hintern bekam. War dann erst mal die Käferwelle, und danach ging es dann ja ab 1967 hier an den Bau der Autobahn Dortmund-Kassel. Da wurde praktisch die Trassenführung des Hellwegs noch mal wieder verlegt. Und wir glaubten damals, daß die alte B1 zu ner Dorfstraße werden würde. Leider isses nicht so gekommen.

Pfarrer Manfred Schwarz aus Dortmund-Brakel:

Der Hellweg ist schon eine Wüste. Eine Wüste, in der ne Menge Autos verkehren, in der viel Lärm, viel Dreck, viel Staub ist, und in der Menschen wenig Gelegenheit haben, zu sich selbst zu kommen. Und wir wollen so etwas herbeiführen wie eine nachbarschaftsfreundliche, begehbare Zone, daß genau an dieser Kreuzung hier zu bestimmten Zeiten, dann wenn die Straßenbahn einläuft beispielsweise, rundrum der Verkehr gesperrt wird. Daß die Leute also die Chance haben, mal über die Straße zu kommen, aber nicht nur so über den Zebrastreifen, diesem Reservat für Fußgänger, sondern daß sie die ganze Straße in ihrer Breite und Schönheit ein Stück weit genießen können.

Wohl wahr. Manch Menschengeschlecht hab ich herumvagieren sehn. Bauersleut, Kriegsgurgeln, Tausendhöker, Musketiere, Feilscher, Stiefelschmierer und Wamsklopfer. Allein, so rastlos, ohn Besinnung, in getriebner Hast immerzu, grad so, als wärn sie auf der Flucht: Wie dies Geschlecht ist mir noch keins gekommen. Stets die Hasenfüße in Bewegung! Was fliehen Sie? Zu welchem Ende, welchen Grund? Krämpelei zu treiben, Handel und Händel. Sie treiben ihre Händler. Und ihre Händler treiben sie. Taumel oder Angst? Angst wovor? Daß nichts sich mehr bewegt?

Meilenstein, der fünfte

wo unser Düsseldorfer Museumsschwärmer zum Tanz aufspielen läßt, zum Affentanz, wo er die Puppen tanzen läßt: Land und Leute, Leichen und Lebendige, Gesindel und Gesellen

»Steigen Sie aus! Genug Hin- und Hergefahre, genug Spurensuche! Steigen Sie aus, steigen Sie ein in mein Raum-Zeit-Mobil! Ich schick Sie, wohin Sie wollen: in die Römerzeit, ins Mittelalter, Dritte Reich, ich schick Sie in die Zukunft. Jag Sie durchs Ruhrgebiet, durch die Börde, bis nach Paderborn und weiß ich nicht. – Das ist Zeitgeist, mein guter Sträter.«

Wie war das gleich?:
»Was Ihr den Geist der Zeiten heißt,
Das ist im Grund der Herren eigner Geist,
In dem die Zeiten sich bespiegeln.«

Indifferentes Murmeln.
»Solln mal sehn! Son Zirkus hat dieser Weg noch nicht gesehn. Das große Geschichstheater am Hellweg! Da strömen die Massen!«

Historiker Kirchhoff:

Wir müssen uns vorstellen, daß das Leben sich, wenigstens bei guter Witterung, weitgehend auf der Straße draußen abspielte. Kinder, Enten, Gänse, Hühner und, ja, Händler und Bauern und so weiter. Das alles bevölkerte die Straße.

»Die holen wir wieder auf die Straße! Das dralle Leben. Kühe, Esel, Mönche, Narren, Bettler, ...« Land wechselt die Hände, um an der andern seine Finger weiterzuzählen. »... Gauner und Wegschnecken. Wir brauchen bißchen was Ländlich-Provinzielles, human touch muß her! Auf den Feldern lassen wir das wirkliche Leben tanzen. Da spannt der Bauer die Rösser ein, zieht den Kippflug übers Feld und schnurrt ein Verslein Ackerlyrik.«

Bauer Schulte-Hampe:

Das einzige plattdeutsche Gedicht, wat bei uis damols in' Lesebuch stand, das hieß folgendermaßen:
»De gräote griese Gäosegans

de will mi in de Küten bieten
ä päck mi all int Ächtergatt
un will mi minne Büchs terrieten.«

Der große graue Gänsegant, der will mir in de Küten, also in' Hintern beißen, er päckt mi all, er faßt mich schon ins Hintergatt und will mir meine Buchse zerreißen.

Der seltsame Vagant Melchior Sternfels von Fuchshain alias Simplicissimus Teutsch, der als Jäger von Soest auch auf dem Hellweg seine Schelmenstreiche spielte, beschrieben und an den Tag gegeben im Jahre des Herrn 1668 von German Schliefheim von Sulsfort alias Hans Jacob Christoph von Grimmelshausen:

»Man sperrete mich also unter eine Stege in Gänsstall. Seithero hab ich der Sach vielmals nachgedacht und bin der Meinung worden, daß solche Excrementa viel üblen Geruch von sich geben.

Drei ganzer Stund mußte ich in diesem Gänskerker und in meinem eigenen Unlust sitzen bleiben, ehe einer herzuschlich, und an dem Riegel anfieng zu rappeln. Ich lausterte wie ein Sau, die ins Wasser harnt. Der Kerl aber, so an der Tür war, wischte ebenso geschwind hinein, als gern ich heraußen gewest wäre, und schleppte noch darzu ein Weibsbild an der Hand mit sich daher.

'Gewißlich schönste Dame', sagte er, 'mir ist versichert von Herzen leid, daß uns die Früchte der Lieb zu genießen vom mißgönstigen Glück kein ehrlicher Ort gegönnet wird. Aber ich kann darneben beteuren, daß mir Ihre holdselige Gegenwart diesen verächtlichen Winkel anmutiger macht als das lieblichste Paradeis selbsten.'

Hierauf hörte ich Küssen und vermerkte seltsame Posturen. Ich wußte aber nicht, was es bedeuten sollte, schwieg derowegen noch fürters so still als ein Maus. Wie sich aber ein possierlich Geräusch erhube, und der Gänsstall, so nur von Brettern getäfelt war, zu krachen anfienge, zumal das Weibsbild sich anstellte, als ob ihr gar wehe bei der Sach geschähe, da dacht ich bei mir: Das seind zwei wütende Leute, die den Boden einzutretten und dich ums Leben zu bringen gedenken. Sogleich nahm ich die Tür ein, dem Tod zu entfliehen, dardurch ich mit einem

fürchterlich Mordiogeschrei hinauswischte. Doch war ich so gescheid, daß ich die Tür hinter mir wieder zuriegelte.
Dieses war die erste Hochzeit, bei deren ich mich mein Lebtag befunden, unangesehen ich nicht darzu geladen worden.«

»Da brauchen Sie eine ganze Autobahn für, wenn Sie das alles in ein Museum packen wollen.«
»Das isses doch grade!«
»Ich weiß nicht.«
»Was wissen Sie denn schon von moderner Museumspädagogik! Eine volle Museumsbresche durch die Landschaft, quer durch Europa! Und Sie sind bei der Konzeption dabeigewesen, Sträter! – Den Hellweg wieder leben lassen, in voller Breite!«

Historikerin Hennigs:
In der Senne zum Beispiel, da waren also Fahrspuren in einer Breite von hundert Metern und mehr nebeneinander.

»Um Gottes Willen!« Der flinke Kulturaugur von Düsseldorfs Gnaden scheint kalte Füße zu bekommen. »Zweihundert Kilometer lang, hundert Meter breit. – Das ist viel Holz, 'n ordentlicher Riemen für'n Museum, verdammt viel Ausstellungsfläche. Da muß was passieren! Muß noch'n bißchen sex and crime rein! Sagen Sie mal, Sträter, wo Sie doch Ihr Museumchen aufbauen: haben Sie nicht noch was zu bieten? – Wenn die damals mit ihren Postkutschen ... die sind doch garantiert regelmäßig überfallen worden. Straßenpiraten, Wegelagerer, die Mafia. Da geht doch die Post ab!«
»Mittelalterliche Raubritter, ja schon, völlig verarmte Rittersleut, die von ihren Burgen herabschauten und ihre Armut verfluchten. Schließlich durften sie sich als Ritter noch als der bevorrechtigte Stand wähnen. Also haben sie sich daran gemacht, die Händler, diese reichen Pfeffersäcke, auf der Straße zu überfallen. Das hat's oft gegeben im späten Mittelalter. Und deswegen sind die Kaufleute oftmals in Karawanen über'n Hellweg gezogen. Aber wenn Sie an unruhige Zeiten denken, da brauchen Sie gar nicht bis ins Mittelalter zurückgehen.«

Katja Müller, Dortmund:

Das Gerichtshaus stand an der Reinoldikirche, und da hat dann der Rat der Stadt Dortmund die Frauen zum Tode verurteilt. Die Frauen, die als Hexen betrachtet wurden. Die sind nach langer Folterung dann schließlich auf einen Karren geladen worden und dann vom Richthaus aus über den Westenhellweg bis zum Westentor gefahren worden und dort sind viele lebendig verbrannt worden. Ende des 16.Jahrhunderts vor allem.

»Makaber, makaber«, Herrn Lands Augen haben wieder zu ihrem glühenden Glanz zurückgefunden.

Historiker Hans Müller:

Es hat 1917 und 1918 die sogenannten Westenhellweg-Krawalle gegeben. Damals sollten die Jugendlichen vormilitärisch ausgebildet werden, während des Ersten Weltkriegs. Die mußten dann Dienst machen, strammstehn und Handgranatenweitwurf üben und Gewehre schultern und alle so was. Dazu hatten viele Jugendliche, vor allen Dingen Arbeiterjugendliche, keinen Bock, die haben sich dem entzogen. Und da ist dann von der Obrigkeit der Versuch gemacht worden, die Jugendlichen zu ducken, und das hat eben diese Westenhellwegkrawalle ausgelöst.

Und noch mal wieder zwanzig Jahre später, als die Nazis versuchten, die Jugend in den Griff zu kriegen, da gab es die sogenannten Edelweißpiraten, die eben nicht in die Hitlerjugend gingen, da hat es dann auf dem Westenhellweg die Korso-Schlacht gegeben. Damals gab es noch das Café Korso auf dem Westenhellweg, mitten in der Stadt, und dann haben die Edelweißpiraten richtig mitgemischt und die HJ-Leute also wirklich ganz fürchterlich verprügelt und rausgetrieben. Das war 1943, '44.

Dann in der späteren Zeit, also zur Zeit etwa der Hausbesetzer, da hat es dann auch immer wieder auf dem Westenhellweg Demos gegeben. In den frühen 80er Jahren sollte in Dorstfeld ne Straße gebaut werden, eigentlich für Hoesch, und deshalb mußten Häuser abgerissen werden. Und dann haben die Jugendlichen in Dortmund sich dagegen gewehrt, bei der Wohnraumnot, haben die Häuser besetzt. Und die sind dann ziemlich brutal geräumt worden, die Häuser. Die Polizei hat da herbe zugeschlagen. – Der Hellweg als Schlachtfeld, ja.

Meilenstein, der sechste

wo der Hellweg die Farbe seiner Haartracht, unser modischer Museumseiferer den Weg aus den Augen, der Rothaarige aber den letzten Rest seiner Fassung verlieren wird.

»Wunderbar! Fantastisch! Raubritter, Hexen, Apos und Chaoten, alles ins Museum! Daß es nur so funkelt. Die Sieben-Meilen-Stiefel an, und ab in die Zukunft!«
»Die Landsche Dukatenvision.« Sträter muß sich kurz schnäuzen. »Alles, was ich Ihnen hier zeige, ist für Sie nur Funkelrausch.«

Aus dem Paderborner Legendenschatzkästlein:

»Im Dome zu Paderborn quillt ein tiefer, kühler Brunnen, die Pader, von der die Stadt ihren Namen hat. Unten in dem Brunnen ruhen Schätze von Gold und Edelsteinen, die mehr wert sind als das ganze Paderbornsche Land, aber niemand vermag sie zu heben, denn ein schwerer Bann hält sie von alten Zeiten her gefangen. Aber auch ein steinernes Muttergottesbild ruht unten in der Tiefe. Über dieses hat der Zauber keine Macht, und jeder, der das rechte Wort und die rechte Zeit weiß, kann das Bild herausheben. Wenn aber das Bild gehoben sein wird, kommt alles erdenkliche Glück über Haus, Stadt und Land.
Ein alter Bischof von Paderborn hatte von diesem segenspendenden Muttergottesbilde gehört und fühlte ein heißes Verlangen, in seinen Besitz zu kommen. Da meldete sich eines Tages ein Zauberer und versprach, das Bild aus dem Brunnen herauszuholen und verlangte als Entgelt nur die Erlaubnis, in dem von der Mutter Gottes gesegneten Lande wohnen zu dürfen. Der Bischof ging freudig auf diese Bedingung ein, sie stellten sich an den Rand des Brunnens, und der Fremde fing an,

nachdem er dem Bischof das größte Stillschweigen auferlegt hatte, aus einem großen Buche halblaut zu lesen. Nachdem er drei Zauberformeln gebraucht hatte, versiegte das Wasser im Brunnen, und eine Treppe wurde sichtbar, die auf vielen Stufen hinabführte. Auf dieser stieg der Zauberer herunter und verschwand am Ende durch eine kleine Tür im Brunnen. Es dauerte gar nicht lange, da kam er zurück und trug das schwere Steinbild, das ganz grau und verwittert aussah, auf seiner Schulter. So wie er herausstieg, kam das Wasser langsam hinter ihm her. Ein unbeschreiblich angenehmer Duft aber ging von dem Muttergottesbilde aus, das der Bischof mit tiefer, heiliger Ehrfurcht erfaßte und auf den Hochaltar niedersetzte. Und der Fremde fing an zu erzählen von den wunderbaren Sachen, die er unten in der Tiefe gesehen, von goldenen Palästen, von Gärten, in denen Diamantblumen blühen, von Bächen edlen Weines, die über Rubinfelsen rauschen. Da erfaßte den Bischof das Verlangen, ebenfalls diese Schätze zu schauen. Trotzdem der Zauberer ihm die großen Gefahren, denen er entgegenging, eindringlich vorstellte, ihn mit Tränen in den Augen bat, sein Leben und seiner Seele Heil nicht auf das Spiel zu setzen, wollte der Bischof nicht von seinem Vorhaben abstehen, und der Fremde mußte die Beschwörung zum zweiten Male beginnen. Als der Brunnen leer und die Treppe wiederum sichtbar war, stieg der Bischof hinab. Er ist aber nicht wiedergekehrt. Zugleich waren der Zauberer und das steinerne Marienbild verschwunden. Der Brunnen aber quillt nach wie vor.«

»Pech gehabt, der arme Kerl. Aber die Story ist gut. Gibt nen scharfen Video-Clip ab! Oder'n interaktives Role-Game oder was. «

»Meine Güte! Herr Land, jetzt sind wir schon bei ner historischen Peep-Show angelangt. Es geht um den Hellweg!«

»Hellweg, Hellweg – lassen Sie

Mein Haar, mein Haar, Ihr bringt mein Haar um seiner Farbe letzte Spur. Schlohweiß hängt's mir im Bart.

Davon! Gib Fersengeld, Du Waghals, Fegerich im zarten Hemd! Kannst Deine dreimal vermaledeite Grille andern Ortes pflegen und hofieren, Dein Säckel Weiß-

mich doch mit diesem Feldweg in Ruh! Völlig egal, was fürn Weg.«
»Genau. Hauptsache paar hundert Kilometer Supermarkt. Das muß man Ihnen lassen, Sie sind auf der Höhe der Zeit. Hauptsache: Verkaufen. Einen ellenlangen uralten Handelsweg, ein Marienbild, Bäche edlen Weines, Rubinfelsen - verkaufen - Römer, Brukterer, Sachsen, Karl den Großen - verkaufen - Raubritter, Hellwegbauern, Fahrensleut, Hexen, Edelweißpiraten, Hausbesetzer - verkaufen - was: spielt keine Geige.«

Bauer Schulte-Hampe:

War ne ganze harte Arbeit. Hab mich hart hier gequält. Aber ich find de Landsschaft schöin. Jao. Is meine Höimat, ne.

pfennig sonstwo zählen. Hol Dich die Fallsucht, Tobsucht einerlei! Und den andern Fratz gleich mit, und seine bangbüchsig Schrullpfeiferei. Soll doch der Blitz dreinfahren in dies verquere Simpel-Gimpel-Gespann! Müllerflöhe die.

- Als gäb's nichts Wichtigers. Schon seh ich am Horizont einen neuen Wanderzug der Völkerscharen. Fünfzig Jahr die Zungen hat man hier gewetzt, die Angst gehegt, gepflegt: »Habt acht, habt acht, die Russen kommen! Komm'n mit Waffengeklirr, mit rotem Hahn und rotem Stern.«

Itzo kommen sie! Sie kommen leis, gesenkten Hauptes. Ich seh sie schon vorüberziehn an meinen Meilensteinen. Und frag mich bang, was wird bei all der Raserei den Fremden blühn an meinem Wegessaum!

Michael Zeller

Schwerte am Weg

Für ein Europa der Städte

Unterwegs um zu schreiben. Seit paar Wochen ist Schwerte jetzt eine Station auf meinem Lebensweg geworden. Annähernd neun Monate bleibe ich hier. Gerade Zeit genug, einen Menschen ins Leben zu bringen, und hoffentlich auch ein Buch. Schwerte auf dem Weg meines Lebens und an sehr viel wichtigeren Wegen noch.

Schwerte am Fluß: Dem Wasserweg der Ruhr verdankt diese Stadt ihr Da-Sein. Sie fließt hier so flach dahin, daß sie gut zu überqueren war für Menschen, Tiere, Karren. Ohne die Gunst der Furt gäbe es Schwerte nicht.

Und wäre beinahe auch wieder verschwunden von der Erdkruste, zulasten eines anderen Wegs: *Schwerte an der Eisenbahn*. Von Beginn des Zweiten Weltkriegs an gerät die für sich vollkommen unbedeutende Kleinstadt durch ihre beiden Verschiebebahnhöfe und das Reichsbahnausbesserungswerk ins Fadenkreuz britischer Bomberflotten. Schon im Juni 1940 fallen die ersten Bomben und in Abständen weiter bis ins Frühjahr 1945. Hunderte von Menschen hier verlieren ihr Leben, die Stadt wird zu großen Teilen zerstört.

Entstehung und fast die Vernichtung: beides verdankt Schwerte seiner Lage am Wege.

Und dazwischen und danach?

Schwerte am Hellweg: Pfeffersäcke schleppen lebenswichtige Waren nach Schwerte heran auf der Handelsroute des Mittelalters von West nach Ost und zurück, und sie schleppen Schwertes Produkte davon, Waffen vor allem: hinauf bis nach Lübeck, runter bis Krakau, vielleicht auch ins Russische, bis nach Smolensk? Epoche der Hanse. Die Hohe Zeit der Städte.

Und heute: in unserem automobilisierten Land dürfte das »Westhofener Kreuz« bekannter sein als Schwerte. Die Weglage fürs ganze – Westhofen ist ein Ortsteil der Stadt. *Schwerte an der Autobahn.*

Schwerte am Weg. An vielen Wegen. Sie waren das Schicksal der Stadt und sind es geblieben – zu Wasser, in der Luft, auf der Erde (pardon: auf Eisen und Beton). Das lädt zu Reisen ein, zu Reisen im Kopf, auch den neuen Einheimischen auf Zeit. Am liebsten begibt er sich auf den Hellweg der Hanse und läßt sich führen auf ihm, auch verführen. Ins Weite. In die Weite des Kontinents. Und es drängen sich Träume heran. Den einen, als er zu mir kam in Schwerte am Weg, hielt ich fest.

Ein Europa der Städte, nicht der Länder - das schwebt mir vor seit vielen Jahren. Überspringen wir sie doch, diese lächerlich kurze Episode des Nationalismus, aus der Französischen Revolution geboren und in unserem Jahrhundert im bösartigen Todeskrampf - ein Menschenschlachten an ihrem Beginn ein verheerender Weltenkrieg als Höhepunkt ihrer Karriere: was zeigte greller, welche Sprache diese Epoche sprach in ihren zwei Jahrhunderten, da sie die Köpfe der Menschen vergiftete? Grillparzers Formel für die Menschheitsgeschichte - von der Humanität über Nationalität hin zur Bestialität - sie ist von einer tiefer dringenden Weisheit, als Grillparzer sie selbst erfassen konnte zu der Zeit, da er das Wort erfand.

Ein Europa der Städte - nie funktionierte es besser als im ausgehenden Mittelalter, um Mitte dieses Jahrtausends, grob gesprochen, das jetzt zu Ende geht - eine Chance vielleicht, auf seine Mitte zurückzugreifen?

Als die Menschen dieses Kontinents sich ihres Platzes in der Welt bewußt wurden – auf dem Planeten Erde, als einem Drehsternchen um ein Sönnlein klein, wie von Kopernikus vermessen und von Kolumbus zu Schiff bewiesen: zum ersten Mal erkannte der europäische Mensch seinen Ort hier als einen unter seinesgleichen. Und die Inseln auf diesem zu sich selbst erwachten Kontinent waren die Städte – einander fern genug, daß der Austausch reizte, zu fern, um kriegerische Lüste des Eroberns zu wecken. Wozu hätte Lübeck Smolensk unterwerfen sollen, oder Krakau Nürnberg? Schlechte Zeiten für Krieger, gute Zeiten für Kaufleute. Und der Städtebund der Hanse hat gezeigt, daß Europa kein Tagtraum eines Schwärmers war in seiner Dachstube, sondern ein erfolgreich arbeitendes Wirtschaftsgefüge, mit Vorteilen für alle Beteiligten, mit dem Gewinn von Weite, von Welt, von Wohlstand - von Kultur.

Ich steige den Wehrturm des Waweldoms in Krakau hoch. Die Balken aus Eiche beinahe so breit wie der Durchlaß, den sie schaffen nach oben, in den Glockenstuhl. Steil die Stufen, abgewetzt von Jahrhunderten. Oben die Sigismund-Glocke, benannt nach ihrem Stifter, König Polens. Kein Klang in Krakau hat mehr Würde, mehr symbolische Kraft als ihr dunkles Läuten - vielleicht auch, weil sie so geizt damit? Ein urtümlicher Brocken Erz, der dort hängt, ein grauer Albtraum von Masse. Aber doch von Menschen gemacht - von wem sonst? Und einer stellt sich heraus mit seinem Namen, stolz - der Meister, der sie 1520 goß mit den Seinen (alleine konnte er's nicht). HANS BEHAM / VON NURMBERG lese ich, zweizeilig mitten auf die Glockenwand gesetzt, und auf der anderen Seite IOANNES BOHEMUS / DE NORIMBERGENSIS, ins Lateinische übertragen, der Lingua franca Europas seinerzeit.

Ein Handwerker auf Reisen. Tut seine Arbeit dort, wo man sie hat für ihn, und rühmt sich ihrer, wenn sie ihm gelungen ist, sich und seiner Stadt, in der er das Handwerk erlernte.

Ein Augenblick von Wärme in dem engen Eichenkäfig, über den Dächern der polnischen Stadt Krakau, ein Moment, in dem ich mich mit meiner eigenen Arbeit gern wiedererkennen will. Leistete sein Bestes hier, dieser Beham, zog weiter in die nächste Stadt, zum nächsten Auftrag, und irgendwann vielleicht kehrte er heim, wenn er müde war, oder auch nicht, und er starb unterwegs, in der Fremde.

Warum nur greift es mir so kalt ans Herz, wenn ich von Künstlern höre, die die Arbeit ihrer Hände, ihres Kopfes irgendwelchen Nationen widmen? Eiswinde aus einem unbekannten Sternensystem auf meiner Haut. Betäubung. Schweigen aus Blei.

Nachwort

Die Idee zu diesem Buch hatte der Kamener Autor und Journalist Levent Aktoprak. Wie ich war er Teilnehmer einer ausgesuchten Gruppe von Kulturmachern und Künstlern, die vom Land NRW 1997 eingeladen worden waren, in verschiedenen Workshops über die Region Hellweg und ihre kulturellen Profile nachzudenken. Das Land wollte und will Kommunikation und Kooperation unter den Kulturschaffenden und den Kulturverantwortlichen in den Regionen sowie zwischen ihnen und dem Land initiieren und intensivieren. Als Kulturregionen wurden historisch gewachsene und unterschiedlich ausgeprägte Landschaften Nordrhein-Westfalens wie etwa das Bergische Land, die REGIO Aachen, das Münsterland, Ostwestfalen-Lippe, die »Rheinschiene«, das Ruhrgebiet oder das Sauerland festgelegt.

Aber was ist der Hellweg, was zeichnet diese, unsere Region eigentlich aus?

»Laß uns doch ein Buch machen«, sagte Levent damals, »ein Buch über den Hellweg.«

»Gut«, stimmte ich damals zu: »Laß uns sehen, was die hier lebenden Schriftsteller über den Hellweg zu sagen, besser gesagt: zu schreiben haben.«

Da uns der Blick von außen ebenso wichtig war, wurden auch Gäste aus angrenzenden Regionen eingeladen, mitzumachen, oder Autoren und Autorinnen, die in der Region einmal lebten, heute aber andere Lebens- und Arbeitsräume gesucht haben. Mit vielfältigen Stimmen sollte die literarische Topographie einer Landschaft entstehen, ein regionales »Stimmengewirr« gleichsam.

In der Vorbereitung merkten wir schnell, daß der Hellweg in Geschichte wie Gegenwart ein ungeheures Buch ist. Dieser Region, zwischen Dortmund und Lippstadt, Hamm und Schwerte gelegen, konnte man sich nicht systematisch nähern, dazu ist sie zu umfassend, zu reich an Stoffen und Themen, in Zeiten des Wandels zu verschieden in ihrer Struktur, zu mannigfaltig mit ihren Städten, Landschaften und Orten.

Wenn also mit und in diesem Buch »Literarische Ansichten einer Region« versammelt sind, dann liegt der Verzicht auf Vollständigkeit mehr oder weniger auch in der Sache selbst. Improvisation, Sprunghaftigkeit und Regellosigkeit mußten zu einem Gestaltungsprinzip werden, weil die beabsichtigte Selbstbesinnung auf das, was die Region eigentlich ausmacht, nur ein Anfang sein kann.

Wie auch immer: Wieder zurück und in alle Richtungen, gedanklich und real, beschreibend oder recherchierend, auf jeden Fall hin- und hergerissen zwischen Idylle und Industrie haben die Autorinnen und Autoren dieses Buches »Kreuz und quer den Hellweg« abgeschritten oder abgefahren. Herausgekommen ist ein persönliches, auch die kritische Perspektive nicht ausblendendes, mit vielen individuellen Farben versehenes Mosaik. Geschichte, Gegenwart und Zukunft spiegeln sich in der persönlichen Sicht der Schreiber, in ihren Annäherungen an die Region als Ganzes oder in Form von Momentaufnahmen oder Miniaturen. Zum Jahrtausendwechsel liegt auf diese Weise mit diesem Buch eine erste Bestandsaufnahme einer Region aus literarischer Sicht vor; sicherlich unvollständig, aber möglicherweise auch deshalb um so anregender.

Das Buch lädt dazu ein, die Orte zu besuchen, die beschrieben wurden, es animiert, die Wege nachzugehen, die die Schreibenden gegangen sind; hoffentlich provoziert es weitere, auch andere Sichten. Denn, wie gesagt, das ist gewollt: »Kreuz und quer den Hellweg«!

Dank an alle, die an diesem Buch beteiligt sind, es angeregt oder es ermöglicht haben.

Herbert Knorr

Die Autorinnen und Autoren

Levent Aktoprak

geboren 1959 in Ankara, kam 1964 in die BRD und lebt in Kamen. Studium der Allgemeinen Literaturwissenschaft, Soziologie und Pädagogik. Veröffentlichung mehrerer Bücher, Features, Szenen und Hörspiele. Levent Aktoprak arbeitet als Journalist für Rundfunk und Fernsehen.

Bärbel Beutner

1945 in Stolp/Pommern geboren, lebt seit 1947 in Unna und ist Lehrerin für Deutsch und Philosophie. Ihre Veröffentlichungen setzen sich mit dem Krieg und der Nachkriegszeit auseinander sowie mit der alten Heimat in Westfalen. Sie schreibt regelmäßig im »Heimatbuch Kreis Unna«.

Ilse Bintig

wurde 1924 in Hamm/Westfalen geboren, wo sie auch lebt und bis 1984 als Lehrerin für Geschichte und Deutsch unterrichtete. Seitdem schreibt sie Geschichten für Kindersendungen im Hörfunk, Spielstücke, Erzählungen, Kinder- und Jugendbücher. Wichtigste Veröffentlichung: Trümmer und Träume, Jugendbuch, Recklinghausen: Georg Bitter Verlag 1995; ausgezeichnet als »Buch des Monats« der Deutschen Akademie für Kinder und Jugendliteratur Volkach.

Klaus Goehrke

1939 in Münster geboren, lebt Klaus Goehrke mit seiner Familie in Kamen-Heeren. Kindheit in Pommern, Abitur in Münster, Studium (Germanistik und Geschichte) in Berlin. Seit 1969 Lehrer an der Gesamtschule in Kamen (Schwerpunkt Schulkultur/Schultheater). Gewerkschafts- und Personalratstätigkeit, Kommunalpolitik.

Horst Hensel

1947 im Ruhrgebiet geboren. Arbeiterfamilie. Volksschule. Handwerker-Lehre. Gesellenprüfung. Arbeiter. Zweiter Bildungsweg. Studium in München und Dortmund. Promotion zum Dr. paed. Gesamtschullehrer. Zwischenzeitlich Hochschulassistent in Bielefeld, Gastdozent an der Autorenhochschule in Leipzig und an der

Tongji-Universität in Schanghai. Zahlreiche Veröffentlichungen. Aktuell: Kulturelle Selbstbehauptung. Eine Streitschrift, 1999; Esthers zweite Reise nach Schanghai, Roman, Herbst 1999.

Michael Klaus

1952 geboren, lebt als freier Schriftsteller in Gelsenkirchen. Er gilt als »Meister der kleinen Form« und wurde mit Altenberg verglichen. Michael Klaus erhielt vielfältige Auszeichnungen und veröffentlichte zahlreiche Gedicht- und Erzählbände, Satiren und Romane, schrieb Filmdrehbücher und mehr als zwanzig Hörspiele und Glossen für den WDR sowie u.a. Kurzgeschichten für die Frankfurter Rundschau.

Michael Lamprecht

1952 in Hamm/Westfalen geboren, lebt heute in Welwer. Studium der Kunst und Pädagogik in Dortmund und Berlin. Seit 1984 literarische Veröffentlichungen in verschiedenen Zeitungen und Zeitschriften. U.a. erhielt er den Förderpreis des Literaturpreises Ruhrgebiet und den Satirepreis der Stadt Gladbeck.

Ulrich Land

lebt in Hattingen. 1956 in Köln geboren, studierte er Germanistik, Geographie und Philosophie. Freier Autor seit 1987: Lyrik, Erzählungen, Hörspiele, Reportagen, Essays und vor allem Funkfeatures. Mehrere Auszeichnungen. Herausgeber von Anthologien und von Literaturzeitschriften. Moderator bei den WDR-EinsLive-Lauschangriffen und beim WDR-Kulturmagazin »Mosaik«.

Monika Littau

war bis 1994 einige Jahre Literaturberaterin im Westfälischen Literaturbüro in Unna. 1955 in Dorsten geboren, studierte sie Germanistik, Geographie, Musikwissenschaften. Sie war wiss. Mitarbeiterin an der Ruhruniversität Bochum und Leiterin diverser Kulturprojekte. Für ihre schriftstellerische Arbeit erhielt sie verschiedene Anerkennungen. Monika Littau arbeitet derzeit als Lehrerin. In Vorbereitung: Himmelhunger - Höllenbrot (Novelle).

Ilse Maas

1948 in Welver bei Soest geboren, schreibt sie vor allem über ihre Heimat Soest und Umgebung. Ihr Abitur machte die Realschullehrerin 1966 in Lippstadt, anschließend studierte sie Geschichte und Geographie in Bonn, Heidelberg und Münster.

Heinrich Peuckmann

1949 in Kamen geboren. Studium der Germanistik und ev. Theologie in Bochum. Lehrer an einem Gymnasium. Zahlreiche Romane, Erzählungen, Theaterstücke, Hörspiele, Kinderbücher, Gedichte, Opernlibretto, Reportagen und Essays. Kleinere Arbeiten für das Fernsehen. Heinrich Peuckmann erhielt 1988 den Förderpreis für »Junge Künstler« der Stadt Dortmund.

Gerd Puls

der 1949 geborene Grundschullehrer lebt in Kamen-Heeren. 1974 hat er seine Staatsarbeit zu dem Thema »Visualisierte Interdependenzen zwischen Grafik und Lyrik« geschrieben. Gerd Puls arbeitet bildnerisch in den Bereichen Grafik und Plastik, schreibt Lyrik, Erzählungen, Essays und Kindergeschichten.

Linde Rotta

(Pseudonym Linda Reichmann) lebte von 1967 bis 1989 in Lünen, seitdem in Bonn. Sie wurde 1937 in Eisenstadt in Österreich geboren und ist in Villach aufgewachsen. U.a. wurde sie 1987 zum Ingeborg-Bachmann-Wettbewerb eingeladen. Seit 1984 auf zahlreichen Gebieten schriftstellerisch tätig, seit 1989 als freiberufliche Autorin und Journalistin.

Klaus-Rudolf Schell

Der Schwerter Lehrer für Deutsch und Russisch wurde 1945 in Rostock geboren, wuchs in Barth (Ostsee) und ab 1954 in Essen auf, studierte in Heidelberg, Zürich und Bochum. Zahlreiche Veröffentlichungen in Anthologien und Zeitschriften, 1998 eigener Lyrikband: Wasser in der hohlen Hand. Bielefeld, Münster 1998.

Pete Smith

1960 als Sohn einer Spanierin und eines Engländers in Soest geboren. Magisterstudium Germanistik, Philosophie, Publizistik und Kunstgeschichte in Münster; zur Zeit Kulturredakteur bei einer Tageszeitung in Hessen. 1997 erhielt Pete Smith den 1. Preis im Literaturwettbewerb »Deutsches Jahrbuch für Autoren«.

Maria Sperling

wendet sich mit ihrer Literatur - so mit ihrem Buch »Herzpendel / Spiegelungen und Spuren« (1998 Arnsberg) insbesondere der Landschaft ihres Umfelds zu: Möhnesee, Haarstrang und Soester Börde. Geboren wurde sie 1934 in Körbecke/Möhnesee. Die Lehrerin wohnt heute in Soest. Ausgedehnte Aufenthalte in Australien, wo eine ihrer Töchter lebt.

Burkhard Spinnen

gilt als einer der wichtigsten Prosaautoren der letzten Jahre. U.a. erhielt er 1999 den renommierten Literaturpreis der Konrad-Adenauer-Stiftung. 1956 in Mönchengladbach geboren, studierte Spinnen Germanistik und promovierte 1989 über Kurze Prosa. Seit 1998 vertritt der in Münster lebende Autor eine Professur für Literarische Ästhetik am Deutschen Lehrinstitut Leipzig. Bekannt wurde Spinnen mit seinem Erzählband »Dicker Mann im Meer (1991), für den er den Aspekte-Literaturpreis des ZDF erhielt.

Winfried Sträter

1957 in Wickede (Ruhr) geboren, studierte Geschichte und Politikwissenschaft in Bochum und Münster, arbeitete in Berlin als freier Hörfunk-Journalist für den RIAS Berlin, den WDR u.a. Rundfunkanstalten, schrieb für Tageszeitungen und Buchbeiträge zu historischen Themen. Heute ist er als Redakteur im DeutschlandRadio Berlin zuständig für Zeitgeschichte.

Dieter Treeck

geboren 1936 in Dortmund ist seit 1970 Kulturdezernent der Stadt Bergkamen und somit schon qua Amt profunder Kenner der Region. Als Autor schrieb er zahlreiche Erzählungen, Essays, kunstkritische und kulturpolitische Texte, dokumentarische Filmdrehbücher, Gedichte, Chansons und Erzählungen für Kinder (u.a. für den Hörfunk).

Raimon Weber

gilt als junger Autor mit spitzer Zunge. 1961 in Unna geboren, zog er 1991 nach Kamen und ist seit einigen Jahren auch als Moderator für Radio »Antenne Unna« oder für den Poetry Slam Westfalen »Wortwa(h)l« tätig. 1998 legte Raimon Weber seinen ersten Kurzgeschichtenband »Die Nuß im Ohr des Präsidenten« in der èditions trèves vor.

Michael Zeller

schrieb u.a. 1995 einen Krakau-Roman mit dem Titel »Cafè Europa«. 1944 in Breslau geboren, studierte er Literatur, Philosophie und Klassische Archäologie in Marburg und Bonn. 1974 Promotion über Thomas Mann. 1977-1982 Literaturdozent in Erlangen und Literaturkritiker für die FAZ. 1982 Habilitation. Seit 1982 freier Schriftsteller mit Wohnsitz in Wuppertal. Zahlreiche Veröffentlichungen, Preise und Anerkennungen. Derzeit übt er das Amt der »Autorenresidenz Schwerte« aus.

Herbert Knorr (Herausgeber)

geboren 1952 in Gelsenkirchen, Lehre zum Bankkaufmann, 1978 Abitur 2. Bildungsweg. Studium der Germanistik und Geschichte. 1984 bis 1994 wiss. Mitarbeiter an der Universität Duisburg und der Gruppe Gelsenkirchener Autoren e.V. Seit 1994 Leiter des Westfälischen Literaturbüros in Unna e.V. Literaturwissenschaftliche Arbeiten und Aufsätze, lit. Beiträge für Zeitschriften und Anthologien, den WDR, BR und HR. Herausgeber u.a. der »edition geschichten ruhr« (Verlag Henselowsky Boschmann, Essen).

Stimmengewirr – LiteraturStopHellweg ist ein Projekt der Region Hellweg mit und in den Kreisen, Städten und Gemeinden Anröchte, Bergkamen, Bönen, Dortmund, Hamm, Kamen, Lünen, Möhnesee-Körbecke, Schwerte, Selm, Soest und Unna unter Federführung des Kulturamtes der Stadt Unna (Sigrun Krauß) und dem Westfälischen Literaturbüro in Unna e.V. (Dr. Herbert Knorr).

Gefördert vom Ministerium für Arbeit,
Soziales und Stadtentwicklung,
Kultur und Sport,
des Landes Nordrhein-Westfalen

NRW.